基于循环经济模式下的

生态环境设计研究

彭 静 著

NORTHEAST NORMAL UNIVERSITY PRESS
WWW.NENUP.COM

东北师范大学出版社

图书在版编目（CIP）数据

基于循环经济模式下的生态环境设计研究 / 彭静著 . --
长春：东北师范大学出版社，2017.5
ISBN 978-7-5681-3254-1

Ⅰ. ① 基 … Ⅱ. ① 彭 … Ⅲ. ① 生 态 环 境－环 境 设 计
Ⅳ. ① X171.4 ② TU-856

中国版本图书馆 CIP 数据核字 (2017) 第 132410 号

□策划编辑：王春彦

□责任编辑：卢永康　贾明明　　□封面设计：优盛文化

□责任校对：赵忠玲　　　　　　□责任印制：张允豪

东北师范大学出版社出版发行
长春市净月经济开发区金宝街 118 号（邮政编码：130117）
销售热线：0431-84568036
传真：0431-84568036
网址：http://www.nenup.com
电子函件：sdcbs@mail.jl.cn
河北优盛文化传播有限公司装帧排版
北京一鑫印务有限责任公司
2017 年 9 月第 1 版　2017 年 9 月第 1 次印刷
幅画尺寸：170mm×240mm　印张：13.5　字数：242 千

定价：44.50 元

　　进入 21 世纪之后，资源环境和经济社会发展之间的矛盾日渐突显，成为我国全面建设小康社会和实现可持续发展的一个重要瓶颈。由此，我国的经济与发展关系进入了一个重要的战略转型时期。以科学发展观为统领，以建设和谐社会为目标，以建设生态文明和资源节约型、环境友好型社会为路径，以转变经济增长方式，节能减排为内容，为环境与发展战略转型构建了清晰的路线图。正是在我国经济社会发展的这一新形势下和新阶段中，我国的循环经济发展从 20 世纪与 21 世纪的世纪之交到 2005 年基本完成了从理念到国家决策的第一次飞跃。从 2006 年开始，迅速进入全面试点示范阶段。以《循环经济促进法》为标志，2009 年开始进入整体推进阶段。全面试点示范和整体推进意味着我国循环经济发展的第二次飞跃。我国的经济政策越来越重视循环发展和生态环境的保护。

　　作为环境保护部的决策咨询机构，环保部环境与经济政策研究中心从 2001 年就开始关注和研究循环经济的相关问题，先后完成了比如科技部 2003 年度社会公益研究专项资金项目中循环经济研究项目、中德及中日循环经济合作项目、联合国环境署循环经济贵阳项目等重点项目，对我国循环经济的发展和生态环境保护提供多方面支持和关注。

　　本书以循环经济模式下的生态环境设计为研究中心，将循环经济与生态环境设计的相关理论进行解析，对循环经济的不同发展模式进行深入分析，探讨循环经济与生态环境设计之间的相互作用。对目前已有的循环经济模式下生态环境的质量评价标准进行整理与完善，并针对当前循环经济模式下生态环境设计现状中出现的问题提出相关的建议与创新策略。

感谢对本书提供支持的各位朋友，也希望各位读者可以对本书中出现的不足之处进行批评纠正。希望本书可以对新时期循环经济模式下生态环境设计的完善与创新提供借鉴与参考！

Contents
目 录

第一章　生态环境设计概念探析

第一节　生态环境设计的理论基础梳理

一、生态设计观的初步形成

"生态学（ecology）的概念是由德国生物学家赫克尔于 1869 年首次提出，并于 1886 年创立了生态学这门学科"。Ecology 来自希腊语 "oikos" 与 "logy"。前者意为居住地、隐蔽所、家庭等，后者意为科学研究。赫克尔说："我们可以把生态学理解为关于有机体与周围外部世界的关系的全部科学，进一步可以把全部生存条件考虑在内。"因此，后人将生态学视为探索生物与其生存环境之间相互关系的科学。

自从人类出现以来，人类就在生存的过程中不断积累自身与环境之间的经验和认知。早期的生态学是研究其他生物与环境的相互关系。随着该学科的发展，生态学逐步把人放在了研究的中心位置，人与自然的关系成为生态学关注的核心。人类生态学真正成为一个独立的分支是美国芝加哥学派的代表人物（帕克）首先提出来的。"人类生态学是研究人与周围环境之间的相互关系及其规律的学科。即研究当代人口、资源、环境与发展的关系，研究人类生态系统中各要素之间能量、物质和信息的交换关系。"从生态学学科的发展可以看出，人们对生存状况的认识以及对环境的意识都有了很大提高。但是在人类实现现代化之后，全球出现了一系列错综复杂的生存与环境问题，它成为全世界共同关注的话题。人类对自然的大肆掠夺造成了生态环境的严重失衡，环境开始向人类宣战，新矛盾新问题逐渐显现出来，使人类陷入深深的困境当中。1972 年联合国在斯德哥尔摩召开了"人类环境会议"，会上提出了"只有一个地球"的口号，《人类环境宣言》的产生，标志着人类环境意识有了重大的变化，强有力地推动了人类生态学的发展。因此可以说，生态环境问题是对现代社会和工业文明的巨大反思，正是由于社会的现代化进程迅猛发展，而这种发展又是建立在不科学地对自然资源的无节制掠夺和对自然环境破坏的基础上，因而才产生了生态环境的危机。

二、生态学的基本原理

按照现代生态学的观点，生态系统就是生命系统和环境系统在特定空间的组合。然而在生态系统中，一个复杂的大生态系统又包含着无数个小的生态系统，这些系统都有共同的规律。生态学给我们提供的一些法则对我们认识地球的生态系统规律有着积极的作用，如我国生态学家马世骏提出的生态学的五大规律，即相互制约和相互依存的互生规律、相互补偿与相互协调的共生规律、物质循环转化的再生规律、相互适应与选择的协同进化规律和物质输入与输出的平衡规律。笔者在此从生态学的方法论层面总结出以下三种法则：整体法则、物质循环再生与能量流动法则和环境承载力有限法则，就上述法则提出室内环境生态化的客观基础。生态学的法则为本课题的研究提供了重要的方法论。

1.整体法则

唯物辩证法认为，世界上的任何事物都不是孤立存在的，各个要素之间相互影响、相互制约和相互作用，整个自然界就是一个相互普遍联系的统一整体。唯物辩证法的联系观要求遵循生态学规律。生态学思想的基本原则就是整体论。它把世界看作是"人—社会—自然"的复合生态系统，包括人、动物、植物、微生物以及各种环境因素。尽管每个系统又包含了不同的组织层次，但不能分割开来让它孤立地存在。生态系统中的各种要素是相互联系、相互依赖的。生态世界观认为，自然界的一切物种、一切事物以及这些物种、事物和我们人类对象性活动都是一体化的关系，都是内在联系着的，它由各事物之间动态地、系统地、整体地、非线性地相互作用而构成一个复杂的关系网络，使世界成为一个不可分割的有机整体。在这个整体中，由于它们相互作用的互补性，使得整体大于各部分之总和。现代生态学把生态系统比作一个网，在这张巨大的网上，每个枝节都有几根线与别的分支相互联系，从而整体上可以更好地抵抗来自外部的作用；相反，如果其中的某个枝节被人为地剪断，那么，整个系统就会因熵的增加而走向毁灭。

自然界是一个有机的生态共同体，这个共同体就像一艘船，船上装载着各种动物、植物、空气、水和各种矿物质，包括人类，无论是有生命形式的还是无生命形式的都是船上的乘客，大家息息相关，生死与共。人类有利用自然、改造自然之权利，亦有保护自然、美化自然之责任。我们应该具备整体意识、全球观念、系统思想，在共享自然、建设自然的同时，应保证自然与人类长久地生存和发展。

2. 物质循环再生和能量流动法则

人与生存环境的关系，构成人的生态系统。生态系统的概念是英国生态学家坦斯勒（A.G. Tansley）在《植物生态学导论》（1935）中首次提出来的。生态系统就是在一定空间中共同栖居的所有生物（即生物群落）与其环境之间由于不断地进行物质循环和能量流动过程而形成的统一整体。这样一个生态系统的各个部分、生物与非生物、生物群落与生境构成了一个相互作用、物质不断地循环、能量不停地流动的生态系统。就整个生物生存的环境而言，其中由无机环境、生产者（绿色植物）、消费者（动物）以及分解者（微生物）四方面之间组成了食物链运动和生物循环，由此建立起相互协调的生态平衡关系。

能量流动和物质循环是生态系统的两个基本过程，它们是紧密联系在一起的。生态系统能长期生存并不断发展，就在于能量的流动转化和物质的循环再生。它通过一定的能量、物质和信息在生物与无机环境、生物与生物之间进行无休止地传递、转化和再生才得以保证生态系统的正常运转。物质循环是生态系统存在发展的物质基础，每个物质都演绎着被生产者和消费者吸收、多重利用以及被分解、释放又再度被循环吸收这样一个过程。

能量流动是生态系统得以保持正常运转的动力和源泉，没有能量的流动，就没有一切生命。生态系统中的能量流动是通过以各种有机体为载体的食物链渠道进行的，食物链是生态系统中的营养结构，由4—5个环节构成，如草—昆虫—鸟—蛇—鹰。生物与生物彼此之间有着某种直接和间接的相互捕食的关系，这种取食与被取食的关系形成了一个错综交织的食物网。物质的流动是循环式的，各种物质都能以可被植物利用的形式重返环境，而生态系统的能量流动是单向的，它既不循环，也不可逆转，最终以热的形式消散。如果能量流动这一功能受到破坏，生态系统便难以维持生命的存在和繁衍，它本身也会因其稳定性被破坏而走向崩溃。

物质循环再生和能量流动这两个生态系统的基本过程，使系统各个营养级之间和各种成分之间组织成为一个完整的功能单位。物质循环再生和能量流动同时进行，它们相互依存，不可分割。物质流是能量流的载体，而能量又推动着物质的运动，二者将生态系统联系成一个有机的统一体，并共同构成生态系统演替和发展的动力。地球的资源是有限的，原料、产品和废物的多重利用和循环再生是生态系统长期生存并不断发展的基本对策。

3. 环境承载能力有限法则

"所谓环境承载力，指在某一时期，某种状态或条件下，某地区的环境所能承受的人类活动作用的阈值。这里的某种状态或条件是指现实的或拟定的环境结构，不会发生明显不利于人类生存的重大改变；所谓的能承受是指不影响环境系统正常功能的发挥。"室内环境设计对物质资源的消耗程度是相当大的，然而地球上的物质资源是有限的，当人们对其开采强度与它本身更新相适应时或在生态系统能承受的阈限和容量内，它就能逐步恢复到原有的生态平衡状态；当外来干扰超出了其极限值，那么它的自我调节功能就不再起作用，最后使生态系统衰退无序，甚至瓦解，导致生态危机。也就是说生态系统虽然有一定的自我调节能力，但是这个调节是在一定的范围和一定的条件下才起作用的，否则，整体生态平衡将受到破坏。环境承载能力有限也就是包含了环境资源有限和生态阈值有限两个方面的内容。人类进行的各种生产活动，对环境承载力的影响都具有促进和限制两重性。人类能动性的活动既可以在充分尊重自然规律的基础上通过保护，使之形成很好的良性循环，并在特定的区域内，在一定程度上提高其生态环境的承载力，也可以破坏环境要素，打破环境系统的规律性，降低环境承载力，导致恶性循环。因为人类是唯一可以能动地影响和改变环境承载力的物质实体。

科学技术的不断发展推动着人类社会物质财富的增加，物质财富的不断增加改善了人们的生存条件，但是这种繁荣却日益加剧了人类与环境之间的矛盾，环境承载力受到空前的挑战。室内环境设计行业的发展和进步要以全球的生态环境健康运行为前提，以破坏生态环境为代价的进步都是虚假和倒退的。同样，室内环境设计对装饰材料的应用也必须限制在环境承载力可以承受的限度内。正如联合国《人类环境宣言》所明确指出的，当前的历史阶段要求人类在计划行动时更加谨慎地考虑给环境带来的后果。环境问题在很大程度上是由于人类不当的行为导致的，但是人类只要切实地付出努力，环境状况是可以得到改善的。为了人类长远的利益，我们要通过主观努力，运用科学知识，在以生态环境容量、环境承载能力为原则的基础上，同自然协调，努力改善环境状况，建设美好家园。

生态学中生态系统相关的基本原则构成了我们进行室内环境生态化设计研究的理论基础，但是这些基本原则还只是原原本本的生态学原理，那么如何使之融入室内环境设计思想观念中，如何使之深入贯彻到室内环境设计行业中等一系列问题，是需要我们进一步思考与探讨的。

三、传统生态意识和生态伦理

纵观人类社会发展史，历史所前进的每一步都始终贯穿着人与自然相互依存、相互斗争的画面，社会进步与经济发展是建立在对自然资源的开发利用的基础之上，现代化程度极大地改善了人们的物质生活条件，但是这种改善是以破坏了生态平衡为代价的，严重危及了人类的长远利益，人与自然之间的矛盾也越来越尖锐。当今世界，日益严重的环境污染、土地沙漠化、能源紧张、许多物种濒临灭绝、温室效应、水土流失、自然灾害频繁出现。面对这一系列严重的自然异化现象，我们必须深刻地反思我们的行为，对有悖于生态伦理的行为给予必要的道德约束。历史是一面镜子，重新梳理传统生态思想的基本要点，对妥善处理好人与自然的关系问题提供可借鉴的伦理道德资源，并对建设社会主义生态文明大有裨益。

我国传统文化中"天人合一"的自然本体思想认为人与万物是同生共处的关系，这是中国古代环保思想的核心，也是对现代化最具有积极意义的内容之一。老子说："有物混成，先天地生……吾不知其名，强字之曰道……故道大，天大，地大，人亦大。域中有四大，而人居其一焉。人法地，地法天，天法道，道法自然。"老子的观点是，天、地、人都是"道"派生出来的，人效法天地，天地效法道，而道就是自然，天与人合为一体。庄子继承了老子的思想，提出了"天地与我并生，万物与我为一"的观点。儒家的学说也包含了丰富的生态伦理思想。孔子做《易传》，就是以"天人合一"的思想为基础，孔子把人作为万物之灵，与天、地并列。组成宇宙的三大要素，试图建立有条理的世界体系。无论是道家还是儒家，虽然在表述上有所不同，但是他们基本思想是一致的，其闪光点就是人与自然和谐相处的智慧。

传统生态伦理思想对如何处理人与自然的关系、如何优化生态环境，有着诸多启示：1.确立了人类与自然万物共生共存的观点，自然界是一个有机整体，人类是其中的一部分，两者相互依存、相互制约；2.必须遵循自然规律，保持人与自然的和谐统一，世界是普遍联系的，事物是向前发展的，人类依赖大自然生存，在利用自然的同时，应当以尊重自然规律为前提；3.应该不断增强责任感，人类必须承担起保护生态环境的使命，树立生态伦理观，大力倡导生态文明建设，努力将道德关怀扩展到自然领域，走出狭隘的"人类中心主义"，在处理两者关系中争取达到双赢。

四、生态设计的美学内涵

从生态学的视角去研究美学问题，它产生于 20 世纪 80 年代。1994 年前后，我国学者提出了"生态美学"这一论题，随后出版了相关的专著，这标志着生态美学在我国进入了更加规范和深入的探讨之中。生态学是一门自然科学学科，美学是研究人与审美对象关系的一门哲学学科。然而这两门学科嫁接而成为一种新型的伦理美学，它们都是以人与自然、人与环境之间的生态审美关系为研究对象的。生态美学从广义上来说包括人与自然、社会及人自身的生态审美关系，是一种符合生态规律的当代存在论美学。

审美是以人的社会活动为基础所形成的一种人类文化的认知程度和精神状态，它是人的生命活动向精神领域的拓展和延伸。现代设计美学强调审美主体与审美客体的对立，主张美是人的本质力量的实践化，它把自然界看成是人的异己力量，重视人对自然的征服和改造，将人作为大自然的绝对主宰者，所以主张以机器主义美学、功能主义美学、技术主义美学来支持设计。这种功能至上、技术至上的设计思想在后现代主义及生态主义的双重冲击下日渐失去影响力。生态危机和生态运动的大规模爆发，改变了人类对自己与世界关系的看法。对生命伦理与生命崇拜的新发现，必然导致新的美学诞生。新的美学将从新的信仰中产生，而不是从新技术中产生。这种信仰强调我们与自然一致并从属于自然，我们是自然的一部分。在这种信仰的影响下，生态美学应运而生。生态美学是生态学与美学嫁接而成的一种新型的伦理美学。在此，人类与自然不再处于二元对立的状态，审美主体与审美对象是一种双向融合的关系，二者在共生、互渗的对流运动中走向了统一，生态美、和谐美成为最高的审美范畴与最佳的审美意境。生态美学就是将生态学的原则、方法引入设计美学之中，是生态美学在设计领域的具体化和实践化，它以生态化、协同化、有机化等审美原则强调设计与自然、环境相互依存，使自然人化、人自然化，在生态美学的框架与体系中达到了高层次互动。它最大的贡献在于更新了设计的观念，它要求设计界对设计进行反思，实现从观念、方法和技术等多方面的生态转向，如降低生产成本，减少材料、人工和特殊设备的耗费等。在众多学者强调人类是自然的一部分，从属于自然的多重背景下，生态美学应运而生。生态审美观就是以生态观念为价值取向而形成的一种审美认识，它表现为审美主体人类与审美客体自然不再处于对立的状态，它超越了审美主体对自身生命的关爱，也超越了役使自然为我所用的狭隘的价值取向，从而使人与自然和谐交融。

美是一种价值存在。审美价值是客观事物所具有的能满足人的审美需要的一种价值属性。生态美就是能满足人们审美需要的一种审美存在。在人对良好生态的环境体验中，唤起了审美主体对自然的情感，把审视的焦点集中在人与自然关系所产生的生态效应上，以自己主观的审美方式对生态环境加以塑造。生态设计美学就是将生态学的原则、方法引入设计美学之中，是生态美学设计领域的实践化、具体化，它强调设计与自然、环境的相互—协调、相互统一。生态审美意识不仅是对自身生命价值的体验与认识，也不只是对外在自然美的发现，而是对人与自然生命相互关联的一种共感。

五、景观设计理念

一直以来，"艺术和科学始终是景观设计的两大支柱"（George P.Thompson & Frederick Steiner，1996）。19世纪西方工业革命的爆发，生产力水平迅速提高，人类社会的高速发展也给地球带来了许多负面影响：自然生态环境急剧恶化，自然生态资源日益枯竭。随着美国海洋生物学家雷切尔·卡尔逊（Rachel Carson）《寂静的春天（Slent Spring）》的问世，人们开始反思工业对人类社会和自然环境带来的影响。在生态主义的浪潮下，景观设计师们也开始将自己的使命与整个地球生态系统联系起来，并不断探索如何通过景观设计来改善人类的生存环境。纽约中央公园、布鲁克林的希望公园、芝加哥的滨河绿地和波士顿公园，都是美国景观设计之父奥姆斯特德在其长达30年的职业生涯中对环境与自然充分理解的杰作。继奥姆斯特德之后，1969年，伊恩·麦克哈格的《设计结合自然（Design With Nature）》一书将生态学思想引入到景观设计中，产生了"设计尊重自然"的观点，将景观设计与生态学完美地融合起来，开创了生态化景观设计的新时代。

（一）生态设计的含义

生态学家瑞恩（Sirn Vander Ryn）和考恩（Cowan）在1996年提出生态设计的定义：任何与生态过程相协调，尽量使其对环境的破坏影响达到最小的设计形式都称为生态设计，这种协调意味着设计应尊重物种多样性，减少人类对自然资源的剥夺利用，保持营养和水循环，维持植物生境和动物栖息地的环境质量，以改善人居环境及生态系统的健康。

生态观念即人与自然协调发展的观念，渗透到设计过程中使设计师在塑造物质、能量时把人与自然看成一个完整的生态系统，而不是"人类中心论"或"自然决定论"，设计的最终目的（预想的需要或欲望）是最大限度地借助自然力的最少设计（minimum design）。

景观生态设计包括广义和狭义两个层面的含义。狭义层面是指以景观生态学的原理和方法进行的景观设计，它注重的是景观空间格局和空间过程的相互关系，景观空间格局由廊道、边界等元素构成。广义层面是指运用生态学（包括生物生态学、系统生态学、人类生态学和景观生态学等）的原理、方法和知识，对某一景观进行规划和设计这个层面上的景观生态设计，实质上是对景观的生态设计。

（二）当代景观设计的生态设计原则

1. 尊重自然

自然有其自身的演变和更新规律，同时又具有很强的自我维持和自我恢复能力，生态设计要充分利用自然的能动性来实现生态系统的自我恢复。尊重自然的发展过程，增强场地的自我调节能力，发展可持续的、生态的当代景观。

2.最小干预，最大促进

景观设计总是在一定场地上进行的，人类的活动对自然环境必然会产生干扰。生态设计就是要尽可能减小对场地的扰动，并努力通过设计的手段促进自然生态系统的物质利用和能量循环，维护场地的自然过程与原有生态格局，增强生物多样性。

3.4R 原则

"4R"即 Reduce，Reuse，Recycle 和 Renewable。"Reduce"是减少对各种资源，尤其是不可再生资源地使用，谨慎使用可再生资源；"Reuse"是在符合工程要求的情况下对基地原有的景观构件进行再利用；"Recycle"是建立回收系统，循环利用回收材料和资源；"Renewable"是利用可回收材料与保留下的资源，创造新的景观，服务于新功能。

4.以科学技术为指导

科技是第一生产力，充分利用当今最先进的科学技术来为景观生态设计服务。科学的发展推动了技术的进步，利用高科技提高资源的利用率，利用高科技材料以减少对不可再生资源的利用，借助科技创造高技术的景观。

5.与艺术功能相结合

设计是一门艺术的学科，景观是一个综合的整体。设计师应当以现代艺术的思想理解现代景观的生态设计，以此来创造既饱含艺术美感，又满足社会功能的现代新景观。

（三）当代景观设计的生态设计手法

1.对场地的处理——保留与再利用

充分尊重场地历史和现状特征，保留场地的原有元素，对原有材料再次利用。这种处理手法让场地在诉说历史的同时，也减少了生产、加工、运输材料而消耗的能源，减少了对场地原有生态环境的破坏，无疑是一种生态的设计手法。

1972 年，在主持美国西雅图煤气厂公园的景观设计时，设计师理查德·哈格（Richard Haag）从公园的现有条件出发，保持原本地貌，并选择性保留了基地中的旧工业设施，一些气压、水压设备则被刷上了红、黄、蓝、紫等鲜艳的颜色，有的覆盖在简单的坡屋顶之下，成为游戏室内的器械，工业设施和厂房被改建成餐厅、休息室、儿童游戏厅等公园设施，这些被大多数人认为是丑陋、肮脏的工业设备，经过哈格的改造，重新获得了极高的审美情趣和社会价值。

2.对材料的处理——循环利用与生态优先

以本地材料为主，倡导使用绿色材料。材料选择首先需要考虑的一个因素是材料的耐久性。其次考虑的是材料在使用中只需要少量维护或者维护中对环境影响较小。另外，应该尽量使用本地材料，因此，设计师应该力求寻找一种耐久性长、本地生产的、低维护性、低能耗的材料。

材料内含能量（embodied energy）与原料的开采、制造过程和方法、运输距离的远近有密切的关系，因此使用本地材料不仅可以节省运输所需的时间及金钱的花费，还可大大减少对异地生态环境的破坏及运输路途中对环境的污染。生态透水材料的使用就是生态优先的体现。城市中大量的硬化材料有两大缺点：不透水、吸收和储存热量能力强。这两大缺点造成城市地下水源得不到补充，下雨时城市的排水系统压力巨大；热岛效应增强，对城市生态系统造成负面影响，而生态透水材料就能很好地解决这两大难题。

3. 对生态资源的处理——经济高效与科技创新

任何一种能源的开发和利用都给环境造成了一定的影响，尤其以不可再生能源引起的环境影响最为严重和显著，而开发使用清洁能源和可再生能源则是改善环境、保护资源的有效途径。降低能源需求，减少能量消耗，使用高效节能技术，使用可更新和高效的能源供应技术，是利用清洁能源及节能的根本原则。

1983 年彼得·拉茨在卡塞尔市建造了自己的住宅，这是一处以太阳能为主要能源的生态住宅，这一住宅也为他赢得了相关建筑奖。在彼得·拉茨设计的北杜伊斯堡景观公园中，水是循环利用的，污水经过处理后汇集了收集的雨水，引至工厂中原有的冷却槽和沉淀池，经澄清过滤后流入埃姆舍原工厂的旧排水渠改造成水景公园，利用新建的风力设施带动净水系统，将收集的雨水输送到各个花园，用来灌溉，整治后的埃姆舍河段成了一个长条形水池，干净的水被循环利用。

4. 对垃圾的处理——变废为宝再生利用

从整个地球生态系统的良性循环出发，通过对材料和资源的再生利用，将改造后的"废料"塑造成新景观，从而最大限度地减少对新材料的需求，减少对生产材料所需的能源的索取，彼得·拉茨在德国北杜伊斯堡景观公园设计中，场地上的工业废料被循环使用，如砖被收集起来作红色混凝土的骨料；厂区堆积的焦炭、矿渣和金属物用作一些植物生长的媒介或地面表层的材料；用铁路护轨整修成新的道路，用 49 块废置的铁板铺设了金属广场，拉茨将基地中的"废料"重新利用，既减少了生产、加工、运输材料而消耗的能源，也减少了施工中的废弃物，体现了生态设计理念。

（四）景观设计理念

生态设计重视对自然环境的保护，运用景观生态学原理建立生态功能良好的景观格局，促进资源的高效利用与循环再生，减少废物排放，增强景观的生态服务功能。当代景观设计中生态设计应该遵循三大理念。

1. 保护性景观设计

对区域的生态因子和物种生态关系进行科学的研究分析，通过合理的景观设计，最大限度地减少对原有自然环境的破坏，以保护良好的生态环境。设计师利用生态的设计方法，减少人为干扰因素，保护基地内的自然生态环境，协调基地生态系统，使其更加健康地发展。

2. 恢复与促进性景观生态设计

一般说来，生态系统具有很强的自我恢复能力和逆向演替机制。生态环境除了受到自然因素干扰之外，还受到人为因素的干扰，用景观的方式修复场地，促进场地生态系统的良性发展成了当代景观设计师的重大责任。面对满是创伤的场地，设计师首先考虑的问题是如何进行生态恢复，即使面对未被破坏的场地，也开始思考如何通过景观设计的方法促进场地生态系统的完善。

3. 补偿性景观生态设计

在设计中运用科学手段，探索更适宜在景观中应用而又能减少对生态环境影响的设计手法和景观元素，有意识地为已遭破坏的生态环境进行恢复，是一种以景观形式对自然进行补偿的设计过程。现在，设计师们已经通过科学技术尽可能地减少了可再生能源的消耗，开始大量应用自然界中的可再生能源，如太阳能、风能等，以适应现代生态环境。

生态设计的目的是维护自然生态系统的平衡，维持物种的多样性，保证资源的永续利用，但归根结底都是为了人类社会的可持续发展。随着公众生态意识的不断增强和技术手段的不断改进，生态设计的理念将日益深入人心，并不断渗透到人们的日常生活中，同时对生态设计理论的深入研究和生态设计手法的探索与拓展也必将更进一步。在我国逐渐步入节约型社会的同时，景观设计师应该通过对生态理念的理解，遵循生态原则，使人居环境逐步走向生态化，并达到人与自然的和谐发展。

第二节　生态环境设计的方法分析

生态环境设计方法是在传统环境设计方法总结反思的基础上，以生态价值观为出发点，综合发展而来的新的环境设计方法理论。实践离不开指导思想、具体方法、创作技巧、实施步骤，要反映时代，反映地方特色，强调以人为中心，追求人与自然的协调发展，就必须对生态环境设计的方法进行分析与研究。

一、生态环境设计指导思想

城市发展并没有和人类的价值思想完全同步，而是稍微滞后。当人们从恶劣的城市环境中缓过气来，却发现我们面对的不仅仅是城市问题，还有我们的指导思想问题。我们不能再按原来的模式继续下去，必须以人、生物和非生物三者的共同发展为根本。

1.生态价值观

城市生态环境问题，首先表现为人与自然的和谐关系被破坏，因为它的价值取向是人类中心主义。"人类中心主义"坚持人的价值最高，基本不承认其他生物体的内在价值。随着科技进步和社会生产力的发展，人类在征服自然、改造自然、破坏自然的进程中，充分表现了以满足自身生存和发展需要的人类利益最大化。

人类要从根本上解决环境问题，就要用生态价值观来理解世界。

生态价值观走出一切以人类利益为中心、以经济增长为单项指标的人类中心主义，认识到只有对人自身能力发展方向和行为后果进行合理的社会控制，才能保证对人的创造力的强化和对人的破坏力的弱化，把人与自然关系中的负面效应降到最低限度。

生态价值观是一种人与自然的新型关系，把地球看作是人类赖以生存的唯一家园，以尊重自然和维护自然环境代替对自然的占有欲和征服行为，在扩大人类对自然的权利和利益的同时，也要求人类对自然承担相应的责任和义务。正确的生态价值观要求人们重视和了解自然生态的演进过程，在人与自然的更高层次上，以"人—自然"系统为中心，实现系统的整体和谐发展和共同进化。

2.生态伦理观

人类与自然存在的伦理道德关系，已渐渐被有关学者所承认，并逐渐达成共识。伦理是人类维系共同体存在而限制自身行为的规范意识。这种旧的伦理观体现的是以人为本的思想，以人类社会的平等和高效为目的。旧伦理学是自私的，某些思想不是认识错误就是有失偏颇，因此有必要寻求一种全球的伦理学，把道德对象的范围从人类扩展到生态系统的其他成员，而且还从每个生物物种扩展到生态系统和整个自然界。

生态伦理观的建构，标志着人类道德的进步与完善，是新时代人类处理环境和生态问题的新视角、新思想，是人类道德的新境界。生态伦理观特别强调人类平等观和人与自然的平等观，主张人与人及人与自然的生存平等、利益平等和发展平等，即一部分人的发展不能以牺牲另一部分人的利益为代价，生态伦理观以尊重和保护生态环境为宗旨，以人类的可持续发展为出发点。生态伦理观强调自身规范意识，强调人与自然环境的相互依存、相互促进、共融共存。要求人类通过自己的主观能动作用来增强自然的自组织进化，合理开发自然，把人类的生产方式和生活方式规范控制在生态系统所能承受的范围内，倡导在热爱自然、尊重自然、保护自然、维护生态平衡的基础上，积极能动地改造和利用自然。

二、生态环境艺术设计基本原则

生态城市规划中环境设计的研究，主要是研究如何把规划原则细化为具体的设计手法，把"生态"概念转化为可操作的空间布局和物质建设的设计原则。生态环境设计必须以人和自然均衡整合为根本，以人与自然的动态和谐及协同发展为中心，人、生物和非生物环境通过长期的相互作用逐步形成一种和谐、均衡的系统。为此，生态环境设计要遵循以下几方面的设计原则。

1. 人本性原则

在环境设计中我们意识到人是环境中的主体，而环境设计的核心价值就是在满足人的基本物质生活条件的基础上创造适当高度的精神生活品质，优化生活环境的质量，即服务于人的、以人为本的设计。

通过有效的规划和设计，使人在环境空间既能满足使用要求，又能满足生理、心理需求，最终产生一定的经济效益、社会效益和生态效益。人本性原则并不排斥与自然的结合，人本性与自然性在很多时候是有冲突的，但最终应是融合的，即实现"天人合一""天地人和"的最高境界。

2. 整体性原则

"环境"一词本身就强调从整体的角度看待问题。整体性原则要求把人类生活空间内的生物圈和技术圈都作为人类生态系统的有机组成部分来考虑。局部利益必须服从整体利益，一时性的利益必须服从长远的、持续的利益。在进行环境设计时，从整体性原则出发，将环境看作一个整体，一个大于它各部分总和的系统。对环境设计各要素（包括自然的、生物的和文化的）进行安排和协调，研究各环境要素之间的结构和功能关系，以便通过人的设计与管理，使总体人类生态系统的时空结构、能源、物流及信息都达到最佳状态。

3. 地方性原则

做环境设计，首先应考虑设计所处的地域，任何一个我们为之赞叹的乡村或民居，都是居住者根据长期对自然的细致观察及在实际生活的体验基础上进行的创造性设计。所以，环境艺术设计从一个侧面反映当时、当地的物质生活和精神生活特征，烙刻着历史的印迹。现代环境艺术强调我们必须了解地方特征，包括地质、水文、日照、风向、气候、气象、景观等一系列自然地理环境，还要了解经济、政治、历史、文化等因素及如何在设计中恰当地体现。尊重传统文化和乡土知识，考虑它们对设计的启示。但是现代人的需要可能与历史上该地域中人的需要不尽相同，而且随着生态环境恶化，我们不可能仍刻意模仿和拘泥于传统的形式，生态环境设计形式仍应以地域的自然过程为依据，依据地域的地理因素、社会因素、文化因素及物质能量的输入输出规律，综合所有这些因素的一个新的设计过程。

4. 生态原则

人类有意识地塑造物质、能量和过程，来满足自己对生存环境的更高追求，但是过度无序地开发和毫无节制地滥用导致了对自然的破坏。地球上有很多自然资源是不可再生的，要实现人类的生存与延续，必须对不可再生资源进行有效利用，这就是设计中所要把握的生态原则。结合"4R"设计根据 Reduce（减量），Reuse（再利用），Recycle（循环）和 Renewable（可再生）原则在自然系统运行的全过程减少物质、能源消耗，提高资源利用率，减少废物排放，减轻对环境的污染，使人工环境由纯消费型向可循环型转变。

5. 科学性与艺术性融合

重视科学性与艺术性是环境设计工作的另一重要原则。环境艺术乃是绿色的艺术与科学，是创造和谐与持久的艺术与科学。环境质量的提高依赖于科学性与艺术性的双重满足。社会生活和科学技术的进步，人们价值观和审美情趣的演变，促使环境艺术设计必须充分重视并积极运用当代科学技术的新成果、新成就，包括新材料、新结构、新施工技术以及为创造良好声、光、热环境所使用的设施设备。

当然，在进行具体工程设计时，我们难免会碰到不同类型和不同功能的环境问题，在科学性和艺术性两方面会有所侧重，但绝不是割裂或对立来看，二者缺一不可，只有密切结合才能使设计作品拥有持久的生命力。

三、现代园林设计指导思想及设计原则

（一）园林生态设计指导思想

1. 可持续发展理论

"可持续发展（Sustainable Development）"已成为世纪话题，在自然科学和社会科学的各个领域被热烈而广泛地讨论，园林界也不得不卷入到这一热潮中。从城市规划到城市设计，从建筑设计到园林设计，几乎所有研究都必谈"可持续发展"。

那么可持续发展究竟是如何产生的？其真正的内涵又是什么？

（1）可持续发展战略思想的来源

20世纪以来，尤其是二战以后，许多国家相继走上了以工业化为主要特征的发展道路。他们在创造辉煌的现代工业文明的同时，却一味滥用赖以支撑经济发展的自然资源和生态环境，使地球资源过度消耗，生态急剧被破坏，环境日趋恶化，人与自然的关系达到空前紧张的状态。面对严峻的全球环境危机，人类不得不开始重新审视自己的社会经济行为，深刻反思传统的发展观、价值观和环境观，并被迫理性地探索新世纪的发展模式和战略，试图冲出昔日牺牲生态环境、盲目追求经济增长的樊篱，寻求一条既能保证经济增长和社会发展，又能维护生态良性循环的全新发展道路。而"可持续发展"战略正是在这一背景下应运而生的。

1987年4月，以布伦特兰（Gro Harlem Bruntland）为主席的世界环境与发展委员会向联合国大会提交了研究报告《我们共同的未来》（Our Common Future），报告明确提出了"可持续发展"的概念。1992年里约热内卢的世界环发大会又一次将这一概念提到前所未有的高度，会上发表的《里约热内卢宣言》和《21世纪议程》标志着可持续发展思想在世界范围内得到共识。大会定义可持续发展为："在满足我们当代人需求的同时，又不能对后代人满足其自身需求的能力构成危害的发展。"他们认为这其中包含两个重要概念：一是，人类要发展，要满足人类的基本发展需求；二是人类要适度限制，不能损害自然界支持当代人和后代人的生存能力。

（2）可持续发展的内涵

可持续性发展思想其实源于生态学，即所谓的"生态持续性"（Ecological Sustainability）。它主要指自然资源及开发利用程度间的平衡，主要内容包括：1.应节约使用资源，并尽量少用不可再生资源；2.应有条件地、谨慎地使用可再生资源，如太阳能、风能、森林等；3.应尽量减少废弃物，减少对自然的污染。

可持续发展的提出，根本是源于解决环境与经济的矛盾问题，它是一种立足于环境和自然资源角度提出的关于人类长期发展的战略和模式，它特别强调环境承载力和资源的永续利用对发展进程的重要性和必要性。可持续发展鼓励经济增长，但它不仅要重视经济增长的数量，更要依靠科学技术进步提高经济活动的效益和质量。可持续发展的标志是资源的永续利用和良好的生态环境。经济和社会的发展要以自然资源为基础，同生态环境相协调。要实现可持续发展，必须使自然资源的耗竭速率低于资源的再生速率，必须转变发展模式，从根本上解决环境问题。发展的真实本质应该是改善人类生活质量，提高人类健康水平，创造一个保障人们平等、自由的社会环境。因此可持续发展的最终目标是谋求社会的全面进步。

　　总而言之，可持续发展应包括以下几个方面：一是经济的发展，其中最主要的是社会生活质量的改善；二是合理利用资源，这里主要指可耗竭资源，包括能源、水资源、土地资源等；三是环境保护，包括自然环境和人文环境；四是发展的长远性；五是发展的质量；六是发展的伦理。主要指发达国家的可持续发展进程，不得以对欠发达国家的环境破坏和资源掠夺为前提。可持续发展是全球纲领性的发展战略，它是建立在平等、和谐、共同进步的基础之上的。

　　2.基于可持续发展理论的园林生态设计指导思想——建立整体生态设计观

　　对于注重生态的园林设计而言，设计师应了解生态学的一些基本概念如生态系统的结构和功能、物质循环、能量流动等，借鉴可持续发展与生态学的理论和方法，从中寻找影响设计决策、设计过程的内容。吴良镛先生曾指出，研究设计问题应进行"融贯"的综合研究。如果园林设计师准备以努力关注环境和承担环境责任的态度从事设计，就需要采用整体综合研究的生态思维和观点来看待园林设计。

　　生态思维的一个最重要特点是强调整体研究的重要性和必要性。因为在生态系统中和不同生态系统之间存在着一个表示相互关系和相互作用的网络模型，其中系统每一部分的变化都会影响系统整体的运作。对于注重生态的园林设计而言，应该汲取生态整体思想的观点。园林景观作为隶属于更大范围生态系统的子系统，应关注构成景观子系统中能量和物质材料的人工输入与输出，即输入各级产品的生产提炼、装运、使用和最终废弃等所导致的资源耗费；输出的废水、废弃物和再利用物质的环境影响等。

　　生态学家指出，生态系统处于一种活跃的状态，生态系统间的相互作用也是动态的，它们的相互依存关系随时间变化而不断变化。作为一个独立生态子系统的园林景观同样是动态系统，即园林景观与特定设计地段的生态系统之间的相互作用是动态变化的。建立一个园林景观需要考虑建设及使用的全过程，其与周围环境的生态相互作用，通常需要检验组建景观的能量和物质材料的流动，及材料从生产、加工到运输使用中的生态影响。由于生物圈中物质流动是一种循环模式，且考虑到地球上资源的有限性，故提倡建设环境中的材料等有效资源应用也应是一种循环的状态。这不仅能减少对自然生态系统的影响，同时也有利于后代持续地获取资源。

（二）园林生态设计原则

1.尊重自然原则

　　一切自然生态形式都有其自身的合理性，是适应自然发生发展规律的结果。一切景观建设活动都应从建立正确的人与自然关系出发，尊重自然，保护生态环境，尽可能对环境产生较小的影响。自然生态系统一直生生不息地为人类提供各种生活资源与条件，满足人们各方面的需求。而人类也应在充分有效利用自然资源的前提下，尊重其他各种生命形式和发生过程。生态学家告诉我们，自然具有自我组织、自我协调和自我更新发展的能力。人类在利用它时，应像对待朋友一样去尊重它，并顺应其发生规律，从而保证自然的自我生存与延续。如城市雨后的流水，刻意地汇集阻截它，必将促使其产生强大的反压制力，给排水装置和相关市政设施受到很大冲击，甚至带来灾难。相反，顺应它的自然径流过程，设计模仿自然式溪流的要素和形式，主动引导并利用它，这不仅可将美丽的自然景观重现于市民眼前，增强城市自然审美品质，并提高市民生态意识，同时也可有效地避免资源的浪费和对环境的威胁。因此，在园林生态设计中，尊重自然应是能被社会接受的最基本的前提之一。

2. 乡土性原则

任一特定场地的自然因素与文化积淀都是对当地独特环境的理解与衍生，也是与当地自然环境相协调共生的结果。所以，一个合适于场地的园林生态设计，必须首先考虑当地整体环境和地域文化所给予的启示，能因地制宜结合当地生物气候、地形地貌进行设计，充分使用当地建材和植物材料，尽可能保护和利用地方性物种，保证场地和谐的环境特征与生物的多样性。

3. 高效性原则

当今地球资源严重短缺，主要是由于人类长期利用资源和环境不当所造成的。而要实现人类生存环境的可持续性，必须高效利用能源，充分利用和循环利用资源，尽可能减少包括能源、土地、水、生物资源的使用和消耗，提倡利用废弃的土地、原材料包括植被、土壤、砖石等服务于新的功能，循环使用。这其中主要包括 4R 原则，即更新改造（Renew）、减少使用（Reduce）、重新使用（Reuse）、循环使用（Recycle）。

（1）更新改造

在这里通常是指对工业废弃地上遗留下来质量较好的建筑物进行改造，以满足新功能的需要。这样可大大减少资源的消耗和降低能耗，还可节约因拆除而耗费的财力、物力，减少向自然界排放废弃物。

（2）减少使用

这里是指减少对不可再生资源如矿产资源的消耗，谨慎使用可再生资源如水、森林等，减少对自然界的破坏；预先估计排放废气、废水量，事先采取各种措施；减少使用对人体健康有危害的材料等。

（3）重新使用

是指重复使用一切可利用的材料和构件，如钢构件、木制品、砖石配件、照明设施等。要求设计师能充分考虑到这些选用材料与构件在今后再被利用的可能性。

（4）循环使用

根据生态系统中物质不断循环使用的原理，尽量节约利用稀有物资和紧缺资源，这在废污水处理及一些垃圾废物的循环处理中表现明显，如目前常用于市政浇灌及一些家庭冲厕、洗车等的中水利用系统。

4.健康、舒适性原则

健康持久的生活环境包括使用对人体健康无害的材料，符合人体工程学、方便使用的公共服务设施设计，清洁无污染的水体等。舒适的景观环境则应当保证阳光充足，空气清新无污染，光、声环境优良，无光污染，无噪声，有足够绿地及自由活动空间等。城市中一个健全的景观系统能够改善不利的气候条件，吸收雨水，减少噪音，清洁空气，提供令人愉快的视觉景观，同时也能为野生动物提供生活场所，使人们直接观察到自然的进程，提醒人们记住人类是自然的一部分。所以设计关注以"人"为本，其中的"人"不仅仅是指狭义的人类，它还包括所有与人类息息相关的各种动植物及自然环境，因为没有它们的存在，也就没有人类健康舒适的生活。

现代园林生态设计是要把人与自然、环境更紧密地联系在一起。它表达了人类渴望与自然亲近、并与自然融合共生的愿望。随着公众生态意识地增强和生态科学技术的发展，人们对园林生态设计手法的探索也在持续进行。人与自然和谐共处的愿望在这些设计手法中得以表达。无论过程或结果，无论表象或本质，它们都体现了设计师对人与自然之间生态关系的思索与探究。

（三）清洁能源利用与节能

任何一种能源的开发和利用都给环境造成了一定影响，尤其以不可再生能源引起的环境影响最为严重和显著，开采、运输、加工、利用等环节都会对环境产生严重影响，如造成大气污染、增加大气中温室气体的积累和酸雨的发生等。而开发使用清洁能源和可再生能源则是改善环境、保护资源的有效途径，因为通过使用像太阳能和风能这样的新能源，可减少燃烧煤炭、石油等不可再生能源，从而减少空气污染、水体污染和固体废弃物。

清洁能源主要是指能源生产过程中不产生或极少产生废物、废水、废气的优质可再生能源，包括太阳能、风能、地热能、水能、生物质能和海洋能等。

降低能源需求，减少能量消耗，使用高效节能技术，使用可更新和高效的能源供应技术，是利用清洁能源及节能的根本原则。

1.太阳能利用

太阳能是洁净的、可再生的、丰富且遍布全球的自然能源。它取之不尽、用之不竭，具有很大的利用潜力。对太阳能的利用主要包括两方面：一是太阳热能利用，即太阳用作热水的加热源，为不同用途提供热水；二是太阳能光电利用，即将太阳能转换成电能，用作制冷或照明的能源。目前世界各国通常都把太阳能利用作为节能的有效手段。太阳能利用目前在建筑领域开发应用已较为成熟，主要包括太阳能采暖和太阳能采光。

2. 其他清洁能源利用

未来地下的冷或热能将会成为仅次于太阳能的非常重要的可再生能源。因为这种能源普遍存在，几乎没有限制且易于获得。一方面利用地热能既没有污染物排放，也不生成污染物，对生态和环境有利。另一方面运作费用极低。目前德国只有很少一些利用地热的试验性设计，而在瑞士已比较普及，钻井 1 600 个，与热泵一起发挥作用，这样做所带来的好处是瑞士大气中二氧化碳排放量大约是德国的 50%。

研究表明，越靠近地表面的土壤温度受到气候条件的影响越大，而在地下 8 – 10 米深的位置，土壤温度达到了一个比较稳定的数值，而这就是可以在设计中应用的冷源。目前，地热能在建筑领域的开发应用技术已较成熟，冷媒可以通过流经这些区域，经过降温直接用于空调系统。

此外，高效清洁能源的开发利用还包括生物能的利用（如利用稻草、秸秆等农业废料制造沼气或发电，利用厌氧发酵池产生沼气等）、潮汐能发电以及水能、海洋能的使用（如利用生物能作为生活用能及标志性景观火炬和照明能源）等，相信随着人们对环境与资源保护意识的提高，优质高效洁净能源的开发利用将在 21 世纪有长足发展。但在我国就目前而言都还处于示范阶段，推广应用还有待时日。

（四）有效的资源利用

1. 水资源的循环利用

水是园林景观构成中的重要元素之一。有了水的滋润，环境中的草木、土地才能欣欣向荣。一定面积的水体，可以丰富景观、隔离噪音、调节小气候等。水不只是风景中一个优美的装饰，它更是设计者必须优先考虑到的一个处理的难题。众所周知，水资源短缺和水污染加剧已成为遏制当今全球经济发展的一大瓶颈，同时也威胁着人类的生存与健康。因此，为解决水资源短缺的矛盾，景观设计师们正尝试通过收集雨水、污水并处理后再生利用的方式，以节约景观和建筑用水，减轻水体污染，改善生态环境，并创造出优美的自然景观。

2. 结合地方主义的设计

所谓"地方主义"，其实是源于人类对各种自然环境与条件的适应与尊重，它是各地域及其文化在发展过程中保留下来的为群体所公认的一种历史积淀，它在各个历史时期成为规范、准则与时尚，并对该地区以后的历史时期产生极其广泛的影响。由于各地域气候自然条件不同，最终也产生极富地方的特色、极具区域化的各种丰富多彩的地方设计形式与风格。这种与地方自然环境完美融合的设计手段主要有两种表现：一是设计要素充分有效地利用了当地的自然资源；二是尊重场地原有自然生态环境的历史，对当地自然生态环境的恢复与重新创建产生积极作用。

3. 有效利用当地自然资源

（1）当地建造材料

这里的"当地自然资源"通常指的是大量的地方性的建造材料和植物材料。在古代，由于交通技术的限制，一般建设均采用当地的资源如石材、木材、土砖等。但随着科学技术的发展和交通的便利，人们为了实现自己的梦想，总是会不远万里去寻找新型材料。我们知道，一种建设材料内含能量（embodied energy）与原料的开采、制造过程和方法、运输距离的远近有密切的关系。因为考虑到材料运输过程中要大量耗费不可再生能源，并排放废气，造成较大的环境污染，也徒增了建设成本与费用。而使用当地的建造材料，不仅可节省运输所需的时间及相关金钱的花费，还可大大减少对异地生态环境的破坏及相关运输路途中对环境的污染。另外，运用地方材料的设计作品更能创造出朴实、浓郁的地方传统风格，令人产生强烈的场所感与归属感。与建造材料不同，所以应用植物材料进行景观创造必须考虑植物本身的生长发育特性，及其与周围自然环境的关系。选用植物不必追求奇花异草，应从地方气候、立地条件出发，多选用地方树种。在设计中使用地方性乡土植物材料是充分利用当地资源的重要途径之一。

乡土植物又称本土植物（Indigenous Plants）。广义的乡土植物可理解为：经过长期的自然选择及物种演替后，对某一特定地区有高度生态适应性的自然植物区系成分的总称。它们是最能适应当地大气候生态环境的植物群体。应用乡土植物不仅能减少人工养护管理时间与成本，而且能促使场地环境自我更新、自我养护。具体在乡土植物种植设计中，应以自然群落结构和整体视觉效果为依据，植物配置注重色彩搭配、群落性关系；植物选择不仅选择本土常见树种，而且也注意选取一些虽非本土树种但在本地生长旺盛，已适应当地气候的外来物种。根据植物生物学特性，进行乔灌、草及地被等多层次的应用。"最广泛的应用就是最有效的保护"。乡土植物、外引植物和场地及自然植物的园林化有机结合，也就实现了资源的多样性保护及其持续利用。

在美国亚利桑那州图森市（Tucson），为了减少一条新建高速公路对当地自然生态环境的影响，公路建设不仅加强了工程技术措施以尽量降低对环境的破坏性影响，同时也通过景观设计把公路融入周围环境中去，其中采用的设计手法就是，充分保留公路建设前场地上的大量植株，尤其是长势良好的仙人掌和奥寇梯罗（Ocotillos，一种荒漠灌木）等当地乡土树种，在公路建设后将植株按原有已被记录的位置和方向进行种植设计。此外，原有植株生长的表层土壤也被事先挖出，待公路建设后又重新填回以保证乡土植株原有的生长小环境和营养需求。在这个项目中，乡土植物被最大限度地保留和利用，不仅有效地减弱了现代交通产生的环境负效应，同时也典型地再现了当地独特的自然风景，高大挺直的沙漠地带性植物——仙人掌，似乎正张开双臂向人们表示热烈的欢迎和热情的问候。

2. 自然生境的生态恢复与创建

自然生境是指动植物个体或群体生长、栖息并赖以生存的生态环境，也是个体或群体生存所需的食物、资源的聚集地，包括水、土壤、气候条件以及生物有机体。由于近期人类开发和利用活动的拓展，自然生境不同程度地受到破坏、干扰或衰退，甚至被彻底湮没。因此，为维护当地自然生态平衡，保护生物多样性，同时为当地居民提供优美的自然生态环境和休憩场所，还原其历史真面貌，自然生境的生态恢复与创建开始被提上议程，并迅速发展成为园林设计的一个新的重要课题。其中较常见的自然生境的恢复包括：湿地的恢复与创建、溪流的恢复与创建。

（1）湿地地恢复与创建

湿地是陆地上常年或季节性积水和过湿的土地与其中生长、栖息的生物群落构成的独特的生态系统。湿地作为重要生态基础设施，具有众多服务功能：为城市提供完善的防洪排涝体系；调节区域气候，降低城市热岛效应，提高城市环境质量；为动植物提供独特的生境栖息地，保护物种多样性；为附近居民提供亲近自然的休闲场所。然而，由于农村和都市的快速发展，自然湿地正逐渐被转变为其他用途而消失。尤其是城市中的湿地，由于城市建成区不断扩张的影响，形成了在城区中面积较小、分布不均匀、孤岛式生境的斑块，且斑块间的连接度低，湿地内部生境的破碎化较为严重。大量湿地一方面被侵占，或正承受着愈来愈严重的污染并对其周围环境也造成污染，降低了湿地的生态及社会服务功能；另一方面，因湿地生境条件的改变以及湿地规划中盲目引进一些异地物种，引起外来物种对湿地生境的入侵，降低了本地物种的存活概率。

因此，为提高湿地环境的安全性，保证居民休闲生活安全，通过科学的设计进行湿地生境的恢复与重建显得尤为重要。湿地的恢复与建设主要包括以下内容。

第一，场地的选择。湿地的形成要求一定的地形地势和水源条件，因此场地恢复大多以原地址或旧地址附近为佳。另外，湿地作为人类活动或设施的重要环境补偿措施，应靠近人工设施，以达到较好的环境补偿效应。

　　第二，湿地取水。在城市或社区环境周围的湿地，可通过雨水收集利用以及废污水处理利用等渠道，采用地下人工管道引水或自然溪流汇集等方法，把水汇集到场地上。而在偏离城市的郊区，湿地的取水则要充分利用或强化自然地势条件把雨水收集起来，或者采用一定的人工手段，充分利用附近其他丰富的水资源如河流、水库、溪流等，以保证湿地积水的持续。为保持湿地内水量平衡，减少土壤渗漏，可以考虑用勃土等处理湖、沟底部，经过多年自然淤塞，土壤渗漏将逐渐降低并稳定在一定水平。

　　第三，湿地景观开发利用。即利用湿地自然资源优势，结合一定的公共设施，引导人们亲近自然，丰富居民休闲文化生活。如开发开阔的湖泊水面、钓鱼码头、瞭望处、木板步行道、木板桥、骑车道等。另外，为丰富湿地的多样性，可区别建设深水沼泽和浅水沼泽，从而为不同野生动植物提供各自适宜的栖息场所。

　　第四，湿地植被种植。湿地植物应以本地乡土物种为主，能较好适应当地的环境条件，且具有一定的控制害虫能力；能忍耐污染物和水生环境条件，且容易繁殖和快速生长。其他地域的植物或可能难以适应当地环境不易成活，或可能过度繁殖，占据其他植物的生存空间，以致造成本地植物在生态系统内的物种竞争中失败甚至灭绝，严重者成为生态灾难。

　　因此，应利用或恢复原有自然湿地生态系统的植物种类，尽量避免外来物种。把湿地的恢复与开发、利用相结合，不仅有效保护了珍贵的湿地多样性生物资源，而且同时扩展了公共开放空间活动场地，满足人们亲近自然的需求，提高当地居民生态意识。

　　在美国威尼（Wayne），为补偿由迪特罗伊特（Detriot）都市机场建设造成的当地湿地损失及生态环境破坏，一个面积为 467 英亩（约 1 889 882 平方米）的湿地在机场西南 10 英里（约 16 km）处得以重新建成。因为场地地势低洼便于蓄水，同时受人类开发活动影响较小，所以原有场地自然环境基础较好，便于进行湿地开发建设。设计综合平衡考虑了众多因素，包括水文、水力要求，野生动植物的栖息特点，乡土湿地植物材料的来源及可行性，公众使用需求以及建设程序等。湿地的设计主要包括两部分，一是部分由茂密如林的湿地植被、草地、浅水和深水等开放水域组成的自然生态空间；另一部分是为满足公众旅游观赏需求而配置的旅游路线及少量的人工服务设施。例如一条蜿蜒的木栈道通向水面中央一个坡屋顶的小建筑，在岸边遥望这优雅的小屋，给人一种神秘的距离之美；宽敞的水面上，一座座木桥不禁令人想起 19 世纪的日本版画，钓鱼台、步行小径、小船航道、马车道等令游人尽赏湿地的各处风景。由于湿地完整的生态系统建设和较少人类活动的影响和干扰，吸引了大量当地野生动物和一些珍贵的动物品种。目前已有 150 种鸟类、28 种哺乳动物和 14 种两栖动物在此栖息，172 种植物在这里生长。这块充满生机与活力的湿地每年吸引着大量游人前来参观，使人们在游览的同时更深刻地意识到保护湿地的重大生态意义，从而进一步提高公众的生态保护意识。

（五）创造健康和舒适的环境

零点调查公司在全国做了一次市场调查，题目是"你最想拥有什么"，结果 70% 以上的被访者首先选择了"健康"。由此可见，人们对自我身心健康的重视程度已上升到一个理性的层面。

所谓健康，世界卫生组织定义的标准是："一种具备身体强健、精神愉悦及良好的社会适应能力的状态"，从而取代了过去简单的"没有疾病即为健康"的观念。可见，随着时间的变迁和社会的进步，健康标准的内涵扩大了，"身"与"心"的健康程度，成为评定人的健康状况所必需的两个参数。"健康的环境"是指在生态环境、生活卫生、自然景观、噪声降低、建材安全无害、空气清洁等方面，都时刻以人的健康为根本。健康的室外生活环境应包括使用对人体无害的材料，抑制危害人体健康的有害辐射电波、声波、气体以及符合人体工程学的公共服务设施等。

舒适的环境是指相对于使用者而言有利于健康并具备宜人的环境条件，如健康宜人的温湿度环境，清洁的空气，优良的光环境、声环境以及灵活开敞的空间等。生态的园林景观所要追求的正是这样一种整体状态下的身心健康与舒适。舒适的环境已成为保障人体健康越来越重要的因素之一。

1. 生态绿化种植

绿地是提供光合作用的绿色再生机制，它具有清洁空气、释放氧气、调节温湿度、保持生物多样性等生态环境功能。生态绿化种植是指应用生态学原理和技术，借鉴地带性植物群落的种类组成、结构特点和演替规律，构建多样性景观，对绿地整体空间进行合理配置，追求整体生产力，健全生态结构，最大限度发挥其生态效益。

2. 绿化植物生态效益分析

20 世纪六七十年代，城市绿化植物的生态效益研究得到广泛的发展，研究内容已涉及降温增湿、吸收二氧化碳及有毒气体、释放氧气、滞尘、杀菌和减低环境噪声等。目前研究又有新的进展，已从植物个体、群体的生态效益、植物生态效益的生理机理等发展到定量研究这种作用与定额的关系。

3. 降温生态效益分析

据南京市的相关研究结果表明，东郊风景林区的平均气温比市区平均气温低

2.5℃，绿化街道和居民区的平均气温比无绿化街道和居民区气温分别低 1.2℃ 和 1.9℃。未绿化居民区气温最高，比郊区风景林平均气温高 3.6℃，郊区风景林最高气温比市区最高气温低 4.2℃，比未绿化的居民区低 6.4℃。一般规律是"混乔木 + 灌木 + 草地"这种结构的降温效益最明显，其次依次为"乔木 + 灌木""乔木 + 草地"。经测试表明，乔、灌、草多层结构的 3 天日平均气温值和纯乔木单层结构的 3 天日平均值之差有 29℃ 之多，由此说明绿化实体结构越复杂，温度平均日变化越不显著，调节周围气温的能力越强。

另有研究结果表明，草地降低气温的生态效益也是明显的。草地为下垫面的 3 天日平均气温值比水泥地为下垫面的相应值低 6℃ ~ 9℃，说明草地具有显著地减弱下垫面反辐射热的作用，在城市的环境中，草地同样具有降低城市气温的生态效益。

四、现代景观设计理论

（一）景观的概念

景观（Landscape）概念及其景观研究的进展，反映了人们对人与自然关系认识的不断加深。我国学者俞孔坚教授撰文从纵向探讨景观这一概念的发展历史，从横向探讨景观作为多学科的研究对象及内涵的变化。景观是具有多层次复杂结构的系统，具有多种功能：一方面景观是生态系统的能流和物质循环的载体，与社会物质文化系统密切相关；另一方面还是社会精神文化系统的信息源。

（二）景观设计概念与研究范畴

景观设计学（Landscape Architecture）是一门关于如何安排土地及土地上的物体和它的空间来为人创造安全、高效、健康和舒适的环境的科学和艺术。

现代意义上的景观设计，因工业对自然和人类身心的双重破坏而兴起，以协调人与自然的相互关系为己任。与以往的造园相比，最根本的区别在于现代景观规划设计的主要创作对象是人类的家，即整体人类生态系统；其服务对象是人类和其他物种；强调人类发展和资源及环境的可持续性。现代景观规划理论强调规划的基点以人为本，在更高的层次上能动协调人与环境的关系和不同土地利用之间的关系，以维护人及其他生命的健康和持续。因而，景观规划师是协调者、指挥家，是可持续人居环境的规划设计和创造者。西蒙兹在其经典著作 *Landscape Architecture*（Simonds，1997）一书中道破了景观设计师的工作及其对应学科："我们可以说景观设计师的终生目标和工作就是帮助人类，使人、建筑物、社区、城市以及他们的生活与地球和谐相处。"

（三）现代景观设计与生态设计的结合

1.景观生态学是景观生态设计的理论基础

景观生态学是研究景观格局和景观过程及其变化的科学。景观概念是指各个生态系统或土地利用方式的镶嵌体（mosaic），空间尺度大体在几平方千米至几百平方千米的范围，景观格局是景观元素的空间布局，这些元素一般是指相对均相的生态系统和水体，无论景观格局或是过程，都随时间的推移而变化。景观生态学是地理学与生态学结合而产生的一门交叉学科，总的来说可归为两类：一是景观空间格局和景观行为的研究；二是景观生态规划与设计。

2.生态设计在后工业景观中的应用

当前，以追求人与自然和谐为目标的生态化运动，已在世界范围内蓬勃展开，并且向多方面渗透，城市由单纯静止的优美自然环境步入全面生态化。人们也越来越清晰地看到城市发展的生态化途径，认清了人与自然的关系是伙伴关系，必须与大自然合作才能使两者共同繁荣。建立一个与大自然和谐相处的人类新文明已是不可阻挡的历史潮流，这标志着人类正进入"生态文明时代"。人类在社会实践中的生态思想经历过生态自发、生态失落、生态觉醒、生态自觉四个阶段，反映了人们对自然的关系从尊重顺应到控制征服再到保护利用直至上升至和谐共处的过程，反映了不同社会发展时期的价值取向。

如果说农耕时代的景观设计是人类对自然景观的对抗过程，而工业时代的景观设计是人类对其自身创造的工业化景观的消极对抗过程，而以信息社会为背景的景观生态设计则是要人类对整体景观（包括自然的和文化的）各元素进行主动安排和协调的过程，这意味着人们不再将单一景观元素（如水利、工程、道路、农田、城市绿地和工厂等）作为设计对象，而是同时把构成景观整体的所有元素都作为设计变量和目标，最终使景观系统结构和功能达到整体优化。麦克哈格的工作及其《设计结合自然》一书标志着景观生态设计时代的到来。

景观设计学以生态思维为核心，也正是设计中的生态意义使景观设计这一职业出现分异，其一，强调对生态过程的组织和条理；其二，则强调艺术和美的表达和再现。生态设计观念把设计师从对美与形式及优越文化的陶醉中引向对自然的关注，引向对其他文化中关于人与自然关系的关注；而缺乏文化含义和美感的唯生态设计和生态决定论都是没有生命力的。

景观的生态设计反映了人类一个新的梦想，它伴随着工业化进程和后工业时代的到来而日益清晰，从社会主义运动先驱欧文的新和谐工业村，到霍华德的田园城市和20世纪七八十年代兴起的生态城市以及可持续城市，这个梦想就是自然与文化、设计的环境和生命的环境、美的形式与生态功能的真正全面融合。

这方面的实例很多，其中著名的包括1994年开放的由彼得·拉兹设计的德国"北杜伊斯堡园林公园"，该设计的特点在于它完全是由一个废旧的炼钢厂改建而成，原来的顶吹氧炉、矿石坑以及连接装置都得到保留。其设计是以对工业传统的继承为基础的，旧铁路筑堤被视为大地艺术的一种模式，并将其发展成草坪区域。钢铁厂的结构都被原样保存下来，一方面，保证其可以让人安全地攀登；另一方面，允许其自然腐蚀。公园的发展遵循了两条生态原则：首先，原地的材料将被作为植物生长的介质和建筑材料循环使用。例如，原砖块磨碎后用作红色混凝土原料；另一生态原则是水的循环使用，原来名为旧安斯特的排污管道穿园而过，清理水道是当务之急；新设计中，来自屋顶、路面和平地的地表水有明渠引至冷却槽，再到沉淀池，经过旧熔渣生产线所在地的过滤后，最后输送到旧安斯特河中。该设计的深远意义在于，秉承了工业传统和地区传统的传统环境认知特性，而非破坏它。景观的环境美学都来自对环境的修复、尊重和对工业美学的热爱。

3. 后工业景观生态设计思想的形成

（1）近代西方生态设计思想的发展

自工业革命以来，随着城市环境问题的日益突出，许多西方学者开始探求新的城市模式，他们当中大多数都是从城市的环境形态入手，其中最引人注目的是1889年英国的霍华德（Ebenezer Howard）提出的"田园城市"，这种思想产生的历史背景，与当时"城市环境病"的出现有关。虽不是三维空间的城市景观设计，但体现了对城市大环境规划的一种理解，意识到大片农田、绿化的重要性，是对未来城市环境新秩序的一种创造，对未来人类生存居住环境的一种渴望。

受到"田园城市"理论影响的沙里宁（Eliel Sarrinen，1873-1950）提出了"有机疏散理论"。他们认为我们生活的城市环境是"物质秩序"和"社会秩序"不可分开的整体，这种"有机秩序"的形成过程本质上同自然有机体的生长过程类似。他的这种思想已有自然生态特征的倾向。其后的很多学者追随这一理论，并进行了许多实践活动。如英国的郎科恩新城、密尔顿·凯恩斯等都是这种理论的代表。从这里也不难看出，前人也在探讨城市景观布局的"有机秩序"，可以说是探求这种分布秩序的"生态法则"。但这种思想没有彻底地解决城市环境中的矛盾，如卫星城镇相对来说仍要集中发展，要么成为母城的附庸，加剧了城市中的矛盾，要么自然发展到一定规模又出现了老问题，或与母城间隙减小，而形成城市片，又出现了新的环境问题。因此我们必须正确领会"有机疏散理论"的真正意图，即建立一种"生态秩序"。

勒·柯布西埃的规划思想也非常值得我们注意。他主张以技术来解决城市中的问题，重视社会秩序的协调。1922 年，他提出的理想城市方案"300 万人口的现代城市"（Contemporary city for three million people），主张城市绿化应占 85% 以上，由此可以看出他对城市环境规划的认识，难怪有人评论他的城市设计"不是城市中的公园，而是公园中的城市"。这是在规划设计中重视生态的代表，都是模仿人体的结构，比喻运行的城市犹如人体的循环系统，具有生命般的代谢功能。他的思想同沙里宁的思想有相通的地方，对我们的生态规划思想有很大的启发，缺点是只注意了表面的结构，并非人体结构的平移就具备了有机的功能，是一种脱离现实矛盾的做法，不是从根本上解决城市环境规划的问题，而是流于空想和片面，因此也难以使人接受。

"第十小组"是在国际现代建筑协会解体后产生的。其主要代表人物有英国的史密森夫妇、荷兰的范·埃克、德国的西格蒙、美国的路易斯·康等。他们的主要贡献在于提出了新的城市环境主张，包括"人际结合""流动、易变性""簇群成长"等。其中"簇群"理论更接近生态的原理。认为城市本身不是建筑师的个人意志和创造，而是在旧的城市机体中成长出来的。它以"簇群"（Cluster）的形式出现，人们只能因势利导，加以整治和改造。

1960 年，在日本东京召开的世界设计会议上，丹下健三事务所的青年建筑师菊竹清训、黑川纪章等人提出了城市环境发展过程中的"新陈代谢"的概念。他们借用了生物学上的"代谢"这一名词来概括他们的理论，认为从宇宙到星空再到生物和人类的发展，都离不开新陈代谢这一客观规律。他们称这种探索是一种新的环境创作方法。这一提法及理论体系为我们在环境规划方面开创了富有意义的一面，由此明确了我们生存环境这个综合体的生态运行机制。他们的贡献不仅反映在城市环境形态方面，更反映在组织社会生活上的很多设想，为自然环境与社会文化环境在城市空间意义上的融合提供了理论基础。

由上述许多前人的理论与实践，我们不难看出，随着人类生存环境矛盾的日益突出，人们总试图改变这种现状，试图创造一种新的有机的环境秩序，从田园城市到有机疏散，再到簇群理论及新陈代谢派都在一步一步走向生态学的世界。其实，受大自然的启发，注重生态自律均衡的调控法则，实现人类的生存环境向和谐发展，我们的祖先也早已做过许多尝试，留下了许多值得我们思考的生态环境理论，给了我们富有启迪的历史回音。

（2）后工业景观生态设计思想的形成

近现代景观生态设计思想发展最早和最快的，始终是以美国为代表的欧美发达国家和地区，并由此引发和推动世界其他景观生态设计的演变和发展。

在西方景观史上，早期的发展一直以崇尚富有装饰性的外来植物和规则式的园林形式为特色，较东方传统造园的"天人合一"思想具有更强的征服自然的色彩。随着环境的日益恶化，以研究人类与自然间的相互作用及动态平衡为出发点的生态设计思想开始形成并迅速发展。从 19 世纪下半叶至今，西方景观的生态设计思想先后出现了 4 种倾向。

第一，自然式设计——与传统的规则式设计相对应，通过植物群落设计和地形起伏处理，从形式上表现自然，立足于将自然引入城市的人工环境。

18 世纪，工业革命和早期城市化造成了城市人口密集、与自然完全隔绝的单一环境，引起了一些社会学家的关注。为了将自然引入城市，同时受中国自然山水园的影响，英国自然风景园开始形成并很快盛行。但它只是改变了人们对园林形式的审美品位，并未改变景园设计的艺术本位观。正如唐宁（Andrew Jackson Downing）所述，设计自然风景园就是"在自然界中选择最美的景观片段加以取舍，去除所有不美的因素"。

真正从生态的高度将自然引入城市的当推奥姆斯特德。他对自然风景园极为推崇，运用这一园林形式，他于 1857 年在曼哈顿规划之初，就在其核心部位设计了长约 3 000 米、宽约 800 米的巨大的城市绿肺——中央公园；1881 年开始，他又进行了波士顿公园系统设计，在城市滨河地带形成 2 000 多米的一连串绿色空间。这些极具远见卓识的构想，意在重构日渐丧失的城市自然景观系统，有效地推动了城市生态的良性发展。

受其影响，从 19 世纪末开始，自然式设计的研究向两个方面深入。其一为依附城市的自然脉络——水系和山体，通过开放空间系统的设计将自然引入城市。继波士顿公园系统之后，芝加哥、克利夫兰、达拉斯等地的城市开放空间系统也陆续建立起来。其二为建立自然景观分类系统做自然式设计的形式参照系。如埃里沃特在继奥姆斯特德之后为大波士顿地区设计开放空间系统时，就首先对该地区的自然景观类型进行了分析研究。

第二，乡土化设计——通过对基地及其周围环境中植被状况和自然史的调查研究，使设计切合当地的自然条件并反映当地的景观特色。

乡土化设计是南北战争后美国中西部建设蓬勃发展的产物。奥姆斯特德的风景园林模式以外来植物为主，表现林地和草坪相间的旷野景观，并不适用于美国中西部地区的干旱气候和盐碱性土壤。为了提高植物成活率及与乡土景观的和谐性，19 世纪末以西蒙兹和詹斯·詹逊（Jens Jenson）为代表的一批中西部景园建筑师开创了"草原式景园"，体现了一种全新的设计概念：设计不是"想当然地重复流行的形式和材料，而要适合当地的景观、气候、土壤、劳动力状况及其他条件"。这类设计以运用乡土植物群落展现地方景观特色为特点，因而造价低廉并有助于保护生态环境的延续。

西蒙兹仅仅提议"向自然学习如何种植"，而哈普林（Lawrence Halprin）则认为景园设计者应从自然环境中获取整个创作灵感，为激发人们的行为活动，提供一个具有艺术感召力的背景环境。他在一本工作笔记中记录了独特的生态观，认为"在任何既定的背景环境中，自然、文化和审美要素都具有历史必然性，设计者必须先充分认识它们，然后才能以之为基础决定此环境中该发生些什么"。在 1962 年开始的旧金山海滨牧场共管住宅（Sea Ranch）的设计中，他先花费了两年时间调查基地，通过手绘"生态记谱"图的方法，把风、雨、阳光、自然生长的动植物、自然地貌和海滨景色等自然物列为设计考虑因素，最终完成的住宅呈簇状排列，自然与建筑空间相互穿插，在不降低住宅密度的同时留出更多的空旷地，保护了自然地貌，使新的设计成为当地长期自然变化过程中的有机组成部分。

为了能更科学地认识自然生态要素，哈普林对由现代建筑大师格罗皮乌斯（Gropins）创建的仅限于部分专业人员的集体创作思想进行了改革，推崇设计师与科学家及其他专家的广泛合作。这对于生态设计向科学的方向发展具有积极的推动作用。

第三，保护性设计——对区域的生态因子和生态关系进行科学的研究分析，通过合理设计减少对自然的破坏，以保护现状良好的生态系统。

形式自然的设计并不一定具有生态的科学性。保护性设计的积极意义在于它率先将生态学研究与景园设计紧紧联系到一起，并建立起科学的设计伦理观：人类是自然的有机组成部分，其生存离不开自然；必须限制人类对自然的伤害行为，并担负起维护自然环境的责任。

早在 19 世纪末，詹逊受生态学家考利斯的影响，积极倡议对中西部自然景观进行保护。20 世纪初，曼宁（Warren Manning）提出应建立关于区域性土壤、地表水、植被及用地边界等自然情况的基础资料库以便于设计时参考，并首创了叠图分析法（the Overlay Method），但并未得到推广应用。

二战后，以谢菲尔德（Peter Shelpheard）和海科特（Bdan Hackett）为首的一些英国的景园建筑师开始提倡通过生态因子分析使设计有助于环境保护。海科特认为，对整体景观环境进行研究是设计工作的必要前提。所谓整体景观环境，应包括土壤、气候及能综合反映各种生态因子作用情况的唯一要素——植物群落。

麦克哈格直观地揭示了景园设计与环境后果的内在联系，并提出了一种科学的设计方法——计算机辅助叠图分析法。其主要观点包括：肯定自然作用对景观的创造性，认为人类只有充分认识自然作用并参与其中才能对自然施加良性影响；推崇科学而非艺术的设计，强调依靠全面的生态资料解析过程获得合理的设计方案；强调科学家与设计人员合作的重要性。

麦克哈格开创了景观生态设计的科学时代。此后保护性设计主要往两个方向发展。其一是以合理利用土地为目的的景观生态规划方法。由于宏观的规划更注重科学性而非艺术性，最新的生态学理论（如生态系统理论、景观生态学理论等）往往首先在此得到运用。其二是先由生态专家分析环境问题并提出可行的对策，然后设计者就此展开构想的定点设计（Site Design）方法。由于同样的问题可以有不同的解决方法和艺术表现形式，这类研究具有灵活多样的特点。如同样为了增加地下水回灌，纳绍尔（Joan lverson Nassauer）在对某地的两个旧街区进行改造时采用了大面积的沙土地种植乡土植物，而温克（William Wenk）和格雷戈（Billy Gregg）则在其位于丹佛的办公楼花园内设计了一整套暴露的雨水处理系统，将雨水收集、存储、净化后用于绿化灌溉。

随着生态科学的发展，保护性设计经历了景观资源保护、生态系统保护、生物多样性保护等认识阶段。但近些年来西方景观界开始注意到科学设计的负面效应。首先，由于片面强调科学性，景观设计的艺术感染力日渐下降；其次，鉴于人类认识的局限性，设计的科学性并不能得到切实保证。因此，生态设计向艺术回归的呼声日益高涨。

第四，恢复性设计——在设计中运用种种科技手段来恢复已遭破坏的生态环境。

20世纪60年代以来，随着人口增长、工业化、城市化和环境污染的日益严重，生态问题成为各界共同关注的焦点。出于对潜在环境危机的担忧，为谋求科学的解决方法，生态设计开始转向更为现实的课题——如何恢复因人类过度利用而污染严重的废弃地，并导致了后工业景观的出现。

恢复性设计的诞生应归功于一些因"公共空间艺术计划"（the Art in Public Place Program）而跻身于景园设计行列的环境艺术家。由于其作品主题均为对环境的关怀且设计队伍均为多专家合作，因而被称为"生态艺术"。如1970年R·史密森（Robert Smithson）在大盐湖中因石油钻探而遭污染的水面上设计建造了尺度巨大的"螺旋形防波堤"（Spiral Jetty），利用水流拦截回收油污，提醒人们反思人类对自然的破坏力；1982年A·丹尼斯（Agnes Denes）在曼哈顿市区的填海地上种植了约8 094平方米的麦田，意在启发人们去思考土地利用的优先问题；1990年陈貌仁（Mel Chin）与美国农业部专家查尼（Rufus L.Chaney）合作进行了"再生之地一号"试验，在经简单艺术设计的区域内种植特定植物吸收土壤中有毒的重金属，以引起人们关注污染问题并帮助其了解科学的解决办法。陈貌仁称这一作品犹如雕刻艺术，只不过"原材料是看不见的，而雕刻工具是生物化学和农业技术；最终其审美价值将因土壤能重新生长植物而得到体现。"

生态艺术设计显然太富于哲理，较难为公众理解。因此，20世纪90年代以来，景观界开始多方探索加以改进。最突出的当属景园建筑师K·希尔（Krishna Hill）的做法：针对德国圣福特堡地区长期煤矿开采所造成的整体环境酸化问题，她在占地47 km²的主污染区设计了纵横交错的步行林荫道网络，沿途设置机井并开挖水渠，利用机井抽水促使周边地区清洁的地下水向该区域流动，抽出的污水经透明的净水装置处理后用于绿化灌溉，而行人目睹净水过程，通过鲜明变化得以感受环境质量的提高。

纵观近现代西方景观生态设计思想的发展，有两个特点发人深省：一是景观建筑师对社会问题的敏感性及责任感；二是其勇于及时运用最新生态科学成果的大胆创新精神。正因为这样，西方景观生态设计思想才得以不断更新发展。如近年来全民关注环境问题成为新的社会热点，基于环境教育目的的生态设计表现形式开始成为最新的研究方向。西方景园界提出了生态展示性设计（Eco-Revelatory Design）的概念：即通过设计向当地民众展示其生存环境中的种种生态现象、生态作用和生态关系。1998年9月一个以此为主题的设计在美国伊利诺斯州立大学展出，引起了广泛的关注。

现代欧洲生态景观设计的起源可以追溯到20世纪70年代末至80年代初。当时，欧洲工业化问题日益突出的反思和旧城市改造面临的诸多难题，促使整个欧洲开始思考以新的建筑、景观设计手法解决这些问题。而建筑、景观学术界各种思潮的出现及对新世纪的思考催生了以"生态"为理念的现代景观设计的出现。它围绕"人·自然·技术"三要素为核心，力求平衡人、城市与自然的关系，达到生态上的"平衡"。

现代欧洲生态景观设计崛起的标志是法国巴黎拉·维莱特公园的设计和建造。拉·维莱特公园（Parc de La Villette），建于1987年，坐落在法国巴黎市中心东北部，占地55公顷，城市运河流经，为巴黎最大的公共绿地，全年24小时免费开放。是法国三个最适于孩子游玩的公园之一，巴黎十大最佳休闲娱乐公园之一。环境美丽而宁静，是集花园、喷泉、博物馆、演出、运动、科学研究、教育为一体的大型现代综合公园。拉·维莱特公园融入田园风光结合的生态景观设计理念，以独特的甚至被视为离经叛道的设计手法，为市民提供了一个宜赏、宜游、宜动、宜乐的城市自然空间。公园由废旧的工业区、屠宰场改建而成，是城市改造的成功典范。如今，公园有世界上最大的科学与工业博物馆，有最著名的法国夏季爵士音乐节和国际芭蕾、滚石乐队演出。它是巴黎的骄傲。

第三节　生态环境设计的现状与问题分析

一、"生态建筑观"的发展

从生态学研究的对象来看，生态建筑学是生态学的一个重要分支学科。20世纪60年代美籍意大利建筑师保罗·索勒瑞（Paola Solaris）把生态学（Ecology）和建筑学（Architecture）两词合并为"Agrology"，提出"生态建筑学"的新理念。1962年美国生物学家曾切尔·卡逊（Rachel Carson）所著的《寂静的春天》（Silent Spring）第一次披露了生态环境受到破坏后可能出现的可怕后果，这部著作对绿色运动起到了非常重要的推动作用。美国著名风景建筑师麦克哈格所著的《设计结合自然》（1969）标志着生态建筑学这门学科的正式诞生。概括来讲，国际上对生态建筑的研究主要有二大类。

第一类：理论方面。其有代表性的著作有：生物学家J·托德发表《从生态城市到活的机器：生态设计原则》（From Eco-Cities to Living Machines：Principles of Ecological Design）（1969）；舒马赫发表了《小是美好的》（Small is Beautiful）（1974）一书，他反对使用高能耗的技术，提倡利用可再生能源的适宜技术；威尔夫妇的《绿色建筑：为可持续发展的未来而设计》（1991）；美国国家公园出版社出版的《可持续发展设计指导原则》（1993）一书列出了可持续发展的建筑设计细则；杨经文的《设计结合自然：建筑设计的生态基础》（1995）；西姆·莱恩和S·考沃（Stuart Cowan）合写了《生态设计》（1996）一书，被誉为建筑学、景观学、城市学、技术学方面的一次革命性尝试；爱德华兹的《可持续性建筑》（1999）和《绿色建筑》（2002）。这些理论研究梳理了各国在可持续发展建筑空间的政策、制度和技术，很多观点具有启发性。

第二类：实践和技术方面。奥戈雅的《设计结合气候：建筑地域主义的生物气候研究》（1963）强调通过自然方式而不是机械手段来实现人体的热舒适。他提出的"生物气候设计方法"比较全面地考虑了所有气候要素对建筑设计的影响以及相应的室内热环境和热舒适问题。1976年，生态建筑运动的先驱——施耐德在西德成立了建筑生物与生态学会（Institute for Building and Ecology），强调使用天然的建筑材料并利用自然通风、采风和取暖来保证建筑的界面环境，倡导一种有利于生态效益的建筑艺术。丹尼尔斯的《生态建筑技术》（1994），认为通过简单办法解决建筑物与自然界之间的冲突，同时提倡建筑师、工程师与业主一起共同关注生态设计。1994年西姆·范德谋思在 Big Sur 市召开有关生态设计的学界领袖们参与的会议，会议通过创立"国际生态协会"议案，将分散的研究成果结合起来，以指导年青一代，并发表了号召"生态革命"的 THEBIGSUR 宣言。在《低技术·高技术·轻技术：信息时代的建筑》（1998）中，丹尼尔斯进一步完善了生态技术理论体系。杨经文的《生物气候摩天楼》（1997）提出因地制宜的生态技术观念，认为建筑师应以地区生物气候特征对朝向、位置、立面处理、绿化及遮阳等因素进行综合分析。1999年在北京召开第20届国际建协大会通过了《北京宪章》，全面阐述了与"21世纪建筑"有关的社会、经济和环境协调发展的重大的原则和关键问题，提出了建立广义建筑学的科学思想。其中谈及要正视生态困境，加强生态意识的思想。英格伯格的《托马斯·赫尔：建筑＋技术》（2001）根据赫尔佐格创新性的生态建筑思想，提出对建筑和技术要进行系统性开发，才能根据各自不同的地域特点建造不同的建筑，才会使建筑系统具备一定的灵活性，从而适应不同的使用要求。贝尔德的《环境控制的建筑表现》（2001）通过大量实例探讨了生态设计的互动模式，提出了建筑技术整合和本土表现的重要观点。2002年柏林的以"资源与建筑"为主题的世界建筑师大会反映了建筑师对资源的深刻认识和关注，并在大会上明确赋予了职业责任。

　　生态建筑观是生态观在建筑领域方向上的延伸，它反映了建筑设计实现对自然、社会的伤害降低到最低程度。综上所述，生态建筑包括了以下几个方面的主要内容：生态建筑要求尽可能减少不可再生能源的消耗，能源需循环使用；尽可能利用自然采光、采暖、通风；建筑要遵从当地的气候、资源、文化等综合条件，因地制宜。

二、国内外生态建筑技术的发展

　　纵观现有生态建筑的实例，在建筑语境下的生态表达体现在多个方面，从功能上分别包括日光照明、自然通风、保温隔热、遮阳策略、避免眩光、能源环保等；从采取的方式上有自然光源的利用、地下蓄水的循环利用、太阳能光电系统、光电玻璃窗、光电遮阳板、光电屋顶系统、太阳能电力墙、自动开闭式换气天窗、双层幕墙、弯顶等，现代科学技术的进步，为生态建筑提供了一定的技术保证。目前这些都是生态建筑的特色表达，并且有些设备不仅赋予了建筑生态功能，而且还让建筑的外观具有特殊的装饰效果。光电玻璃就是将光电技术融入玻璃中，它突破了传统玻璃幕墙单一的围护功能，把屏蔽在建筑物表面的太阳光，转化为电能。同时这种复合材料不多占用建筑面积，其独特的装饰效果给建筑物鲜明的现代科技感和时代色彩。下面以国内外生态建筑技术应用的三个实例入手，阐述其生态建筑的设计方法，将有利于拓展室内设计走生态之路，以期对生态化室内环境设计实践有所借鉴。

实例一：2008 年奥运会老山自行车馆，（如图 1-1）

图 1-1

北京老山自行车馆的屋顶为钢结构圆形弯顶，它的自然采光主要通过屋顶天窗起作用。玻璃天窗采用智能调光技术，可以根据天气的不同来进行不同的调节。晴天可以通过调节屋面板空腔内小百页的角度，让光线均匀照射进来；阴雨天则可以通过打开小百页来增大其进光量。平时如只需应付日常的体育训练，场馆内都可以不用开灯。馆内的窗户都由系统自动控制，当发生火险时，这些窗户将会自动打开，消除室内的浓烟。双层板间空气隔层内装置了隔音膜，它可以降低雨水的撞击声。窗户的小百页带有反射涂层，夜晚利用其反射灯具的漫射光线来照明，消除了眩光对运动员的干扰。

老山自行车馆高效整合了屋顶和窗户的生态功能，真实地处理了北方建筑采光与遮阳、保温与通风的矛盾问题，同时艺术地弥补了阳光板自身隔音、隔热的缺陷。

实例二：丹麦南部 Toftlund 的布伦特兰展览会议中心

位于丹麦南部 Toftlund 的布伦特兰展览会议中心是一座 2 000 平方米的办公楼，也是展览大楼。它有一套先进的日光照明系统，其中包括装在外墙上的百叶窗、中央阁楼的透光窗、反光天花板。会议中心还装置了 PV 光电板阵列，光电板与屋顶玻璃相结合，既有了发电的功能，又可起到遮阳构件的作用，避免阳光曝晒而导致的室内过热问题。并且阳光可透过光电板在室内造成生动有趣的光影，它会随着季节、天气以及每天时刻的不同而瞬息万变，为普通的中庭空间增添了无限的生机和趣味性（如图 1-2）。

图 1-2

实例三：林茨设计中心

林茨设计中心是托马斯·赫尔佐格生态建筑的一个经典案例。在对这一大跨度的建筑空间的设计中，赫尔佐格大量地使用了能耗低、可循环使用的钢铁、玻璃等材料，确保了展厅高采光量，但建筑师需要实现的是保证展示区高标准的采光质量，但是不能增加能耗。日光格栅系统是为解决此问题而经赫尔佐格与光学专家巴腾巴赫合作开发的，将一种用于透光屋面的塑料格栅装置配在屋顶面板上，通过复杂的折射、反射作用使只有来自北面的漫射光进入建筑，而把南面的直射光屏蔽掉，这样就可以避免夏天室内产生过热现象。格栅的厚度仅有 16mm，上面涂有薄的纯铝反射涂层，安装于屋顶双层玻璃之间。格栅的几何划分通过计算机程序确定，其设计考虑到以下因素：太阳在不同季节的高度角和方位角；对建筑的遮挡和建筑的朝向以及屋顶的坡度（如图 1-3，图 1-4）。

图 1-3

图 1-4

第二章　循环经济基础理论解析

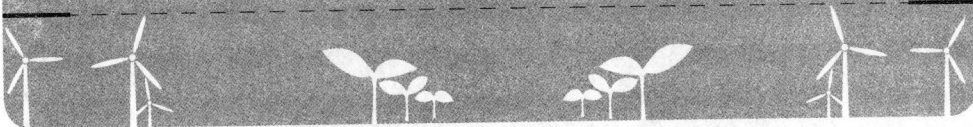

　　在中国推动循环经济发展的过程中，主要遇到三类问题：为什么要发展循环经济？什么是循环经济？如何发展循环经济？在循环经济发展的初期，"为什么"的问题是首要问题，即针对社会各界特别是决策者，解决要不要发展循环经济、发展循环经济有什么好处的认识问题。在2004年中央经济工作会议特别是2005年7月国务院发布《关于加快发展循环经济的若干意见》之后，"为什么"的问题至少在国家层面基本得到解决。"什么是"的问题贯穿于循环经济发展的整个过程，尽管是一个需要不断丰富和完善的问题，但新颁布的《循环经济促进法》关于现阶段的循环经济内涵给出了一个明确和科学的界定。同时，理论界对循环经济的内涵及其理论基础做了许多研究工作，发表了大量的文章和专著。

　　相比较，"如何"的问题是目前循环经济发展面临的主要问题，特别是《循环经济促进法》颁布实施后，该问题显得尤为重要。它主要涉及两个方面：一是需要制定什么样的政策来推动循环经济的发展；二是实践中，怎样根据循环经济的原则去组织经济社会的相关活动，也就是循环经济发展模式问题。政策与模式问题相互依赖，政策推动模式的建立，模式又对政策的形成提出要求，同时它们又取决于循环经济的内涵和发展的阶段。

第一节　循环经济发展历程探源

循环经济在中国的发展大致经历了理念倡导、国家决策和试点示范三个阶段，并开始进入全面推进阶段。

一、理念倡导阶段（20世纪末—2002年）

20世纪末，根据德国和日本的相关做法，中国学者开始介绍循环经济的概念（闵毅梅，1997；诸大建，1998）。当时，中国已基本走出"短缺经济"时代，正处在开始高度重视转变经济增长方式的经济战略调整时期，环境管理战略也处在从末端治理向源头和过程控制的重要转型时期，清洁生产推进工作比较活跃。所以，循环经济理念首先引起了中国环境保护部门的浓厚兴趣和高度重视。原国家环保总局在三个方面对倡导循环经济理念发挥了实质性的作用，一是组织专家学者研究循环经济的理论和实践问题；二是组织和指导企业开展清洁生产活动，并于1999年启动了生态工业园区建设示范工作，探讨循环经济相关实践的具体做法和经验；三是向中央政府提出发展循环经济的建议，这对将循环经济纳入国家决策的议事日程之中至关重要。2002年10月，江泽民同志在全球环境基金第二届成员国大会上指出："只有走以最有效利用资源和保护环境为基础的循环经济之路，可持续发展才能得到实现。"这是中国政府最高领导人首次提到循环经济这一概念。

二、国家决策阶段（2003—2005年）

从2003年开始，"循环经济"一词频繁出现在中国国家主席胡锦涛和国务院总理温家宝等国家领导人的有关讲话中，发展循环经济问题正式进入中央政府的决策议事日程。到2004年，中央经济工作会议首次明确提出，将发展循环经济作为经济发展的长期战略任务。2005年，中国政府正式决定，将发展循环经济纳入"十一五"国民经济和社会发展规划之中；同年7月，国务院发布了《关于加快发展循环经济的若干意见》（以下简称《若干意见》），标志着中国发展循环经济的国家意愿。

在此阶段，原国家环保总局在继续宣传和普及循环经济理念与知识的同时，开展的一项重要工作是建立了贵阳市、辽宁省和江苏省等数个区域循环经济试点和十多个生态工业园区试点，为全面推进循环经济实践积累经验。在学术界，中国出现了循环经济研究热潮，为数极多的文章、论文和研讨会热烈讨论着循环经济的意义、内涵、国际经验和理论基础等热点问题，但循环经济实践模式和政策问题只是初步涉及，或仅限于德、日等国情况的介绍。

在中国，循环经济这一概念在短短的几年时间内能从一种国外舶来的理念迅速成为国家的发展战略，是有其紧迫的现实需求和深刻的政治基础的。无论是学术界还是政治层面，无论是国内还是国际，关于中国资源特别是矿产资源和化石能源短缺问题及严重的环境污染与生态退化问题已成为一个不争的事实。进入21世纪，这一问题尤为凸显，成为制约中国现代化建设的"瓶颈"，是中国的一个政治问题。所以，缓解经济增长与资源、环境的矛盾是中国发展循环经济的现实需求。在更高层面上，新一届中国政府领导集体在2003年提出了以人为本，全面、协调、可持续的科学发展观。科学发展观内涵丰富，其中，走新型工业化道路，提高发展质量，节约资源，保护环境，促进人与自然和谐是重要方面。所以，针对严峻的资源、环境形势，中国政府在2005年又提出了建设资源节约型、环境友好型社会的战略目标。2005年12月，国务院发布了《关于落实科学发展观加强环境保护的决定》。在2006年6月召开的第六次全国环境保护大会上，温家宝总理就处理好环境保护与经济发展的战略关系和保护环境的措施问题，提出了实现"三个转变"的要求。在2006年召开的中国共产党十六届五中全会上，中国政府将建设社会主义和谐社会作为发展的目标，强调人与自然的和谐。在2007年召开的十届全国人大五次会议上，中国政府又首次将经济发展的指导原则从"又快又好"调整为"又好又快"，表明了确定经济增长目标要以资源能源效率和污染减排为基础。随后，在2007年召开的中共"十七大"又提出了建设生态文明的新理念和战略，并将发展循环经济作为生态文明建设的重要内容。至此，中国明显开始进入了环境与发展的战略转型时期。"十七大"以科学发展观为引领，为这种战略转型构建了明确的路线图，这是循环经济在中国能得到高度关注并被迅速推动的政治和政策基础。

三、试点示范阶段（2006年—2008年）

以《若干意见》和《国民经济和社会发展第十一个五年规划纲要》为标志，中国的循环经济发展进入全面试点示范阶段，确定了以国家发改委为主，原国家环保总局等相关部委配合的管理体制。2005年10月，国家发改委会同原国家环保总局等六部委联合发布了循环经济试点工作方案，在重点行业、重点领域、产业园区和省市组织开展循环经济试点工作。重点行业包括钢铁、有色金属、煤炭、电力、化工、建材、轻工7大高能耗、高污染行业。重点领域指废弃物再利用和资源化领域。产业园区包括不同类型的工业和农业园区。省市试点是指选择不同类型的省市开展区域循环经济试点。2005 年启动的第一批试点单位包括 10 个省市、13 个再生产业园区或企业、42 家企业。2007 年启动的第二批试点单位新增加了 17 个省市、16 个再生产业园区或企业、37 家企业、4 个农业村镇或企业、19 个工业园区。此外，环保部、商务部和科技部联合开展了 25 家生态工业建设试点。

四、全面推进阶段（2009 年至今）

从 2009 年开始，中国的循环经济发展进入全面推进阶段，主要表现在两个方面：第一，总体上看，循环经济试点数量和范围正在迅速增多和扩大，覆盖了 27 个省市和众多行业，呈现出全面实践的态势；第二，从 2009 年 1 月 1 日起，《循环经济促进法》正式开始实施。无论从所覆盖的行政区域还是所涉及的经济社会领域看，该法的实施无疑意味着循环经济实践的全面铺开。

第二节 循环经济的内涵与实践形式分析

一、中国循环经济的认识特征

由于所处的社会经济发展阶段不同，面临的环境与可持续发展问题不一，追求的直接目标不同，中国与德国、日本等国在循环经济的认识与实践方面相比，有较鲜明的中国特色，在一开始就形成了较为丰富的内涵。

发达国家在逐步解决了工业污染和部分生活型污染后，由后工业化或消费型社会结构引起的大量废弃物逐渐成为其环境保护和可持续发展的重要问题。后工业化社会同时意味着，先进、清洁的生产技术和管理在生产领域已基本到位，污染治理的末端技术与设施也比较成熟。在这一背景下，废物的减量化、再利用及再循环（"3R"）就成为其循环经济及相关理念与实践的出发点和核心内容。

值得注意的是，虽然废弃物问题是德、日开展循环经济相关做法的直接诱因，但实际上，再生能源、气候变化等资源能源可持续利用和环境保护问题也是其推动循环经济发展的重要因素。

德国的循环经济起源于消费领域的"垃圾经济"，随后向生产和消费领域的减量化、再利用和再循环活动延伸，目前正在以物质流管理为核心，探索区域循环经济发展。受自然资源和土地的极大限制，日本的"循环型社会"同样起源于工业和生活废弃物问题，与德国相比，日本在建立循环型社会的法律、政策和产业等方面，提出了更完整的体系和更高的目标，旨在改变社会经济发展中"大量生产、大量消费、大量废弃"的传统模式。其他发达国家虽然没有"循环经济"的说法，但在资源利用和废弃物处置等方面，"3R"原则一直是核心。在生产领域，清洁生产、生态工业（园）、"工业共生体""零排放""废物最小化"等都是许多国家的普遍做法或努力方向。

比较而言，有两个方面的因素决定了中国循环经济有其特有的理解和做法。

中国尚处在以重化工为特征的工业化中期阶段。一方面，从整个发展过程看，压缩型工业化和城市化过程使中国处于较低发展阶段，同时遇到了由各种问题组成的复合型生态环境问题，环境污染问题尤其突出。这就决定了中国发展循环经济的一个重要目的是从经济发展源头和过程来减缓产业污染强度。另一方面，进入 21 世纪，中国的矿产资源和化石能源难以继续支撑其经济快速持续增长的问题凸现出来。这其中，既有资源绝对量的短缺，也有利用效率低下的原因。提高资源能源利用效率、减少资源能源消耗总量，成为中国发展循环经济的另一个直接目标。因此，除了消费领域的废弃物问题外，在生产领域实施清洁生产和建设生态工业园区等方面从一开始就成为中国发展循环经济首先关注的内容。当然，从所追求的最终目标和发达国家在生产领域的技术经济与生态效率的先进性看，中国与发达国家循环经济的内涵并无本质上的差异，只是实践的侧重点不同而已，而且，从德、日循环经济发展的趋势看，有较明显的趋同性。

（一）中国循环经济的内涵

关于中国循环经济的内涵，国内说法很多，但《循环经济促进法》对循环经济内涵的界定基本上是一个较全面、简洁和权威的定义，即"循环经济，是指在生产、流通和消费等过程中进行的减量化、再利用、资源化活动的总称"。

（二）发展循环经济的目标

很显然，中国发展循环经济的目标是为了缓解经济增长与资源、环境之间的尖锐矛盾，提高资源能源利用效率，减少污染排放强度，建设资源节约型和环境友好型社会。

1.循环经济活动的外延

循环经济本质是一种新的"经济活动或经济发展模式"，"循环"是从物质交换方式来描述这一新的经济模式区别于传统经济模式的特征。所以，循环经济活动的外延包括生产、交换、流通和消费四个环节，重点是生产和消费两大领域。

从产业划分的角度看，交换和流通领域的活动，有些可以划入消费领域，有些可以划入生产领域，如服务行业的问题。

所以，从中国循环经济的目标和外延看，其与国际社会正在开展的建立可持续消费与生产模式的概念和实践是相通的。

2. 区别于传统经济发展模式的标志

作为一种新的经济发展模式，从效果上看，循环经济发展模式区别于传统经济发展模式的最直接标志是将传统经济发展模式的"高资源能源投入、低经济产出、高污染排放"（即"两高一低"）转变为"低资源能源投入、高经济产出、低污染排放"（即"两低一高"）。当然，常规的技术进步和制度创新也可能使经济发展取得这一效果，所以，循环经济还要有根本性的区别特征。

3. 区别于传统经济发展模式的根本特征

从生态经济学角度看，资源短缺和环境污染问题实质上是社会经济系统与生态环境系统之间的物质交换关系出现了故障。也就是说，社会经济系统对资源能源的需求超过了生态系统的供给能力，出现了短缺问题；产生的废物超过了生态系统的自净能力，出现了污染问题。因此，循环经济的理论本质是：调控经济活动中的物质流动方式和流量，将资源与资本、劳动力、技术和制度等因素同等作为影响经济发展的内生变量，这也是循环经济区别于经济学理论管理经济活动的核心特征。直观上讲，就是将传统经济的"资源－产品－废物"的线性物质流动方式改造为"资源－产品－再生资源"的物质循环方式。

4. 实现循环经济的原则、方法和核心标准

要调控传统经济模式的物质流动方式和流量，原则是"减量化、再利用、资源化和无害化"，方法是物质流管理。根据德、日经验和已有的理论成果，物质流分析与管理是调控社会经济活动物质流动方式和流量的核心手段和方法。

在循环经济中，改变物质流动方式的目的是降低"流量"，使之与生态系统的资源供给和自净"容量"相适应。将"流量"给予时间、投入量等参数的限定转化成效率。效率是衡量经济增长绩效的通用标准。传统效率指标是劳动生产率，或其他资本要素投入的效率。循环经济关注的"流量"是物质，是资源能源和废弃物，所以，其效率应该是资源能源生产率和污染物排放强度。这就是国际上流行的生态效率概念，它是连接资源、经济和环境的"节点"指标。高的生态效率必然意味着，低资源能源投入、高经济产出和低污染排放。因此，生态效率是循环经济的核心标准。

（三）中国循环经济政策发展状况

从 2005 年开始，中国制定循环经济政策的进程大大加快。总体上，中国循环经济政策体系正在沿着两条途径不断得到建立和完善，初步形成了特有的框架体系。

一是，以《循环经济促进法》为龙头形成循环经济专项法律制度和政策；二是，将循环经济原则纳入相关法律法规和政策之中，或者称为循环经济相关法律政策。

从现有的情况看，专门针对循环经济发展的政策框架包括以下7大类。

第一类是综合类，包括2005年7月，国务院发布的《关于加快发展循环经济的若干意见》；2005年10月，国家发改委和原国家环保总局等6部委联合发布的循环经济试点方案；2008年8月通过，2009年1月实施的《循环经济促进法》。

第二类是2003年开始实施的并正在不断修改和完善的《清洁生产促进法》及其配套政策。

第三类是已实施多年并正得到不断修改完善的有关废旧资源综合利用的管理和优惠政策。

第四类是评价标准。2006年9月，原国家环保总局发布了"静脉产业"类、行业类和综合类生态工业园区标准，用以评价和规范生态工业园区建设。2007年6月，国家发改委、原国家环保总局和国家统计局联合发布的《循环经济指标体系》，包括综合类和工业园区类。

第五类是有关生态工业园建设方面的政策。在数年试点的基础上，2007年，原国家环保总局、商务部、科技部联合发布文件，要求现有经济开发区、高新技术开发区按照循环经济原则，改造和建设生态工业园区。

第六类是绿色消费类。2006年10月，财政部和原国家环保总局联合发布了《关于环境标志产品政府采购实施的意见》，要求各级国家机关、事业单位和团体组织用财政性资金进行采购的，要优先采购带有环保标志的产品，不得采购危害环境及人体健康的产品。这是中国开始建立公共绿色采购的重要标志。

第七类是循环经济试点的投资政策。从第一批循环经济试点工作启动以来，国家发改委对试点项目提供了一定数量的专项资金支持。

除了专门针对循环经济发展的上述7类政策外，循环经济相关法律和政策对循环经济发展发挥着简洁的或基础性的作用。主要包括三大类：一是，一般性的资源能源和环境政策，特别是节能减排政策；二是，明确纳入循环经济原则和要求的资源能源和环境政策，例如新修订的《节约能源法》和《固体废物污染环境防治法》；三是，资源能源等价格和税收政策。例如燃油税以及大排量汽车、木制一次性筷子、实木地板等产品消费税和产品出口退税等政策的改革对循环经济的发展发挥着重要的基础性推动作用。

二、中国循环经济的主要实践形式

目前，中国的循环经济实践活动主要在企业、产业园区和社会三个层面上展开，涉及资源开采、生产、流通和消费各个环节。

企业层次的循环经济一般是通过清洁生产方式，实现企业内部的原料循环利用和能量的梯级利用，提高资源利用效率并减少或不排放污染。企业的循环经济活动有时简称构建"小循环"。

生态工业园区包括新建和对已有各类园区的生态化改造，其核心内容有二：一是，在园区内的企业之间搭建生态产业链条（"原料－废物－原料"链或"能量梯级利用"链）；二是，建设高效共享的能源、水等公共资源的园区基础设施体系。在产业园区开展的循环经济活动有时简称构建"中循环"。在生态农业领域，中国有着悠久的历史和成功的模式，如种植养殖业复合系统、以沼气为纽带的各种模式等。

在社会层面，中国的循环经济实践探索主要集中在两个方面：一是，建立回收、再利用和资源化各类废弃物的产业，相当于日本的"静脉产业"；二是，在消费领域，倡导资源能源节约、合理消费和绿色消费，实施政府绿色采购，开展节能和环境标志产品认证，创建绿色社会等。在全社会范围开展的循环经济活动有时简称构建"大循环"。

第三章　循环经济发展模式研究

　　循环经济发展模式指的是应用循环经济理念，改造现有经济发展模式的具体实践和做法，也就是说，应用循环经济理念和原理，对现有生产和消费等活动的产业组织方式进行改造。

　　目前，在中国，循环经济尚处于发展阶段，关于循环经济的理论研究和实践模式正在探讨之中。因此，本章将侧重研究循环经济发展模式，借鉴国际经验，参考发达国家的具体实践和做法。同时，对目前中国各地积极开展的循环经济试点和实践进行总结和提炼，形成适合中国国情、具有中国特色的循环经济发展模式。

第一节　循环经济发展的战略模式研究

一、中国循环经济发展概述

（一）中国循环经济发展的区域战略模式概述

　　根据目前中国循环经济试点实践情况，从地区经济发展阶段、技术经济条件和近期发展目标看，中国目前的循环经济发展出现了三种区域战略模式，这种区域战略模式，指的是不同地区在不同的经济发展水平、技术经济条件、资源环境形势下，将发展循环经济作为一种战略选择和转型的类型不同，其具体实践模式各具特点，在相关政策方面也呈现出不同的需求。

　　江苏苏南、上海、山东等地是中国最发达的地区。从发展阶段看，循环经济发展与东部地区产业升级和经济转型是同步和合拍的，技术经济基础和制度条件都较好，可以称这一类地区的循环经济发展是自发的战略转型模式。对于这一类地区的循环经济发展，只要国家的立法和政策到位、体制安排到位，循环经济基本上依靠地方的资源就可以较顺利地发展。

辽宁省的循环经济实践是在振兴东北老工业基地的背景下，在具有一定的技术经济基础上的资源型地区的战略转型模式。东北老工业基地振兴战略为辽宁省发展循环经济带来了重大的发展机遇，循环经济发展也成为辽宁省振兴老工业基地的重要战略举措。辽宁发展循环经济不但有自身发展过程中的特殊需要，而且对整个东北振兴老工业基地乃至西部资源型地区的可持续发展都有重要的示范意义。对于这一类型，国家需要给予外部资金、技术和政策支持，相关支持要融入国家对东北老工业基地振兴的一系列政策倾斜之中，不宜搞两套扶持政策。相比之下，贵阳市的试点示范是西部地区发展循环经济的尝试，是一种典型的跨越式战略转型，即在产业升级和经济转型之前选择了先进的发展战略和道路。其面临的技术经济困难自然要比东部大得多，点上和局部推进相对容易，全面推进将面临诸多挑战。国家应给予较强的外部支持，在将资金、技术和特殊政策支持融入西部大开发优惠政策当中的同时，还需要一些专门针对当地循环经济发展的特殊扶持政策。

以上三种区域战略模式，其经济技术和资源环境条件等各不相同，因此，在具体做法和实践模式上也呈现出不同的特点。

（二）东部自发战略转型模式

1. 江苏省循环经济发展模式

江苏省地处中国东部发达地区，发展循环经济具有良好的经济技术基础。结合生态建设，江苏省立足本省的经济社会发展和资源环境状况，分别制定了循环型工业、循环型农业、循环型服务业和循环型社会规划，在此基础上，制定了江苏省循环经济发展规划，并在全省范围内积极开展循环经济试点，探索循环经济发展模式。

江苏模式的主要内容具体如下。

（1）循环型工业

工业是经济结构构成的重要组成部分，而且工业化又是经济发展的主要驱动力，因此，循环型工业是江苏省发展循环经济的主体。江苏省循环型工业建设主要体现在围绕循环工业模式开展的产业生态结构重组，依据生态系统中生产者、消费者、分解者的共生结构及食物营养链关联原理，对工业系统输入输出物质能量流要素进行监测，围绕产品与其生产过程进行的组织构建，形成生态工业系统。重点推进绿色产品研发，全面展开企业清洁生产，加速产业结构生态化调整，大力开展生态工业园区、区域循环型工业综合示范区和循环型工业基础设施建设。

第一，绿色产品研制开发。重点推动绿色材料产品，节能节水等资源节约型产品，无毒无害或可降解等环境无害化产品，可回收拆解等利于废弃后再生回用和循环利用型的产品，以及功能替代型产品的研制开发。提高环境标志产品比例，促进产业结构的生态化转型，提升产品的国际竞争力。

第二，全面深化企业清洁生产。依法加大企业清洁生产实施力度，大力降低工业生产过程中的资源能源消耗和污染产生量，以冶金、化工、纺织、造纸等大中型企业为重点，大力开展以节水、节能为基本内容的清洁生产，促使企业清洁生产的不断深化和持续改进，为循环型工业建设奠定坚实的基础。

第三，大力促进产业生态化转型。在产品深加工和绿色产品结构优化升级的基础上，积极推动产业结构的生态化调整，大力降低工业系统的结构性资源消耗和污染产生量，促进江苏工业朝生态工业系统演进。结合江苏省的产业结构，重点促进高污染、高能耗产业的生态化转型，包括化工、印染、造纸、机械装备，在提高资源利用率的前提下，推广清洁工业技术，加速风能和太阳能等可再生能源的开发利用。促进信息化与生态化有机结合，大力发展信息产业，加强信息化和人性化管理，增加对能源利用的高新技术支持。

第四，积极推动生态工业园区发展。促进江苏，特别是工业园区分布密度较高的沿江地区的经济一体化发展，以市场为导向，统筹规划管理，加强土地资源控制，推行入园企业的经济和资源环境综合控制要求。

结合工业园区整合和特色园区建设，积极发挥园区的产业集聚和工业生态效应，充分运用工业生态规律，促进生态工业园区的建设。通过建设集中治污和集中供热体系，实现园区基础设施的共享和规模化经营，促进园区内部以及园区之间的废物交换体系和能量梯级利用体系建设，发展跨园区的信息与物流网络管理协调机构，加速工业园区向生态工业园区的演进。

第五，统筹组织区域循环型工业网络综合示范。结合城市化进程，以城市为依托，将企业、园区、产业和基础设施等多层次的循环型工业建设，融入城镇开发建设过程中，构建区域循环型工业网络。加强产业集群之间的区域分工与合作，积极培育和扶持废物循环利用产业，发挥水泥、钢铁和能源等产业对废物的吸纳功能，推动产业的区域合作互补，合理配置。扶持推进区域中共性技术设备的维修替代和租赁服务业建设，促进沿江工业体系生态化的整体性优化升级。

第六，加强循环型工业基础设施建设，建立废弃物回收分类与拆解基地。建立家用电器和电子垃圾资源化和无害化处理基地，以洗衣机、电冰箱、电视机和空调4大家电为重点，推进废旧家电等电子产品的回收利用体系建设及示范试点工作。

以太仓等重点地区的废物资源化产业为中心集聚发展废旧轮胎、废旧塑料、废钢、废铜、废纸、废家电的资源回收和循环利用，吸引国外和民间资本参与工业废物削减、废物交换、废物循环、废物处理处置的全过程。

（2）循环型农业

循环型农业是可持续发展思想和循环经济理念在农业发展中的集中体现。江苏省发展循环型农业就是把农业清洁生产和农业废弃物的综合利用融为一体，采用生态系统运行和经济活动的基本规律，其核心是运用食物链原理，优化农业产品生产至消费整个产业链的结构，以环境友好的方式利用自然资源，合理把握环境容量，实现农业经济活动的生态化转向。

江苏省循环型农业发展要求把农业关联产业经济活动组织成为"自然资源－产品－废弃物－再生资源"的闭环式流程，物质投入和能源可以在这个不断进行的循环中得到最合理地利用，从而使农业产业链活动对自然环境的有害影响降到最低程度。

（3）循环型服务业

在进行生产和服务活动时，按照循环经济的要求，遵循减量化、再使用、再循环的原则，减少物质消耗，避免和减少废物，从根本上减少资源的耗竭和环境污染，将循环经济的理念和方法落实到服务产业内各行业部门，开展创建绿色饭店、绿色餐饮业等活动。由于服务产业本身特有的"流通和服务"特性，起着连接其他产业、社会生活的纽带作用，能有效地连接和促进循环型工业、农业和循环型社会的发展。

（4）循环型社会

循环型社会是循环经济理念在社会生活中的体现，要求把绿色消费和生活模式融入社会生活中，逐步形成循环型生活方式和消费方式。在日常生活中尽可能使用可循环利用的产品或绿色产品，减少消费过程中废弃物产生，建立垃圾分类处理与利用体系，实现城市垃圾的资源化和无害化，尽可能回收有用的废旧物资，进行循环利用，形成一个资源节约型的社会。

2. 江苏模式的创新特点

在循环经济总体规划指导下，江苏省开展了循环经济试点，确定了108家循环经济试点单位，涉及农业、工业、服务业不同产业以及企业、园区、社会消费领域等不同层面，围绕"减量化、再利用、再循环"目标，积极推动资源在企业内部、不同企业、不同产业之间的循环，取得了明显的经济效益、环境效益和社会效益。凭借较雄厚的技术经济优势和对循环经济较深刻的认识，江苏省特别是苏南循环经济实践呈现出具体做法先进、内容丰富、模式多样的特点，其循环经济发展模式及创新特点具体表现在以下几个方面。

强调社会化合作和产业间联系，而不是简单和盲目地构建各种封闭的循环圈。生态经济学原理告诉我们，物质是可以周而复始、被反复利用和循环运动的，但在不同的系统层面上是不可能封闭循环的；能量的流动是单向和非循环的，并且是递减的。循环经济实践不可能实现企业、园区，甚至区域层面的物质完全闭路循环利用，更要关注企业间、产业间、生产和消费领域或系统间的物质联系和循环利用。这样既符合生态经济系统规律，又可以充分利用社会化分工，提高技术经济效益。

张家港沙钢集团建立了"两头"在外的废旧资源循环利用模式。社会回收体系每年为沙钢集团提供了250万吨各类废钢，沙钢集团又将大量的高炉水渣和钢渣销售到相关企业作为原材料。

苏州高新区爱普生公司在2004年3月基本实现了"零排放"目标。但这种零排放不是日本企业在20世纪90年代在其本土上创造的企业内部封闭式零排放，而是与相关废弃物利用和安全处置企业联合，最终实现不向环境排污的开放式零排放。

张家港和常熟市将建立资源在产业与产业间的循环作为其循环经济实践的重点内容。张家港南丰镇永联村在构建农业生态链的同时，积极探索，将企业与农业链嫁接到一起。例如，将村办钢厂生产中的余热，利用在水产养殖越冬温室取暖和食用菇加工烧煮工艺上，每年节约能源费用20多万元。常熟市通过大豆蛋白提取蛋白纤维技术将大豆种植、豆油加工业、生物有机肥和一般种植业连接起来，实现了一体化。

另外，苏南地区将资源再生利用产业摆在了重要位置。苏州高新区正在建设废旧资源再生利用体系，包括环保服务中心、固废处置中心及电子废弃物拆卸和循环利用中心。太仓市初步建成废旧资源再生利用工业园。目前有不少外资资源再生利用企业进驻苏州和太仓。随着废旧资源再生利用产业体系发展壮大，有望在企业间、生产与消费领域间建立起资源循环利用的桥梁。

（三）循环经济发展的战略模式

1.张家港沙钢集团实践循环经济，效益显著

近年来，张家港沙钢集团积极应用循环经济的"3R"原则组织和实施企业的生产与环保活动，取得了显著的经济效益和环境效益。为了加强相关管理工作，集团制定了《环境保护管理制度》和《清洁生产管理制度》，设立了环境管理小组，建立制度和体制保障。沙钢集团的循环经济实践集中在以下两个环节。

一是，引进先进的生产和环保技术与设备，实行清洁生产，在源头和过程中进行"减量化"，降低能耗和污染排放强度。沙钢集团的冶钢电耗从1995年的471.26 kW·h/t 降到2003年的283.53 kW·h/t；轧钢综合油耗近年从45.19 kg/t 降

到 26.31 kg/t，年降低率达 5.88%；炼钢尾气的灰尘收集率平均达到 12.5 kg/t；尾气脱硫率在 90% 以上。技术进步不仅有效地降低了沙钢集团的生产能耗，减少了污染排放，同时，也降低了沙钢集团的生产成本，炼钢成本比 1995 年下降了 80－100 元/吨，排污费支出显著下降。

二是，在末端实行"再利用和再循环"，建立"两头"在外的开放式废物循环利用体系。沙钢集团每年吸纳社会回收体系回收的近 250 万吨各类废钢用于炼钢生产过程，同时，将大量高炉水渣和钢渣，经初加工或深加工后销售给有需求的企业。沙钢集团在 1995 年建设了生产废水和废气回收和回用系统，将它们循环利用于生产的各个环节，工业用水重复利用率达到了 95.24%，高于国家经贸委组织的资源节约与环境保护重大示范工程对冶金企业规定的 94% 的标准。目前沙钢集团炼钢吨耗新鲜水为 3.69 吨，每年节约水资源费达 3 054.7 万元。2003 年，沙钢集团综合利用工业"三废"的经济效益达 12 243.0 万元，减少有机污染物 4 500 多吨，实行"绿色招商"和"节点招商"，构建工业生态链。

苏南地区已建成不少具有先进生产技术和较高环境管理水平的企业组成的工业园区，如张家港的扬子江化学工业园、常熟经济开发区、苏州高新区、苏州工业园区等。如何在园区内将相互之间没有物流需求关系的企业连接起来是生态工业建设的一个重要课题。为此，张家港、常熟和苏州实行了"绿色招商"和"节点招商"计划。

"绿色招商"和"节点招商"是指在现有产业结构与工业园区定位的基础上，按照循环经济的理念，对投资项目进行筛选，筛选不能只停留在技术的先进性和环保的优越性上，而是在此基础上还要考察其在现有产业链中是否处于"节点"位置，将已有产业连接起来，构建独特的生态工业系统；同时，这样的项目往往还有产业集聚效应，引导国际国内产业资本的构成和流向。应用这一招商理念之后，江苏扬子江化学工业园成功吸引了一批国际化工旗舰项目和龙头企业入驻，由此带动了一大批"下游"企业纷纷抢滩工业园。由此，一个个"唇齿相依"的产业链正逐步形成，包括化工、粮油、机电、纺织四大特色产业。

2. 苏州爱普生公司零排放模式

苏州爱普生公司的零排放模式是与苏州高新区的资源综合利用体系建设相辅相成的。苏州爱普生公司成立于 1996 年 2 月，是江苏省高新技术企业，主要产品为液晶显示器、水晶振动子。公司奉行"与自然共生"的原则，以"为实现可持续发展的社会做贡献、在各地力争成为人们所认同的环境保护先锋企业"为基本立足点，积极推行清洁生产，1999 年获得 ISO14000 认证，公司实行的废弃物再资源化的"零排放"活动很有特色。

为了构筑循环型企业，从 2002 年开始，公司开展了废弃物再资源化的"零排放"活动。通过宣传教育，在厂区内对垃圾进行彻底分类，并采用多种技术手段，实现了对工业废弃物的 100% 再利用；对填埋处理的生活垃圾实行减量化，从原来的每人每天 160g，控制在现在的每人每天 50g 以下，生活垃圾削减了 60% 以上，每年可节约费用 80 万元，2004 年 1 月通过日本精工爱普生集团"零排放 I 级"认证。

苏州爱普生公司遵循循环经济原则，在产品设计、工艺流程、原物料替代等方面开展了绿色采购、绿色产品活动，形成了产品代谢型生态工业。公司自成立初期就持之以恒地开展节能活动，将工厂、设备和消耗的能源作为整体考虑，着眼于生产流程和设备的改革，并通过不断地尝试各种节能方法，提高管理水平。

自 2001 年以来，累计节约能源折合原油达到 3 300 m³，每百万元产值能源消耗削减了 75%，万元 GDP 的用水量降至 10 吨，到 2003 年年底公司生产材料绿色采购率已超过 90%，在减少对环境负荷的同时，还大幅度地提高了生产力。

苏州爱普生公司实施的零排放模式并不是废弃物绝对的零排放，而是在减量化基础上对废弃物的综合利用和安全处理处置。最终的废弃物由高新区配套建设的社会化环保服务中心和固废处置中心等安全处置。城乡一体化体制改革，为循环经济的发展创造了机遇。

苏南地区经济整体水平较高，城乡差距不断缩小。由于乡镇经济不断发展，农村的土地资源破坏现象日益严重，农村基础设施严重不足，为了进一步统筹城乡协调发展，苏南地区的城乡一体化体制改革力度很大。改革的主要内容是撤并乡镇和村，加强土地使用管理，加大基础设施建设，改善农村生活条件。张家港计划将原有的 20 多个乡镇撤并成 8 个镇。常熟市计划用 12 年的时间将全市 1 万多个村落规划成 52 个农村居民集中居住区。撤并给农村生态环境保护和区域循环经济发展带来了一系列机遇和变化。一是，村镇规模扩大，有利于统一规划建设和环境监督管理。张家港、常熟所有镇都正在或计划建设污水和垃圾集中处理设施。二是，不少村正在逐步将村民集中搬迁到统一规划和拥有基础设施的社区，不但改善了农民的生活条件，而且为农村生活环境污染治理提供了可能。三是，撤并后，有利于土地集中管理和集约经营，所有企业必须进入规划的园区，既解决了土地资源无序占用和破坏的问题，又为农村工业污染集中治理和生态农业规模发展创造了条件。四是，撤并后，提高了基础设施建设水平，苏南地区农村再生能源如太阳能和沼气得到推广。五是，苏南掀起了创建全国或江苏省优美乡镇的高潮，带动了整个苏南地区城乡一体化建设，促进了城乡协调发展。目前，常熟市有 2 个镇获得全国优美乡镇称号，3

个镇获江苏省优美乡镇称号。

城乡一体化改革是统筹城乡发展的重要体制创新，为生态城市建设和区域循环经济发展拓展到农村创造了统一的实践舞台。常熟市蒋巷村和张家港市的唐桥镇、南丰镇永联村在这方面，已取得了较大成功。

3. 江苏扬子江国际化工园的绿色节点招商实践

江苏扬子江国际化工园建立于 2001 年 5 月，归张家港保税区管理，享受保税区的有关优惠政策，园区主要以化工产业为核心。2003 年年初，张家港市被列为江苏省循环经济试点城市，张家港市决定将园区改造为生态工业园，改造的关键任务和手段是如何通过绿色招商和节点招商，将已有的企业和产业连接起来。目前，园区内苏州精细化工产业链和粮油加工产业链已见雏形。

苏州精细化工是由苏州搬迁到化工园的企业，原来污染比较严重。进入扬子江化工园后，企业一方面通过技术工艺改造、强化环境管理等手段降低污染排放，另一方面，园区管委会通过绿色节点招商，引进了可以吸纳苏州精细化工的产品和副产品的投资项目，逐步形成以江苏精细化工为核心的两条生态工业链：引进美国公司（节点企业），以苏州精细化工的产品氢气、氯气和氯化氢为原料，生产一氯甲烷和三氯甲烷；以一氯甲烷为原料，又引进另一家美国的道康宁公司（节点企业），生产有机硅，进一步生产密封胶、硅橡胶、纺织助剂和医药中间体；同时，将三氯甲烷送常熟氯工业园作为制冷剂的生产原料。引进某公司（节点企业），以苏州精细化工的产品氢气为原料，生产高纯度氢气，供应位于江阴市的法尔胜公司。同时，以高纯度氢气为原料，引进三丼化学（节点企业）生产 PTA 等产品；以 PTA 为原料，引进 PET 项目，产品供应欣欣化纤公司。

粮油链条主要以东海粮油为代表，现有东海粮油、统清食品、不二制油等企业，发展方向以粮油加工为主。经过多年的运营，东海粮油在废物减量化、原料利用最大化、生产废物资源化上下大功夫，取得了良好的经济效益和社会效益，现已成为江苏省循环经济试点单位。

绿色招商和节点招商理念创新，给扬子江国际化工园的产业结构带来了较大变化。随着节点项目的引进，孤立的企业逐步被链接进生态产业链，并朝着复杂而有序的区域生态工业网络结构方向发展，以"绿色招商"产生的循环经济产业链最终使化工园成为一个"生态工业园"。

此外，较为著名的还有常熟市城乡一体化建设。常熟在城乡一体化建设中，提出"以规划为龙头，以农村居民集中居住区建设为抓手，以政府扶持为激励，以改善农村生产生活为重点"的建设思路，计划用 12 年的时间将全市 1 万多个自然村建成 52 个农民集中居住区，形成了居住条件好、设施配套完备、环境优美整洁的农村新社区。在规划和建设过程中，做到污水集中处理、垃圾收集和集中处置、社区管理和医疗教育等公共设施齐全，生活环境优美，绿化率达到 30%。

为加强集镇环境基础设施建设，常熟市出台了《关于加快集镇污水处理厂和管网配套工程建设的通知》，市财政对启动生活污水处理厂建设的集镇年均补助 200 万~300 万元。目前，已有 5 个镇建成了生活污水处理厂和配套管网；建成 3 座采用循环流化床加电除尘的新型环保热电项目，实行区域联网供热，减少小锅炉造成的大气污染。

在农民集中居住区建设中，按照每个居住区 2 300~3 500 户的标准，建设配套设施齐全和环境优美的新农村社区。常熟计划通过城乡一体化建设，将户均宅基地占地由 667 平方米降低到 400 平方米以下，可复垦土地近 6 700 公顷。在此基础上，推广沼气、太阳能等清洁能源的使用，先后建成 3 座秸秆气化站，许多新建住房全部安装了太阳能设备，在改善生活条件的同时减少了环境污染。

在农村工业污染防治上，首先严格控制点源，实行企业向工业园区集中。同时，依托工业园区的环境基础设施，推行污染集中治理和集中供热，提升污染治理水平，开展升级达标活动，对化工、印染等行业统一执行一级排放标准，促进企业内部清洁生产。

4. 山东省循环经济发展模式

山东省发展循环经济紧密与生态省建设相结合，在《山东省生态环境建设与保护规划纲要》中明确提出了山东"生态示范区建设要由点到面，由小到大，逐步展开，最终实现生态省的建设目标"，经过对循环经济层次与方式的不断探索和总结，初步建立了具有山东特色的"点、线、面"循环经济发展模式。

（1）"点、线、面"循环经济发展模式

第一，在企业，建立点上的小循环。

推行清洁生产、ISO14000 环境管理体系认证，按照生态效率的理念和清洁生产的要求，采用生态设计和现代技术，将单位产品的各项消耗和污染物排放量限定在标准许可的范围内，实现企业内部的资源综合利用和循环利用。在清洁生产方面，山东省从东部到西部，从发达地区到欠发达地区，从重污染行业到其他行业逐步推进。200 多家企业推行了清洁生产，50 多个企业、200 多个产品获得环境标志。

企业通过实施清洁生产，废气排放量削减 10.0%，万元产值废气排放削减率为 9.36%；二氧化硫排放削减率为 16.9%，万元产值排放削减率为 34.2%；烟尘排放削减率为 17.9%，万元产值排放削减率为 15.1%；废水排放削减率为 27.5%，万元产值排放削减率为 22.5%；COD 排放削减率为 29.3%，万元产值排放削减率为 23.2%；固体废物排放削减率为 15.2%，万元产值排放削减率为 14.4%；企业年经济效益增加率 5%。

ISO14000 环境管理认证方面，山东省共有 180 家企业和 8 个开发区（旅游区）通过了国家认证。其中 3 个开发区被批准为"ISO14000 国家示范区"，占全国示范区总数的 1/3。2003 年以来，全省 1 000 多家企业万元产值能耗、水耗同比分别下降 12.4% 和 31%。

第二，在行业，建立线上的中循环。分行业制定并实行引导性标准，优化产业和产品结构。运用生态经济原理，根据行业间的关联，通过物质、能量和信息集成，拉长和扩大生态工业产业链，形成一个及多个行业组成的生态园区，推进园区中的各个主体形成互补互动、共生共利的有机产业链网，转变经济增长方式，走新型工业化道路。

山东是一个工业大省，水污染主要来源于造纸、酿造、淀粉等行业。山东省首先抓了耗水多、污染重、治污难度大的造纸行业，在全国率先发布并实施了《造纸行业污染物排放标准》。1998 年，山东省共有造纸企业 326 家，年产 279.1 万吨，利税 12.98 亿元，排放 COD65.1 万吨，占工业 COD 的 66.1%。山东省通过采取清洁生产审核、环境体系认证、限期治理、关停淘汰、标准引导等措施，积极发展循环经济，提升了区域经济运行质量。到 2003 年，山东省共有造纸企业 214 家，年产 832.11 万吨，利税 52.83 亿元，排放 COD17.6 万吨，占工业 COD 的 46.8%。2003 年与 1998 年相比，企业减少了 43.4%，但产量和利税分别增加了 198.1% 和 307%，COD 排放量削减了 73.0%。山东省泉林纸业集团通过十多年治理造纸废水，目前，吨浆耗水量由 160 m^3 降到 60 m^3；黑液的提取率提高到 90%；酸析木素生产有机肥；中段水经物化生化处理后再进行氧化塘深度处理，使 COD 排放浓度降到 150 mg/L 以下，接近山东省造纸行业地方排放标准第三时段的要求；处理后的废水一部分回用，一部分用于芦竹和三倍体毛白杨浇灌，实现了林纸一体化和水资源的良性循环。

从 2003 年开始，山东省将引导性行业标准逐步扩展到纺织印染、石油化工、酿造、淀粉、冶金、电子、机械制造、化工、制药等行业，获得经济效益 5 亿多元，COD 排放量平均削减率达 40% 以上，废水排放量平均削减率达 40% ~ 60%，工业粉尘回收率达 95%。

山东省鲁北企业集团总公司通过多年努力，形成了磷铵 – 硫酸 – 水泥联产、海水 – 水多用、盐碱热电联产三条绿色产业链。磷铵 – 硫酸 – 水泥产业链的水循环利用率达到 91.3%，主要装置固体废物利用率达到 100%，企业固体废物利用率达到 95%，处置率达到 100%，污水回用率达到 100%。主要污染物二氧化硫、烟尘、粉尘均达到国家排放标准；万元产值污染物排放量为 0.045 吨，达到国内同行业领先水平。被环境保护部称为"中国鲁北生态工业模式"，并授予"国家生态工业示范园区""国家环境友好企业"称号。科技部命名鲁北企业集团为"鲁北海洋科技产业基地"。

第三，在社会区域，建立面上的大循环。以循环经济理念为指导，以开展系列创建活动为载体，以建设循环型社会为目标，在社会各行业、产业间建立生态产业体系，倡导生态文明，打造环境友好型产业群，逐步建成循环型社会，实现社会科学发展。

多年来，山东省以点、线试点为基础，积极开展区域社会层面上的试点，因势利导，认真编制循环经济规划，稳步扎实地推进社会层面上的循环链接，先期选择了烟台开发区和日照市为试点，取得明显成效。烟台开发区被国家列为创建国家级生态工业示范园区，日照市被批准为国家可持续发展实验区、全国生态示范区建设试点市和国家循环经济试点市。目前这两个试点正按照循环经济规划，向深度和广度推进。

山东省在推行清洁生产、ISO14000 环境管理认证、引导性标准的同时，坚持以循环经济理念为指导，把国家开展的系列"创建"活动作为建立"面"上大循环的有效载体，培养和树立了一批促进环境与经济社会协调发展的典型，促进了区域和谐发展。

第四，"八项创建"活动促进循环经济发展。山东省在实践基础上探索了"点、线、面"的发展模式，并通过"八项创建"活动将循环经济与现有工作紧密结合起来，将循环经济发展模式渗透到日常工作措施中，使创建活动成为循环经济发展模式的抓手和载体，大大促进了循环经济的发展。

一是，创建生态示范区。山东省创建国家生态示范区 12 个，已建成国家级自然保护区 6 个、风景名胜区 3 个、森林公园 26 个。全省自然保护区占全省面积由 1998 年前的 1.8% 上升到 2003 年的 6.1%；森林覆盖率每年提高 1 个百分点。

二是，创建环保模范城市。山东省已有 10 个城市获得国家环境保护模范城市荣誉称号。威海市在全国率先创建了国家环保模范城市群，并荣获联合国"2003 年度联合国人居奖"，目前正在积极创建国家级生态市。青岛市积极创建全国第一个副省级环保模范城市群；山东半岛城市正携手创建半岛环保模范城市群；临沂市正在加紧创建全国革命老区第一个环保模范城市。

三是，创建环境优美乡镇。山东省已在全省范围内开展了环境优美乡镇创建工作，目前山东省有国家级环境优美乡镇 7 个、省级环境优美乡镇 3 个。

四是，创建绿色社区、绿色学校、生态居住小区。山东省有国家级绿色学校 9 所、省级绿色社区 50 个，省政府批准青岛奥林匹克国际花园和泰山潘龙山水度假村为省级生态居住小区建设试点。

五是，创建生态工业园区。严格落实国家宏观调控政策，高标准建设生态工业示范园区。目前已建立省级工业示范园区 13 个。

六是，创建环境友好企业。山东省在全省开展了创建"国家环境友好企业"活动。鲁北化工集团、青岛港有限公司被环境保护部评为全国首批环境友好企业，表彰了 43 家省级环境友好企业。

七是，创建循环经济试点单位。环境保护部批准日照市、烟台开发区分别为创建国家级循环经济示范市和生态工业示范园区。全省公布了 45 个省级循环经济试点企业，2 个循环经济试点县。

八是，创建生态市（县、区）。山东省确定了 20 个市（县、区）为生态示范县试点。

山东省探索并深入开展的"点、线、面"循环经济系统试点，突出强调了"点"上的小循环是以企业推行清洁生产为主，实现经济发展与环境保护的共赢；"线"上的行业中循环是以清洁生产审核为基础，抓好 ISO14000 环境管理体系认证，逐步建立地方污染物排放引导性标准体系，推动行业主动优化产业结构，转变经济增长方式，走新型工业化道路；"面"上的大循环是以"点、线"为支撑，以社会区域为单元，以循环经济规划为指导，以系列创建为载体，以建立循环型社会为目标，推进人与自然的和谐发展。"点、线、面"是一个循序递进、相互关联、共生共利的有机整体。

（四）东部地区循环经济发展模式的技术经济和制度基础

其他东部地区也都开展了与江苏省、山东省类似的循环经济试点实践，如浙江省制定了发展资源节约型经济行动方案，围绕建设先进制造业基地和生态省建设战略任务，节约资源，发展循环经济，提高资源利用效率，缓解发展要素制约，推进工业经济增长方式从高消耗、高排放型向资源节约型、生态环保型转变。总结东部地区循环经济发展的模式，可以发现其具有一些共同的特点，与东部地区的技术经济条件和相关制度基础是密不可分的，包括资源环境形势、经济发展阶段、环境管理水平、技术能力、市场发育程度、体制改革等方面，形成了东部地区循环经济发展的自发战略转型模式，这种发展模式以一定的技术经济和制度建设为基础。这里以江苏省为例，对该模式的技术经济和制度基础进行初步分析。

1.资源环境形势、经济发展阶段和环境管理水平促进循环经济

在资源环境瓶颈约束问题上，江苏似乎比全国其他地区的形势更严峻。江苏的能源 80% 靠省外供给，目前的电力缺口 800 万 kW·h，工业原材料严重短缺，工业基本上是"两头在外"的产业体系。江苏省占 1% 的国土面积，养活了 1/6 的全国人

口，生产了 1/10 的全国经济总量。自然资源、能源、土地和水资源供需矛盾十分突出。同时，重化工工业特征十分明显，第二产业在经济结构中的比重达 60%，钢铁、水泥、建材、石油化工和印染等资源密集型和污染型产业在第二产业中占较大份额。2000 年以来，仅钢铁建设项目就达 172 个，总投资 693 亿元；水泥建项目设 26 个，投资达 54 亿元。经济总量和结构问题已使江苏的资源环境不堪重负。按照国家污染总量控制目标，江苏省在水和气等主要污染物的排放总量上已经处于饱和状态，环境容量特别是水环境容量资源几近枯竭。总量配额和环境容量的枯竭，对江苏经济的持续发展已经产生了严重的制约作用。所以，江苏省面临转变经济增长方式、提高生态效率的压力更大，需求更强烈，任务更迫切。

从经济发展水平和工业化特征看，江苏特别是苏南产业升级和转型的时机已经来临，即使没有循环经济的理念，以减少资源能源消耗、提高经济效益、减少污染排放为特征的升级和转型也必然会发生。苏南地区的人均 GDP 目前大约为 5 000 美元（约合人民币 34 468.5 元），若按国际上的实际购买力概念折算，相当于 15 000 美元（约合人民币 103 405.5 元），达到了中等甚至偏上国家的收入水平。这样的经济发展水平不仅意味着人民生活富裕，更隐含了企业和整个经济系统较高的技术经济能力和产业升级和转型的必然性。相比较，苏南目前已处于后工业化阶段。发达国家的经历表明，协调资源消耗、经济产出和污染排放等要素的生态效率是后工业化社会追求的核心目标。这一判断与著名经济学家吴敬琏在对苏南考察后就其经济转型所做出的结论是一致的。苏南目前普遍实行的"绿色招商"和"节点招商"就是实践案例。在未实施循环经济之前，张家港就开始不断提高招商引资门槛，招商理念由发展初期的"捡到篮里就是菜"提升为现在的"挑挑拣拣选精品"，变"抢项目"为"选项目"。项目引进坚持"三不办"的原则，科技含量低、环境污染重的项目不办；资源消耗大、经济效益差的项目不办；不符合国家产业政策的项目不办。2000 年以来，共拒批和劝阻工业项目 350 多个。

先进的环境管理和较高的环保地位为环保部门倡导循环经济提供了良好的政治和社会舞台。比较而言，江苏省特别是苏南先进的环境管理工作是一个不争的事实。较高的环保地位表现在两个方面：一是，人民的需求进入了较高阶段，生态环境需求成为生活中的重要组成部分，老百姓支持环保；二是，政府的工作内容和重点随老百姓的需求变化而不断调整，环保部门成为政府综合决策中的重要一员，出现了"过去环保局长找市长，现在市长找环保局长"的重大转变。张家港和常熟在决策中，建立了专家咨询制度，重大问题不听专家意见不决策；建立部门联席会议制度，重大发展事项不听取环保等部门意见不决策；建立了公示和听证制度，重大事项不听取群众意见不决策，使环境保护与经济建设、社会发展同时考虑、同时部署、同步推进。

可见，资源环境形势、经济发展阶段和环境管理水平使得循环经济在江苏特别是苏南"生逢其时"，循环经济理念顺应了当地经济升级和转型的需要，为当地及时提供了实践模式和抓手。

2.市场推进与技术支撑是基础，政府引导、企业实践、公众参与是原则和机制

首先，循环经济是先进生产技术和关键连接技术支撑的经济，是知识和信息支持的经济。因此，循环经济必须是建立在技术进步和创新支撑体系上的高端化经济模式，需要技术含量高、附加值高的技术支撑体系。这些技术概括起来包括：提高自然资源利用效率的技术；不可再生资源的替代技术；再生能源的开发利用技术；生态工业关键链接技术；经济可行的资源回收利用技术，包括产品和服务过程中的各类减量、再利用和循环技术；信息服务平台技术。正是有了从大豆蛋白中提取蛋白纤维的高新技术，常熟市江河天绒纤维公司才能将大豆种植、豆油加工、纤维提取、纺织、生物有机肥和一般种植业连接起来。苏南企业的技术水平普遍较高，尤其是占相当比例的外资企业和国内大企业的生产技术基本与国际水平同步。例如，张家港民营企业沙钢集团，通过两次历史性地引进国际同期先进技术设备，使其综合技术经济实力居于全国前列。

其次，循环经济必须是市场经济。这意味着市场机制是循环经济运行的基本，企业是循环经济实践的主体。从苏南模式看，市场机制对循环经济发挥两个重要作用。一是，循环经济必须符合市场规律，要能使企业有钱赚，有利可图。只有这样，循环经济实践才能持续，企业才能积极主动。苏南地区目前之所以在企业层面的循环经济试点取得了显著效益，就是因为市场机制在发挥作用。也正是市场机制的缘故，苏南目前的试点，在发动组织上是自上而下的，在具体实践上是自下而上的，环保等政府部门的作用是服务和技术指导。二是，有了良好的市场机制和环境，先进生产技术和关键链接技术就会接踵而来，二者相辅相成。所以，苏南普遍实行的绿色招商就能行得通。例如，从大豆蛋白中提取蛋白纤维的高新技术的诞生地是河南，却最终落地常熟市，这里边市场环境是一个重要因素。

上述技术与市场机制特征决定了政府在推动循环经济工作中的基本定位，创建、培育、规范循环经济发展的市场环境，即政府引导。履行这一职能定位，首先要建立循环经济发展的制度体系，包括法律法规、经济激励政策和标准体系；其次是提供技术与信息服务。

循环经济是新生事物，是中国在工业化中期阶段推动经济发展方式转变的一种跨越式战略，这决定了在政府引导的同时又必须有声势浩大的发动、强有力的组织

领导体制和科学统一的规划。所以，中国的循环经济管理机制，必然在发动上是自上而下，在具体运行上是自下而上的。同时，公众参与不仅是为了创造循环经济发展的良好社会氛围，而且公众在循环经济发展的许多领域如绿色消费、节约资源能源和回收利用废物等方面有着直接的责任和义务。

总体上看，在苏南循环经济的项目层次上，市场推进和先进技术支撑是基础性的力量；在宏观管理机制上，形成了政府引导、企业实践、公众参与的机制。但在机制的每个方面都有许多需要改进和完善的地方。

3. 严格环境执法催生循环经济发展

对于企业来说，如果没有一定的利益预期的话，就不会主动实践循环经济。这时，从污染治理和环境管制的角度出发，通过严格执法，可以促使企业由被动走向主动。江苏太仓市新太酒精有限公司的经历就是对这一机制的最好诠释。

新太酒精有限公司是一家以木薯为原料生产酒精的厂家，酒精生产过程中产生的高浓度有机废水对当地水体造成了严重污染，其 COD 排放量占太仓市的 70%。在太湖污染治理零点行动中，该企业被列入重点限期治理对象，企业面临两种选择：要么彻底治理污染，要么被关闭。在太仓市环保局的大力支持和帮助下，企业进行了酒精废水治理的技术攻关并投资 2 060 万元建设了一套污水处理设施。1999 年 3 月新太公司废水全面实现达标排放，同时，将污水处理过程产生的 1 万 m^3 的沼气回用于生产锅炉，产生了很好的经济效益。经过技术改造，2003 年污水处理设施沼气产生量提高到 1 200 万吨，经济效益 400 万元，扣除治污设施的运行成本 300 万元后，净赚 100 万元。通过污染治理和能源替代，企业每年可少排 COD57 261 吨、BOD3 400 吨、悬浮物 4 500 吨、二氧化硫 216 吨、烟尘 360 吨。目前企业形成了两条循环体系：酒精糟液－污水处理系统－污泥回收制沼气，沼气替代煤炭，减少废水和废气排放；分离污泥－有机复合肥或分离污泥－与煤混合用于锅炉燃烧。在环保部门的帮助下，新太计划开发废水回用循环链，即处理污水－深化处理－锅炉用水，减少新鲜水用量，减少 COD、BOD 和悬浮物的排放总量。

当然，在这一过程中，既要严格执法，又要在技术和资金上加以扶持和激励，这样，才能取得最佳效果，并形成政府与企业的伙伴关系。

4. 常熟市政府在推动循环经济发展中的主要做法

常熟市经济发达，人口稠密，资源相对短缺，经济发展和人口增长给资源环境造成很大的压力，目前环境容量已基本饱和，资源环境对地区经济发展的瓶颈作用日益突出。为从根本上解决地区社会经济发展与资源环境的矛盾，常熟市在 2002 年先后提出建设生态城市和发展循环经济的战略构想，大力推进区域循环经济发展，取得了成绩，积累了经验。常熟市在推进循环经济方面的主要做法如下。

第一，加强组织和领导，充分发挥政府的引导作用。常熟市专门成立了以市长为组长的"常熟市生态市建设暨发展循环经济领导小组"，负责统一组织、协调全市的生态城市和循环经济建设工作。

第二，政府在源头上对建设项目严格把关，实施"一把手负责制度""环保第一审批权制度"和环保"一票否决"制度。实行绿色招商和择优招商，对投资额在1 000万元以下的化工项目和投资额在1亿元以下的印染项目一律不予审批；所有新建工业项目必须进入工业园区；常熟经济开发区规定外资项目均投资强度必须在30万美元（约2 067 240元人民币）以下、内资平均每667 m²注册资本不足150万元的项目一律不予审批。

第三，加强生态市建设和发展循环经济的宣传。在常熟主要媒体开辟循环经济专栏，宣传循环经济知识和理念，高密度报道循环经济的典型示范、重点工程，为领导干部、企业和社会公众参与生态市和循环经济建设引路，创办《生态常熟》季刊，编发《常熟市民环保手册》，开展绿色社区、绿色企业、绿色学校等创绿活动，全面推进循环经济和生态市建设。

第四，政府制定政策和措施，按照"以点带面、典型引路、统筹规划、分步实施"的原则，推动循环经济发展。具体做法有：政府拨出专款奖励循环经济典型，以点带面推进循环经济；推动企业内部的清洁生产审计和ISO14001环境管理体系，建设企业生态文化，促进企业内部循环经济发展；以科技和市场为基础，构建生态工业链，推动生态工业发展，其中常熟大豆蛋白纤维生态产业链是突出代表；财政资金支持、吸引民间资本，加快乡镇环境基础设施建设，提高工业和生活污染集中处置水平，降低环境污染负荷；补贴政策激励养殖业粪便综合利用，用循环经济理念推进生态农业发展等；加快城乡一体化建设，点、面结合控制污染，建设优美乡镇，实现城乡协调发展。

（五）辽宁省振兴东北老工业基地与循环经济发展模式

辽宁省是全国开展循环经济试点建设的试点省，通过发展循环经济，推动老工业基地调整改造和资源枯竭城市经济转型，实现经济增长方式由粗放型向集约型的转变，重构老工业基地的新型经济发展模式。

1.发展循环经济与振兴东北老工业基地战略的关系

新中国成立后，国家在东北集中投资建设了具有相当规模的以能源、原材料、装备制造为主的战略产业和骨干企业。辽宁老工业基地为中国形成独立、完整的工业体系和国民经济体系，为改革开放和现代化建设做出了历史性的贡献。随着改革开放的不断深入和资源存量的不断减少，老工业基地长期积累的深层次结构性、体制性和资源环境等问题日益突出，进一步发展面临许多困难和障碍。在"结构性"问题中，资源型的产业和经济结构是一个重要的方面，"高消耗、低效益、高排放"是这种结构下经济增长方式的突出特点。带来的后果是资源越来越少，许多资源几近枯竭，污染却越来越重。虽然近年来各级政府做了很大努力，依然没有能从根本上改变严重污染的局面。

因此，结构调整，产业升级，走新型工业化道路，转变经济增长方式是振兴老工业基地的重要战略举措。这已经在辽宁省《老工业基地振兴规划》中得到了很好的体现。但如何落实这一振兴战略，除了机制的转化、体制的创新、重大项目的支持，很重要的是观念的更新、发展战略的转变。循环经济为实现这种转变提供了一种新的经济发展理念和发展模式，适合辽宁的实际情况。

老工业基地所产生的许多问题是辽宁目前面临的特殊困难和挑战，但是，振兴老工业基地又是辽宁发展循环经济、重现历史辉煌的机遇。辽宁省结合老工业基地振兴，有计划、有步骤、大范围、全方位地开展了循环经济建设工作，在老工业企业改造、资源枯竭地区经济转型、老工业区的调整改造、经济开发区的整合提升、废弃资源的再生利用等方面已经取得了初步成效，而且发展势头良好，对全国发展循环经济，走新型工业化道路具有重要的示范意义。

2. 辽宁省发展循环经济的"3+1"模式

辽宁省制定了循环经济发展试点方案，开展了循环经济试点，并在实践中探索出了适合辽宁省实际的循环经济"3+1"发展模式。这种发展模式与山东省的"点、线、面"模式类似，对全国其他地区具有一定的借鉴意义和示范作用。

所谓"3+1"模式，"3"是指3个循环，"1"是指1个产业。

首先，是小循环，结合技术改造，推行清洁生产和创建"零排放"企业，取得了显著的经济效益和环境效益。全省已有350多家企业完成清洁生产审核，共实施清洁生产审核方案6 000多个，年实现经济效益12亿元，节水1.5亿吨，节电1.5亿kW·h，年减排废水1.6亿吨、COD1.4万吨、二氧化硫1.4万吨、烟粉尘2.5万吨。结合废水排放总量和污染物排放浓度"双向控制"，着力开展了轧钢、选矿洗煤废水和电厂冲灰水的"零排放"工作，提高水重复利用率。目前，全省已有铁煤集团、北票电厂等50余家企业基本实现了废水"零排放"。在鞍钢等一批大型联合企业开展循环经济型示范企业建设，鞍钢已经建成钢铁渣开发、转炉煤气回收、中水回用等40多项综合利用工程，水循环利用率达到91.7%，实现了当年冶金渣、高炉煤气、转炉煤气、焦炉煤气的"零排放"，从2003年12月起，鞍钢第二炼钢厂的3座百吨转炉都实现了"负能炼钢"，基本形成了发展循环经济的雏形。

其次，是中循环，结合资源枯竭地区经济转型、经济开发区整合提升和老工业区调整改造，建设生态工业园区，提升区域经济运行质量。重点组织了抚顺矿业集团、大连开发区、沈阳铁西新区三个试点开展生态工业园区建设。抚顺矿业集团以"一矿四厂一气"转产项目为骨干，依靠关键技术创新和系统集成，建设集采煤、炼油、发电、生产建材和开发煤层气为一体的生态工业园区；大连经济技术开发区通过对园区企业的能流、水流、物质流、废物流、信息流等进行重新集成，引入关键链接项目，建设生态工业园区，实现资源循环利用，提升园区建设质量，目前已启动实施了危险废物和废旧家电综合利用、工业介质（磷化液、切削液）循环利用、木塑复合材替代木材、粉煤灰综合利用和污水资源化等 8 个生态链接项目；沈阳铁西新区运用工业生态学和循环经济理念，全面启动建设生态工业园区，目前正在着手将 47 家企业构成 9 条工业生态产业链，形成 5 个生态工业循环网络，构建工业生态系统、消费生态系统和支持保障系统，促进生态工业循环和消费生态循环。环境保护部已批复同意大连开发区和抚顺矿业集团开展国家生态工业示范园区建设。

再次，是大循环，按照"减量化、资源化、无害化"原则，大力开展城市中水回用和垃圾分类回收利用，提高社会可再生资源利用率。结合城市污水处理厂建设，大力开展城市中水回用，全省已建成的 16 座污水处理厂中，已有大连马栏河污水处理厂、鞍山西部第一污水处理厂等开展中水回用，日回用量 81 万吨，主要用于工业、城市河道景观和绿化用水。以沈阳和大连为重点，积极建设住宅小区、学校、医院、宾馆、大型企业、政府机关等中水回用工程，全省已建成 80 多项，日回用中水 2.5 万吨。沈阳市从 2007 年起每年建设 50 家中水回用工程，实现年增加中水回用量 2 万吨 / 天。沈阳市建立了固体废物信息交换平台，初步实现了企业、行业、区域间的可利用废物交换与利用。以垃圾分类回收为主题创建"绿色社区"活动已在全省展开。

"1"是指资源再生产业和废旧资源回收利用产业，以粉煤灰和煤矸石为重点，开展资源再生利用，培育新的经济增长点。全省已陆续建成铁煤集团空心砖厂、朝阳华龙集团等一批粉煤灰、煤矸石综合利用项目。2003 年全省粉煤灰、煤矸石综合利用量分别达到 503 万吨和 405 万吨，比 2000 年利用量分别增加了 200 万吨和 150 万吨。

（六）发展循环经济对西部地区实现跨越式发展的战略意义

1. 西部地区循环经济发展模式概述

贵阳市地处中国西南地区，相对于东部和其他地区，与中国其他西部地区一样，存在着交通条件不便、资金和技术匮乏、人才资源缺乏、生态脆弱等不利因素。

由于经济水平的限制，消费水平较低，辐射带动作用不够，产品市场还需要不断培育。

改革开放 20 多年以来，贵阳市的 GDP 增加了 9.6 倍，年均增长 10.4%，但同期主要资源的投入量增长了 3.3 倍，年均增长 6.3%，远高于全国平均水平。贵阳的资源投入量一直呈稳定上升趋势，资源投入总量由 443 万吨增加到 1 903 万吨，增长了 3.3 倍，年均增长 6.3%。尽管同期单位 GDP 资源投入量总体呈下降趋势，24 年（截至 2002 年）内下降了约 60%，但下降幅度有限。相反，24 年（截至 2002 年）间人均资源投入量却由 1.89 吨／人增加到 5.63 吨／人，增长了近 2 倍。从 GDP 增长与资源投入总量增长的关系来看，贵阳 GDP 的增长仍旧依赖于资源投入总量地增加，而且资源投入总量较大，贵阳的经济发展与资源消耗远没有实现"脱钩"。

从资源使用的结构上来看，煤矿、磷矿、金属矿物（主要为铝矿）等不可再生资源占了相当大的比重。作为一个大量依靠本地（不可再生）资源的粗放式资源型城市，贵阳市如果继续保持现有的经济发展模式和污染控制力度（BAU 情景），到 2020 年，在经济增长实现翻三番的同时，所需的资源投入与污染排放量也将达到现在的 3 倍。现有的资源投入及污染排放水平已经给生态环境带来了巨大的压力，并造成了生态环境的恶化。如果在未来继续，保持更高水平的资源投入及污染排放水平，则必然会对生态环境带来更大的灾难，也将使经济不能保持持续、快速地增长。

贵阳的经济发展表现出了强烈的"高资源投入、高污染排放"特征，是一种粗放式的资源依赖型发展模式。这种经济发展模式所带来的高资源消耗和高污染排放，必然带来大范围的、不可逆转的区域环境和生态灾害，因此改变发展模式，实现经济发展与物质投入的"脱钩"是贵阳必须解决的重大发展战略问题。

像贵阳这样的西部地区正处于工业化中期进程的开始阶段，在这个阶段随着工业化、城市化进程不断加快，经济发展水平不断提高，同时资源和环境压力也在不断加大。然而，目前的资源约束和环境压力已无法承负以大投入、大污染、小产出和高消耗为特征的传统发展模式，不能再走以高资源投入和牺牲环境为代价换取经济增长的道路，这就要求像贵阳市这样的西部地区立足后发优势，走跨越式发展的道路。

循环经济发展模式为西部地区实现跨越式发展提供了先进的理念、方法和途径。因此，贵阳市在探索循环经济发展模式时，充分考虑了循环经济与市场经济的结合、生态城市结构与功能的结合、可持续发展与全面小康社会建设的结合，以经济规律和生态规律为指导，实现经济效益、社会效益和环境效益的统一，实现贵阳市的跨越式发展。

贵阳市发展循环经济的模式对其他西部地区具有重要的示范意义。在长期以来形成的国内分工格局中，西部地区工业结构很不合理，其特征之一就是"资源高消耗、污染高排放"的能源和原材料工业占很大比重；特征之二是传统产业占很大比重，其中大多数传统企业技术落后、设备陈旧，既无法与东部的先进企业竞争，又容易造成环境污染。2002年，西部地区GDP和工业增加值分别占全国的18%和15%，但其排放的工业废气、二氧化硫分别占全国的24%和30%。西部地区万元产值排放的污染物，要比东部地区高出1～5倍。因此，西部地区只有改变以能源的巨大消耗和消费为代价的经济增长方式，大力发展以能源低消耗和回收利用为特征的循环经济，西部地区宝贵的资源才能得到有效保护和可持续开发利用，西部地区经济才能健康发展。因此，循环经济对西部地区实现跨越式发展具有重要的战略意义。

西部地区发展循环经济，因发展阶段和技术经济条件的限制，是一种跨越式战略转型，即在产业升级和经济转型之前选择了先进的发展战略和道路。其面临的技术经济困难自然要比东部大得多，点上和局部推进相对容易，全面推进将面临诸多挑战。因此，在循环经济发展模式上，西部地区应结合当地资源优势，以改造现有工业体系、实现工业体系优化升级为核心和优先领域，构建循环经济发展模式。

在政策需求上，西部地区发展循环经济需要更多的外部支持，如经济政策支持和资金支持，因此国家应给予较强的外部支持。在将资金、技术和特殊政策支持融入西部大开发优惠政策当中的同时，还需要一些专门针对当地循环经济发展的特殊扶持。

2.贵阳市发展循环经济的模式和做法

贵阳市作为资源型城市，面临着资源枯竭、资源循环利用率低、污染排放量大三重压力，表现出了"高资源投入、高污染排放"的特征，粗放式资源依赖型的经济发展模式已经给贵阳带来了大范围的、不可逆转的区域环境破坏和生态灾害。循环经济建设为实现经济社会发展的大跨越、提高经济效益和提升城市发展位势提供了可行的途径和战略。贵阳市循环经济发展是与建设生态城市战略密切结合在一起的，2004年贵阳市制定了循环经济型生态城市建设规划，明确了贵阳市循环经济的发展模式和目标。

贵阳循环经济型生态城市的建设坚持生产与消费环节并重，充分考虑城市总体活动对生态环境的整体影响。贵阳循环经济型生态城市建设的总体思路是以效益为中心、以项目为载体、以改革为突破、以科技为动力，把循环经济产业体系构建和生态城市建设整合起来，为贵阳市全面小康社会的实现提供跨越式的发展模式。贵阳市建设循环经济型生态城市的模式可以概括为"两个环节、三个核心系统和八个循环体系建设"，具体包括以下几点。

（1）抓住两个关键环节

一个是生产环节模式的转变；另一个是消费环节模式的转变。

（2）构建三个核心系统

第一个是循环经济产业体系的构架，涉及三大产业；第二个是城市基础设施的建设，重点为水、能源和固体废弃物循环利用系统；第三个是生态保障体系的建设，包括绿色建筑、人居环境和生态保护体系。

（3）推进八大循环体系建设

第一项是磷产业循环体系；第二项是铝产业循环体系；第三项是中草药产业循环体系；第四项是煤产业循环体系；第五项是生态农业循环体系；第六项是建筑与城市基础设施产业循环体系；第七项是旅游和循环经济服务产业体系；第八项是循环型消费体系。

在循环经济规划的指导下，贵阳市通过立法的方式，制定了符合贵阳实际需要的《贵阳市建设循环经济城市条例》，这是中国第一个地方性的关于循环经济发展的基本条例，以法律的手段大力推广循环经济的发展模式，引导污染预防和可持续生产和消费。贵阳市还启动开展了一批循环经济试点项目，并取得了一定进展。其中，山东兖矿集团已决定与开阳磷矿集团合作，投资 25 亿元，共同参与开阳磷煤化工（国家）生态工业示范基地的开发和建设。规划中的 20 多个基于循环经济理念构思的生态工业项目已经有了合作投资伙伴，部分项目已经开工建设。

3. 试点地区循环经济发展模式的局限性

目前，各地的循环经济试验示范模式大体上有两种情况：一是，具有较系统的模式体系。辽宁提出"3+1"模式，即企业、园区和区域 3 个循环和 1 个废旧资源综合利用产业；江苏模式包括循环型工业、循环型农业、循环型第三产业、循环型社会；贵阳和山东的模式与辽宁、江苏模式有相似之处，但根据当地特点，分类的粗细程度不同。二是，还没有系统的模式体系，只是探索某一个方面或类型，如清洁生产、生态工业园、生态农业等。

这些模式是各地根据当地实际情况提出的实践模式，对当地的循环经济试验示范发挥了重要的指导作用，但这些模式也明显带有对循环经济理解的地方痕迹，存在一些不足，尚难以指导全国的实践，需要系统提升。例如，"3+1"模式存在两个缺陷，一是逻辑上对应得不好。"3"是指三个层面循环经济的特征，即"小循环""中循环"和"大循环"；"1"又突然强调一个产业。另外，大、中、小循环的表述容易引起误解，以为发展循环经济就是构建各种各样的循环圈，对循环经济的实质产生歧义。二是内涵较窄。从文字表述上，似乎只强调工业体系，没有明确生产领域的其他产业，如生态农业等，同时，有关消费领域的内容也不明确或不完善。

江苏模式中的"循环型工业、循环型农业、循环型第三产业和循环型社会"的叫法不够通俗，与目前已经广为接受的"生态工业、生态农业"等概念相割裂。实际上，循环经济不是无源之水、无本之木，而是在继承已有可持续发展理论与实践的基础上总结出的一个中观层次上的理念和实践模式，是对生态经济、清洁生产、生态工业、生态农业、资源能源新技术、绿色消费等一切有利于实现社会经济活动"低消耗、高效益、低排放"的理论和技术的集成。所以，没有必要创造出区别于已广为接受的生态工业和生态农业的新说法。另外，江苏模式中的"循环型社会"，主要是指消费领域的循环经济实践，特别是废物再生利用产业，但目前的叫法容易引起歧义，因为循环型社会和循环经济的外延和内涵目前在理论学术界尚有很大争议。

综上所述，目前，需要根据中国循环经济的具体实践情况和循环经济发展的内涵，克服实践过程中的局限性，研究提出中国循环经济发展的模式和战略重点，为国家选择优先领域，在全国范围内推广循环经济提供决策支持。

二、中国未来循环经济发展模式和战略重点

根据循环经济内涵的界定和中国循环经济的本质特征，中国循环经济的发展模式或战略重点可以总结为两个重点领域和四个重点产业体系。

两个重点领域是指循环经济的重点要抓住生产和消费领域；四个重点产业体系是生态工业体系、生态农业体系、绿色服务业体系及废旧资源再利用和无害化处置产业体系（日本称为"静脉产业"）。生态工业体系、生态农业体系和绿色服务业体系建设是国民经济产业的重要组成部分，是生产领域循环经济的主体和重要标志。废旧资源再利用和无害化处置产业体系包括三个部分：工业废旧资源再利用产业、生活废旧资源再利用产业和最终废弃物无害化处置产业。它既是消费领域的重点之一，又是连接生产与消费领域的纽带，是循环型社会的基本标志。目前，实践探索中的区域循环经济（即所谓的"大循环"）应该是在区域经济和"环境－基础设施"体系支撑下的两个重点领域和四个产业体系的有机组合。也就是说，只有当一个地区建立了生态工业、生态农业和绿色服务业体系，其经济增长方式才能发生根本转变，才有可能形成可持续的生产模式，构成不同产业体系之间的循环和共生体系。同时，只有建立了发达的废旧资源再利用和无害化处置产业体系，整个区域的"资源－产品－再生资源"循环才能够转动起来，形成可持续的消费模式，并与可持续生产模式对接，构成区域"大循环"。当然，从理论上讲，即使区域的"大循环"，

也不可能是绝对的和封闭的循环，必然会有一部分物质和能量与其他系统发生交换，特别是会有一小部分在现有技术经济水平下无法利用的废物，这就需要经过无害化处理，最终排向环境，通过循环经济发展模式，使得最终排向环境的负荷最小。

借鉴国际经验，根据目前的循环经济发展实践模式，可以看出两个重点领域和四个产业体系循环经济发展模式是互相渗透、互相支撑的，并不能独立分散地构成各自的系统和循环，需要有机的融合。因此，区域层面上的循环经济模式就是这两个重点领域和四个产业体系的结合。

1. 生产领域

循环经济在生产领域的发展模式就是改造和重构涉及国民经济的各个产业，使其向生态化方向转型，重点包括建设生态工业体系、生态农业体系和绿色服务业体系，其中改造现有的工业体系、建设生态工业体系是生产领域的核心内容。

简单地讲，生态工业体系是具有较高生态效率，或者说是资源消耗少、经济效益高、污染排放低的工业体系。根据已有的知识、技术手段和实践经验，生态工业体系的建立可以通过三个层面的实践来实现。

第一，企业层面以清洁生产为核心的"小循环"。生态工业体系内的所有企业必须是实行了清洁生产的企业，它是生态工业体系的基本单元。

第二，生态工业园区的"中循环"。广义的生态工业园区有两种，一种是由企业集群形成的物理园区，园区内以资源和能量流连接成不同的循环。中国目前正在试点示范的大部分园区属于该类型。另一种是园区中既有企业群，也有社区，而且企业群之间并不一定有天然的物质依赖关系。对于这一类园区的建设，中国需要创新观念和标准，把握园区内基础设施和公共资源（如水）与能源的共享，每个企业实现持续改进的清洁生产和环境管理体系，园区整体生态效率最大等循环经济的关键内容即可，不能不顾客观条件和违背市场规律去人为地连接物流和能量流"循环圈"。

第三，生态工业网络。在理论上，企业实行了清洁生产后，并不一定能在企业内部将其所有废物取得社会意义上的最大化再利用，必然会有一部分可以为其他企业以成本有效的方式利用，并有一部分排向环境。在现实中，也不可能将所有实行清洁生产后的企业的剩余有用废物进行利用，构建连接所有企业的物质能量链。因此，就必须通过建立工业废旧资源再生利用产业来消化这部分废物，同时，建立废物无害化产业安全处置那些在现有技术经济条件下无法利用的废物，连接所有企业，形成生态工业网络，或者称虚拟生态工业园。

针对目前中国工业产业结构特点，在建设生态工业体系时，需要优先选择高能耗、高污染的行业，重点研究循环经济发展的适用技术，探索行业发展模式。这些行业包括冶金、煤炭、石油、石化、化工、建材、造纸、食品等。

农业生产领域发展循环经济应加强生态农业体系建设，积极调整农业生产布局和产品结构，大力推广环境友好的生态型农产品，综合利用秸秆，利用和处理处置好畜禽粪便，大力发展沼气工程，解决农村能源问题，促进农业生态系统的物质、能量的多层次利用和良性循环，实现经济、生态和社会效益的统一。未来的发展重点是要完善相关法律法规和激励政策体系，在已有模式的基础上，按照循环经济的理论要求和国家发展战略要求，扩大生态农业的规模，提升各种模式的水平。

总体上，生态工业和生态农业是发展循环经济的"源头"，对经济发展水平和科学技术进步的程度依赖性强，短期内不可能有效地全面实践，但可以有重点地循序推进。相比较，根据发达国家经验，消费领域是发展循环经济的"助推器"，是重要的战略环节。

2. 消费领域

生产与消费互为因果。发达国家经验表明，消费领域废弃物的回收和再利用环节，一方面可以向生产领域源源不断地提供大量的再生资源，减轻末端处理压力，拉长产业链，创造新的就业机会；另一方面可以通过生产责任者延伸制度使企业强化对资源的减量化、再利用、再循环和无害化。另外，从技术经济可行性看，消费领域废弃物的再利用环节在中国更容易取得突破性进展。

在消费领域，中国可以大力推进的循环经济抓手有四个方面。一是，环境标志、有机食品和节能产品认证。二是，生态节能建筑建设和绿色社区创建。三是，倡导大众绿色消费，利用财政、税收等经济手段，鼓励公众绿色消费，如对经过认证的绿色产品的生产和消费实行税收优惠，而对浪费资源、危害环境的产品征收高额惩罚性税收等。四是，政府绿色采购。从政府绿色采购所涉及的主体较单一、政府有义务发挥表率作用等特点和发达国家的经验看，开展政府绿色采购应成为中国近期开展循环经济的重要举措之一。

3. 废旧资源综合利用产业

废旧资源综合利用产业是循环经济发展领域中的重点产业，属于节点产业，具有特殊的意义。发达国家循环经济的核心内容就是发展废旧资源综合利用产业，如日本的生态园区建设等。对中国来说，废旧资源综合利用产业也是循环经济体系中的重要一环。

废旧资源综合利用在中国具有较长历史，形成了一定的规模，产生了不小的经济效益、环境效益以及社会效益。据统计，目前中国钢、铜、铝、铅、纸等主要物资中，以再生资源作为原料的比例分别占到了 20%、25%、16%、18% 和 50% 以上。

根据测算，相对于开采矿山产生的废矿，每年多回收利用 1 吨再生资源，相当于减少 4 吨生活垃圾的产生量，节省了因垃圾大量填埋而占用的宝贵土地资源，减少了对环境的污染。除了经济效益和环境效益外，废旧资源综合利用产业还可以产生社会效益，通过新兴产业，创造就业机会，解决就业问题。

美国再制造业 2005 年安排就业 100 万人。研究表明，再制造业、再循环产业每产生 100 个就业岗位，采矿业和固体废弃物安全处理业将失去 13 个就业岗位，两者相比，可以看出再制造、再循环产业创造的就业机会远大于其减少的就业机会。

但目前中国该产业的总体情况仍是规模小、回收体系不健全、政策不配套、产业化程度低、利用水平和附加值低。在市场经济转轨过程中，这一情况有所加剧，特别是在生活垃圾的回收和再利用方面问题突出。随着中国逐渐进入消费型社会之后，一些新的废弃物如包装物、家电和办公电子用品、汽车和建筑材料等问题已开始凸显，而且也是可以大有作为的领域。所以，壮大中国废旧资源再利用产业是推动中国循环经济发展的一个重要抓手。

4. 区域层面循环经济发展模式

区域层面的循环经济发展模式是以上两个重点领域和四个产业体系循环经济实践的有机组合。目前在区域层面上的循环经济发展模式基本上都是与生态市、生态省建设紧密结合在一起的，也就是说，在实践中，以循环经济理念和方法为指导思想，以生态市和生态省建设为载体，共同推动区域经济发展方式的转变，迈向可持续发展。

循环经济作为一种新的经济发展模式，是按照"减量化、再利用、再循环、无害化"原则对社会生产和再生产活动中的生产、流通和消费等环节进行物质流动方式和资源能源效率调控，建成具有高生态效率和可持续性的经济发展模式，是一个经济范畴的概念。

生态省或生态市是一个生产发展、生活富裕、生态环境良好的区域，是一个有丰富和特定内涵的空间概念，它标志着在一定发展阶段下，一个区域全面实现了可持续发展的目标。

以生态城市为例，分析区域循环经济的发展模式和相互关系。循环经济是生态城市的一个重要组成部分，即区域中的经济系统，由产业体系和消费体系共同构成，但不是全部；生态城市还包括社会系统、生态环境系统、基础设施系统等。仅有"资源能源消耗低、经济效益高、环境负荷小"的循环经济系统并不能实现可持续发展的全部目标或生态城市目标，还需要完善和高效的基础设施体系（或符合循环经济原理的城市功能系统）、优美的生态景观、高素质的人口、公平的社会体系等来支撑。同样，仅有良好优美的生态环境和公平的社会体系（如古代城市）的城市也不是生态城市，生态城市还要有发达的经济、高水平的生活质量和完善的社会公共服务体系，特别是要实现经济与环境的协调发展，而要实现这种协调发展就必须走循环经济的发展道路。否则，"高消耗、低效益、高排放"的经济系统会制约城市的生态环境系统、基础设施体系和社会系统的健康发展，生态城市的目标也就无法实现。所以，发展循环经济是生态城市建设的核心内容，是重要抓手，有了循环经济理念和循环经济体系，城市将以最节约和高效的方式运行，或者说以最节约和高效的方式建成生态城市。因此，区域层面的循环经济发展模式，其重点在于改造和重构区域消费系统、区域产业系统，使区域的经济活动主体向生态化方向转型。自然生态系统是区域生存和发展的基本物质基础。城市功能系统（城市基础设施建设）同样也是维持城市区域正常运转的重要支撑系统，可以将循环经济理念和方法渗透到城市功能系统的方方面面。社会系统是城市服务的对象，又是城市管理和发展的机体，循环经济发展的最终目标是以人为本，为社会系统服务。上述几个系统中，经济系统和生态环境系统是循环经济发展的主体，区域循环经济发展以解决经济增长与资源环境的矛盾为主线，是"经济与环境"的二维概念。当然，循环经济可以直接或间接产生一部分社会效益，如就业问题，但它解决不了社会分配、公平和保障等问题，这正是可持续发展三大支柱之一社会方面关心的核心问题，这也是循环经济发展模式与可持续发展模式的基本区别，即可持续发展是三维的，循环经济是二维的。因此，目前中国区域循环经济发展应紧紧抓住两个领域，改造和完善四个产业体系。

第二节　循环经济发展模式的政策支持探析

一、中国发展循环经济的政策需求评价

（一）总体评价

总体上看，中国的循环经济在经过理念倡导和国家决策两个阶段后，在中央和省市地方政府及部分企业层面，基本上解决了为什么要发展循环经济的问题，也部分地回答了什么是循环经济的问题。从 2005 年进入全面试点示范阶段后，特别是《循环经济促进法》实施后，中国推动循环经济发展就遇到了怎么做的问题。这一问题有两个方面的含义：一是，政府制定什么样的政策来推动循环经济实践；二是，政府如何指导，或者企业等实施主体如何具体发展循环经济，即遵循什么样的实践方法和模式。

对于中国发展循环经济的政策问题，诸多研究者将政策作用的主体、政策手段选择和循环经济的主要环节结合起来，提出了包括三种机制和三种政策工具的发展循环经济的政策体系。三种机制是现代政府——国家行政机制、企业——市场机制、非政府组织与公众——社会机制；三种政策工具是规制性政策、市场性政策和参与性政策。行政机制体现着政府自上而下的努力；社会机制可以促进非政府组织自下而上的努力；市场机制则可以激励营利性组织横向的努力。

按照政策作用的对象和性质，任勇等人的研究认为，中国循环经济政策体系应由基本政策（basic policy）、核心政策（core policy）、基础政策（Fundamental policy）和宣传教育政策组成。基本政策是促进循环经济发展的最根本的和普遍适用的指导政策，统领核心政策、基础政策和宣传教育政策。核心政策是直接推动循环经济重点实践领域（如企业清洁生产、生态工业园区和废弃物循环利用等）的政策，核心政策的形式可以分为法律法规及标准、经济激励政策和行政监管制度等。基础政策是为循环经济重点领域的实践创造良好制度环境的政策，如国家宏观经济（产业）政策，国家价格、税收、金融和产权等基本经济制度，国民经济核算、干部政绩考核等绩效考核政策。

任勇等人的研究进一步指出，中国目前制定循环经济政策的重点是核心政策，因为现有涉及清洁生产、废弃物循环利用的政策普遍薄弱，生态工业、生态农业、绿色服务业及绿色消费等方面的政策存在结构性的缺位，条件成熟时可以制定类似日本《建设循环型社会基本法》的法律法规等作为循环经济基本政策。2005年发布的《关于加快发展循环经济的若干意见》可以发挥基本政策的作用，基础政策的改革是一个漫长的过程，需要逐步完善。

由联合国环境规划署（UNEP）资助，德国乌珀塔尔研究所可持续消费与生产研究中心（Wuppertal）和中国国家环保总局环境与经济政策研究中心（PRCEE）联合在循环经济试点市贵阳市开展的一项问卷调查结果显示，影响当地循环经济发展的障碍有四个：资金、技术、实践经验和知识、立法和政策。在政策方面，大部分被调查者认为，管理手段和经济手段是推动循环经济的重要政策工具；信息和教育等手段迄今为止发挥的作用并不大；决策层应该综合使用多种政策手段，如管理、经济、信息、教育和合作等手段（Wuppertal等，2006）。综合考虑中国循环经济发展阶段、试点内容、新的政策动向和上述已有研究成果四个方面的因素，中国目前在国家层面需要制定的循环经济优先政策或紧迫的政策需求有两个方面：一是，发挥《循环经济促进法》的作用；二是，制定直接针对循环经济实践（试点）重点领域的具体政策，特别是经济激励政策。

关于循环经济发展模式，中国目前初步摸索出了在企业微观层面和产业园区层面上发展循环经济的具体做法；在社会层面，也找到了建立废弃物回收、再利用和资源化产业等重要抓手。但如何根据循环经济原理，处理企业微观层面和产业园区层面上的关系，建立完整的循环经济产业体系仍是一个新问题。它既是方法和模式问题，也包含着政策问题。

在循环经济发展处于从理念倡导和试点示范向全面推进的关键时期，政策就成为决定性的因素。建立和完善循环经济政策体系有两条途径：一是，梳理和整合现有的有利于循环经济发展的政策；二是，制定新的政策。从二者的关系和实际工作需要看，梳理和整合是当务之急，更是基础。

（二）促进中国循环经济发展的重点经济政策模拟结果分析

1. 循环经济发展重点经济政策模拟方法

根据以上分析，本研究选择三类重点经济政策，采用静态 CGE 模型，进行了定量模拟和分析：资源价格政策模拟，主要分析了短缺型的基础资源提价对资源消费和宏观经济增长速度的影响；税收政策模拟，主要分析了对资源增加赋税而产生的资源节约效果和对宏观经济增长速度的影响；环境税政策模拟，主要分析了对环境使用进行征税，如增加二氧化硫排放税、二氧化碳排放税、污水排放税、固体废弃物排放税等对环境的影响效果和对宏观经济的影响。

本研究主要采用 CGE 模型进行政策效果的模拟分析。研究参考了戴维斯等人关于 CGE 模型的专著和张中祥的中国经济 – 能源 – 环境政策分析 CGE 模型，结合中国二元经济的特点，建立了一个用于中国环境政策分析的 CGE 模型。这个模型通过对各经济主体在一个时期内的行为方程设定，运用各种均衡机制将这些经济主体联系起来，形成一个以微观经济理论为基础的宏观经济模型。模型由以下八个方面构成。

第一，是生产函数。我们设定：在各种产品生产中，资本、劳动力和综合中间投入之间有替代性各项中间投入之间一般没有替代性；煤炭投入和石油加工品投入之间有替代性。我们用多层嵌套的 CES 函数和 Leontief 函数描述包含这些内容的各生产部门的产出与投入之间的关系。

第二，是要素需求。由利润最大化导出各生产部门的劳动需求和中间投入需求。关于资本需求，我们假定在任何一年，各部门现有的资本存量不能在部门间流动。因此，在基年（2002 年），各生产部门的资本存量是既定量。

第三，是价格。在该 CGE 模型的基本版中，所有产品价格由竞争市场决定；在修改版中，部分产品（煤炭、石油、石油加工、煤气、电）价格由政府决定。无论是基本版还是修改版，每种商品的生产者价格是唯一的，不因该商品的使用者不同而异。

第四，是收入。居民收入由工资、资本收益以及政府的转移支付等组成。政府收入主要来自对居民和企业的所得税，对国内产品的生产税，对进口品的关税。

第五，是消费。模型假设城、乡居民消费支出各占其可支配收入的固定比例；消费需求的结构由预算约束下的效用最大化决定；效用函数采用 Cobb-Douglas 效用函数。政府消费需求总量作为外生变量处理；政府消费结构不同于居民消费结构，但二者的决定方式相同。

第六，是储蓄和投资。各经济主体的可支配收入减去消费，就是他们的净储蓄。模型假定投资总额（固定资产投资加存货变动）等于储蓄总额（净储蓄加折旧）。各部门固定资产投资占总固定资产投资的比例，等于各部门利润额占总利润额的比例。存货变动总量和结构作为外生变量处理，取 2002 年的实际值。

第七，是国际贸易。描述各种可进行贸易商品的进口和出口。该 CGE 模型接受 Armington 假设：国内产品与进口产品之间有差异，不能完全替代。同时，模型假设：进口品和出口品的世界平均价格由外在设定，中国处于价格接受者的地位。

第八，是市场结清和宏观平衡。一般均衡要求商品市场结清、要素市场结清。需要特别指出的是，劳动市场的结清并不意味着本模型必然是充分的就业模型；我们的模型把劳动总量作为外生变量处理，模型中的进出口差额与汇率有关；我们把汇率作为内生变量，把进出口差额作为外生变量（也可以反过来，把汇率作为外生变量，把进出口差额作为内生变量）。

需要指出的是，这个 CGE 模型是一个体系庞大的经济模型，但它仍然是一个基本的模型，根据不同的政策作用机制，还需要对这个基本的 CGE 模型进行拓展和改进。

2. 循环经济发展重点经济政策模拟结果

（1）资源税模拟结果

本研究的资源税设计方案考虑了两种资源税：综合能源资源税（包括煤炭资源税和石油资源税）和综合矿产资源税，征收方式是对资源开采部门、按资源开采量（产量）征税。模型分析了 10% 和 20% 两种能源和矿产综合资源税对宏观经济的影响以及对煤炭、石油、金属矿产、非金属矿产资源的生产与消费的影响。从分析结果可以看出，资源税通过市场价格机制的调节作用，可较大幅度降低资源消费和国内资源消耗，对 GDP 只有很小的负面影响。征收税额为煤炭石油不变价产值 20% 的煤炭石油综合资源税，可降低 6.4% 的煤炭消费；降低 8.9% 的国内煤炭资源消耗；降低 10.2% 的国内石油资源消耗，而 GDP 降低不到 0.1%。征收 20% 的综合矿产资源税，可降低 11.75% 的国内金属矿资源消耗；降低 8.13% 国内非金属矿资源消耗；使金属矿物产量下降 11.75%；使非金属矿物产量下降 8.13%。所以，资源税是达到节约资源目的的良好政策工具。

（2）提高资源价格政策模拟结果

为了与前面的资源税做比较，本研究提出了资源价格提高方案：煤炭价格提高18.5%，石油天然气价格提高6.6%，煤气价格提高5.8%，石油加工品价格提高5.0%，电力价格提高3.2%。此方案接近20%的煤炭石油综合资源税对这5种产品价格的影响。

分析表明，适当设计的煤炭、石油等产品的提价方案所产生的节约资源效果，与相应的资源税所产生的节约资源的效果大体相同。但是，二者在对社会分配的影响方面有很大不同，资源税使政府收入增加（1 250亿元），其他经济主体收入减少；提价方案使居民收入减少，其他经济主体收入增加，提价负担从总体上看全部落在了居民身上。虽然两者存在着对社会分配影响的差异，但重要的是两者都将有效节约资源，达到提高资源作用效率作为目的。同时，提高资源价格还将导致高服务成本（包括交通、劳动力等），这也将促进资源效率的提高。因此，提高资源价格是一种更为有效的经济手段。

（3）排污费模拟结果

本研究用CGE模型研究了征收二氧化硫排放费、废水排放费、固体废物排放费对经济的影响。

二氧化硫排放费的经济影响主要是改变收入分配格局：政府收入上升，其他经济主体收入下降。二氧化硫排放费通过价格对硫排放量的影响很小（每吨2 000元的硫费率，使工业部门二氧化硫减排不足0.4%）。如果政府把硫费收入用于购建二氧化硫治理设备，可显著提高治硫能力（每吨2 000元的硫费率所得到的硫费收入，如果全部用于购建二氧化硫治理设备，可增加35.5%的治硫能力，可减少18.3%的二氧化硫排放）。

废水排放费的经济影响主要是改变收入分配格局：政府收入上升，其他经济主体收入下降。废水排放费通过价格对废水排放量的影响很小。如果政府把废水排放费收入用于购建废水治理设备，可大大提高废水治理能力（每吨3元的废水排放费率所得到的排放费收入，如果全部用于购建废水治理设备，可增加50.3%的废水处理能力）。

固体废物排放费对宏观经济的影响主要有：GDP有微小的下降；政府收入上升，其他经济主体收入下降；投资上升，消费下降。固废排放费通过价格对整个工业部门固体废物排放量的影响不是很大，对金属矿采选业固体废物排放量的影响较大（每吨50元的固体废物排放费率，使整个工业部门固体废物减排2.2%，使金属矿采选业固体废物减排 4.2%）。

排污费的经济影响主要是改变收入分配格局：政府收入上升，其他经济主体收入下降，对 GDP 的影响很小。排污费通过价格对废物排放量的影响不大。排污费只对少数几个部门的产量和价格影响较大或稍大，对其他（大多数）部门的产量和价格影响不大。如果政府把排污费收入用于购建污染治理设备，可显著提高治污能力。

二、中国促进循环经济发展的政策构成

近年来，中国循环经济发展所涉及的范围不断扩展，涉及农业、工业和第三产业，资源、能源使用，环境保护等多个领域，成为对传统经济发展模式的一种变革，要求在保证经济发展的同时，提高资源能源使用效率，降低环境污染水平，走人与自然和谐发展的道路。现阶段，中国循环经济实践的重点领域集中在废旧资源综合利用及相关环保产业、生态工业、资源能源开发利用、生态农业和环境友好型产品五个方面。

（一）废旧资源综合利用及相关环保产业政策

废旧资源综合利用产业是生态工业内部和生产与消费领域间的连接产业，是循环经济体系中的重要产业，是目前发达国家循环经济发展的重点领域，在日本被称为"静脉"产业。中国废旧资源综合利用产业发展历史较长，大致经历了两个阶段。第一阶段是从解放初到 20 世纪 70 年代，由私有、公私合营回收利用体系逐渐发展为公有制下的、分别由物资部门和供销社管理的废旧物资回收利用两大系统。第二阶段是改革开放后，国营回收利用体系逐渐衰落，民营企业和无组织的"拾荒大军"突起。该阶段的另一个重要特征是环保产业逐渐发展壮大，形成包括废旧资源综合利用或者相互交叉的较大产业体系。所以，国家的相关政策既包括一般废旧资源（也称废旧物资）的回收利用，也涉及工业和生活废弃物的回收、利用和安全处置等方面。

国家一直重视废旧资源综合利用及环保产业发展。从 20 世纪 80 年代开始，国务院、国家发改委（原计委）、原国家经贸委、财政部、税务总局、中国人民银行等先后发布了 20 多个政策文件。从政策结构可分为指导性政策和经济激励性政策。

1. 指导性政策

严格地讲，中国没有针对资源综合利用和环保产业的法律法规，多属产业指导性政策，但环境保护法律法规，特别是《中华人民共和国固废法》和《中华人民共和国水污染防治法》对促进环保产业的发展发挥了重要的促进作用。

（1）关于产业发展地位和方向的规定

1985 年，国务院批准了国家经贸委《关于开展资源综合利用若干问题的暂行

规定》，要求社会各领域积极开展资源综合利用活动，并出台了《资源综合利用目录》，其中包括了工业"三废"的回收利用；工矿企业余热、余压和低热值燃料（煤矸石、石煤等）生产的热力与电力；用林木采伐、造材截头和加工剩余物生产的产品等。1989 年，国务院发布了《关于当前产业政策要点的决定》，将环境保护和能源利用列为国家产业的重点。根据该决定，国务院环保委员会又制定了《关于环境保护产业发展的若干意见》，出台了《环保产业发展目录》。1991 年，国务院将能源科学和新能源、高新节能技术、生态科学和环境保护技术划定为高新技术。1992 年，国务院环保委员会对促进环保产业的发展又提出了若干措施，并以通知的形式发布。

到 1996 年，国务院批准了国家经贸委等部门《关于进一步开展资源综合利用意见的通知》，该通知是对 1985 年《关于开展资源综合利用若干问题的暂行规定》的深化，从适应经济增长方式的转变和实施可持续发展的战略高度，对资源利用、废弃物综合利用和无害化处理提出了更高的要求。同时对 1986 年修订的《资源综合利用目录》进行了增补，扩大了资源综合利用的范围和领域，对固体废弃物、废水（液）、废气等提出了综合利用的要求。

进入 21 世纪，为落实科学发展观，加快建设资源节约型社会，推动循环经济发展，解决全面建设小康社会面临的资源紧张和环境压力问题，保障国民经济持续快速协调健康发展，2003 年国务院办公厅发布了《关于开展资源节约活动的通知》，将"三废"综合利用和相关环保产业技术的发展摆到了更高的战略地位。同年，国家发改委修订了《资源综合利用目录》。

（2）关于产业发展机制的要求

20 世纪 80 年代以后，中国废旧物资行业的经营管理机制发生了较大变化，这种变化一方面体现在行业经营主体上，早期的国营回收体系逐渐衰退，民营环保企业和"拾荒大军"逐步成为该行业的重要角色；另一方面随着投资主体的变化，行业的管理机制也由政府计划型过渡到市场机制为主导。1992 年国务院环境保护委员会印发的《关于促进环境保护产业发展若干措施的通知》中明确指出，"要把生产和开发环保产品和提供服务的企事业单位推向市场，供需结合、有偿服务、平等竞争、优胜劣汰，把环保产业纳入社会主义市场经济的轨道。"《环保产业发展"十五"规划》中也要求，"坚持以市场为导向、以科技为先导、以效益为中心、以企业为主体的原则，加强政策引导，依靠技术进步，培育规范市场，加强监督管理，逐步建立与社会主义市场经济体制相适应的环保产业宏观调控体系，统一开放、竞争有序的环保产业市场运行机制。"

垃圾和污水处理是资源综合利用和环保产业体制与机制转型中最后涉及的领域，也是最难的领域。为此，从 2002 年开始，国家发改委、建设部、环保总局、财政部等部委就垃圾和污水收费及产业化、市场化等发展问题联合发布了几个重要指导意见，对加快环保产业特别是污水和垃圾处理体制和机制转型发挥了重要的推动作用，吸引了社会投资主体，引入了市场运作机制。在许多城市，市场化既解决了污水和垃圾处理设施建设的资金短缺问题，也提高了处理的质量和效率。目前，国家已将污水和垃圾处理市场化纳入到整个公用事业体制改革框架之中。

（3）规划引导

为贯彻落实《国民经济和社会发展第十个五年计划纲要》，在研究分析环保产业现状及发展趋势的基础上，国家制订了《环保产业"十五"规划》，提出"十五"期间环保产业年均增长率要达到 15%，自主研发具有国际先进水平的环保技术和产品，淘汰技术落后的环保产品，形成 3～5 家具有国际竞争力的环保产业大公司和企业集团，提高环保产业社会化服务水平等目标；把大气污染防治领域、水污染防治领域、固体废弃物处理处置领域、节水技术和设备、资源综合利用、环境服务等十个领域作为环保产业发展的重点发展领域；并提出了制定和完善环保产业政策，依靠技术进步，加强监督管理，培育和规范环保产业市场，探索建立适应社会主义市场经济体制要求的环保产业发展机制等措施。

2.经济激励政策

20 世纪 90 年代，中国发布了不少关于废旧资源综合利用的经济激励政策，涉及税收优惠、处理处置收费和信贷支持等方面。

（1）税收优惠政策

它是废旧资源综合利用产业政策的重点，并在近些年不断得到加强和延续。在所得税方面，财政部和国家税务总局 1994 年发布的《关于企业所得税若干优惠政策的通知》中规定，企业利用废水、废气、废渣等废弃物为主要原料进行生产的，可在五年内减征或者免征所得税，优惠范围参考 1985 年发布的《资源综合利用目录》；此外，对国务院批准的高新技术产业开发区内的高新技术企业，按 15% 的税率减征所得税，新办的高新技术企业自投产年度起，免征所得税两年。

1994 年，国家税务总局和国家计委还发布了《关于固定资产投资方向调节税资源综合利用、仓储设施税目税率注释的通知》和《关于固定资产投资方向调节税城市建设类税目注释的通知》，对资源综合利用，特别是污水处理厂、垃圾处理厂和转运站适用投资方向零税率的范围做了详细规定（该项政策目前已废止）。

在增值税优惠方面，从 1995 年开始，国家先后发布 5 个通知。1995 年，财政

部和国家税务总局下发了《关于对废旧物资回收经营企业增值税先征后返的通知》，要求在 1995 年内，对从事废旧物资经营的增值税纳税人，按现行规定计算交纳增值税后，实行增值税先征后返，按已入库增值税额的 70% 返还企业。1997 年，该项政策以另外一个通知的形式得以巩固和加强。

对于综合利用产品的增值税问题，财政部和国家税务总局在 1995 年发布了《关于对部分资源综合利用产品免征增值税的通知》，对企业生产原料中掺有不少于 30% 煤矸石、石煤、粉煤灰、烧煤锅炉的炉底渣的建材产品，对企业利用废液（渣）生产的黄金、白银，在 1995 年内免征增值税。1996 年，另一个类似的通知要求继续执行该项政策。到 1998 年，《关于部分资源综合利用及其他产品增值税政策问题的通知》对该政策做了些调整，规定利用石煤生产的电力按增值税应纳税税额减半征收，对燃煤电厂烟气脱硫副产品实行增值税即征即退的政策等。

对于污水收费的增值税征收问题，财政部和国家税务总局 2001 年下发的《关于污水处理有关增值税政策的通知》中规定，对各级政府及主管部门委托自来水厂（公司）随水费收取的污水处理费，免征增值税。

此外，资源综合利用和环保产业可以享受有关高新技术、企业技术研发、国产设备投资等方面的税收优惠政策。1991 年，国家将能源科学和新能源、高新节能技术、生态科学和环境保护技术划定为高新技术，国家认定的高新技术开发区内的这些企业可以享受《国家高新技术产业开发区若干政策的暂行规定》和国家税务局制定的《国家高新技术产业开发区税收政策的规定》中的优惠政策，如高新技术企业生产的出口产品，除国家限制出口或另有规定的产品以外，免征出口关税。

（2）信贷支持政策

严格地讲，中国没有发布专门针对废旧资源综合利用和相关环保产业的信贷支持政策。但 1995 年中国人民银行下发的《关于贯彻信贷政策与加强环境保护工作有关问题的通知》（以下简称《通知》）对环保产业的发展有一定的积极推动作用。《通知》要求，各级金融部门对国家明令禁止、不符合环境保护规定的项目和企业不得发放贷款，并收回已发放的贷款；对国家严格限制的行业，必须通过环保部门的审核后，金融机构才能为企业提供贷款；对于环境有利、治理污染的企业要予以积极的贷款支持，从多层面推动环保产业的发展。

（3）处理处置收费政策

20 世纪 90 年代以后，在中国废旧资源综合利用，特别是相关环保产业的发展政策中，具创新意义的是对城镇生活污水和垃圾开征处理处置费。1999—2002 年，相关各部委先后联合发布了 3 个有关征收生活污水和垃圾处理费的通知。这项政策

的意义不仅在于为城市政府筹集污水和垃圾处理资金开辟了一个新的渠道，而且为建立一个新的市场，吸引民间资本进入，壮大环保产业创造了前提条件，同时也对中水回用和垃圾深度综合利用发挥了重要的激励作用。

（二）生态工业政策

在中国现行的工业政策体系中，产业结构调整政策、生态工业园区建设和清洁生产政策是促进工业体系生态化的重要政策要素。目前，从这些政策的构成和内容看，生态工业园区政策基本缺位，是今后建立和完善的重点环节；产业结构调整和清洁生产政策在 2004 年取得了重要进展，基本可以满足目前循环经济发展的要求，今后一段时间的重点是切实落实好这些政策。

（三）产业结构调整政策

从"九五"开始，中国将产业结构调整摆到了转变经济增长方式的战略高度，制定了许多重要政策。产业结构调整的核心任务是产业结构升级，围绕这一任务，中国加速发展了资金、技术相对密集的产业和装备工业、高新技术产业，并积极使用新技术改造传统产业，也就是通过产业技术的升级来实现产业结构的战略性调整。在鼓励新产业发展和改造落后产业方面，原国家计委、原国家经贸委先后发布了《当前国家重点鼓励发展的产业、产品和技术目录（2000 年修订）》和《淘汰落后生产能力、工艺和产品的目录（第一批、第二批、第三批）》，对引导投资和政府投资管理部门管理投资项目发挥了重要的指导作用。仅 1999 年的第一批淘汰目录就淘汰了违反国家法律法规、生产方式落后、产品质量低劣、环境污染严重、原料和能源消耗高的 10 个行业的落后生产能力、工艺和产品，共 114 个项目。特别是按照国务院《关于环境保护若干问题的决定》要求，全国关闭了 8.4 万家严重浪费资源、污染环境的小企业；淘汰了一批落后的生产能力和设备，限制发展了一批高物耗、高污染的产业，促进了传统产业的技术改造。经济增长方式的转变和结构调整明显地提高了产业的资源能源所用效率，降低了污染排放强度。1990—2000 年，中国 GDP 万元产值能耗由 5.32 吨标准煤下降到 2.77 吨标准煤，年均节能率接近 5%，能源效率由 1980 年的 25% 上升到目前的 34% 左右。据统计，1981—2000 年，全国累计节约能源 10 亿吨左右标准煤，对控制大气污染发挥了重要作用。按照中国 1990 年消耗每吨标准煤排放 0.58 吨二氧化碳、0.023 吨二氧化硫计算，这一时期相当于减少排放约 5.8 亿吨二氧化碳、约 2 300 万吨二氧化硫。

目前，国家发改委新制定的《产业结构调整方向暂行规定》（以下简称《暂行规定》）正在向社会征求意见。根据《暂行规定》，产业结构调整的目标是：按照 5 个统筹的要求，推进产业结构优化升级，逐步形成以高新技术产业为先导、基础产

业和制造业为支撑、服务业全面发展的产业格局，提高产业整体国际竞争力。产业结构调整的原则是：坚持以人为本和科学发展观，促进国民经济持续、快速、协调、健康发展；坚持以信息化带动工业化，以工业化促进信息化，走科技含量高，经济效益好，资源消耗低，环境污染少，人力资源得到充分发挥的新型工业化道路。

根据《暂行规定》，产业结构调整的方向和重点是：有选择、有重点地加快发展信息产业、新材料和生物技术产业等高新技术产业。以增强产业整体素质为核心，加快产业技术装备升级；以加快对传统产业的改造作为实施"信息化带动工业化"的突破口，鼓励运用高新技术和先进适用技术改造和提升机械、汽车、钢铁、石化、有色金属、煤炭、轻工、纺织、建材等传统产业，促进传统产业技术升级；坚持在推进工业化的同时实现经济与人口、资源、环境的协调发展，转变经济增长方式，依靠科学技术、降低消耗，防治污染，提高资源利用效率，切实保护生态环境；支持推广采用节能、降耗、节水、环保的先进技术设备和产品，强制淘汰消耗高、污染大、质量差的落后生产能力、工艺和产品。

围绕《暂行规定》，制定了新的《产业结构调整指导目录》（以下简称《目录》）。《目录》分为鼓励类、限制类和淘汰类。列入鼓励类目录的原则是：国内有从研究开发到实现产业化的技术基础，有利于技术创新，形成新的经济增长点；当前和今后一个时期有较大的市场需求，发展前景广阔，有利于提高短缺商品的供给能力，有利于开拓国内外市场；有较高技术含量，有利于促进企业采用新工艺、新技术和产业技术进步，提高产业竞争力；符合可持续发展战略，有利于资源节约和综合利用，改善生态环境；有利于发挥中国的比较优势，特别是中西部地区、东北等老工业基地的能源、矿产资源和劳动力资源等优势；有利于扩大就业，增加就业岗位。列入限制类目录的原则是：生产能力严重过剩，新上项目对产业结构没有改善；工艺技术落后，已有先进、成熟工艺和技术替代；不利于节约资源和保护生态环境。列入淘汰类目录的原则是：严重危及生产安全；环境污染严重；产品质量低劣；原材料和能源消耗高。

在政策措施方面，《暂行规定》也做出了实质性的规定。对鼓励类投资项目：在投资总额内进口的自用设备，除《国内投资项目不予免税的进口商品目录》和《外商投资项目不予免税的进口商品目录》中所列商品外，免征关税和进口环节增值税；对设在西部地区鼓励类产业项目营业收入占企业总收入 70% 以上的企业，在 2010 年以前，按减 15% 的税率征收企业所得税。对限制类投资项目：各级政府投资主管部门要严格按照有关投资管理的规定进行核准；对未经核准的限制类投资项目，政府不予投资，各银行、金融机构不予贷款，土地管理、城市规划、环境保护、消防、海关等部门不得办理有关手续；凡违背规定进行投融资建设的，要追究有关人员的责任。对淘汰类项目，禁止投资：各地区、各部门和有关企业要制订规划，采取有力措施，限期坚决淘汰；一律不得进口、转移、生产、销售、使用和采用淘汰的生产能力、工艺和产品；对不按期淘汰落后生产能力、工艺和产品的企业，有关部门要限令其停产，属取证产品的，质检等部门要取消其生产许可证，工商行政管理部门要吊销其营业执照，有关金融机构要停止贷款；对情节严重者，要依法追究直接负责的主管人员和其他直接责任人员的法律责任。

总体上看，《产业结构调整方向暂行规定》符合全面协调可持续科学发展观和走新型工业化道路的要求；是全面建设小康社会新形势下中国产业结构调整的重要政策创新，对促进产业生态化有重要的推动作用。

（四）生态工业园区建设政策

从严格意义上讲，中国生态工业园区还没有建立起相关配套政策，原国家环保总局只是发布了启动和规范试点的管理规定，《国家生态工业示范园区申报、命名和管理规定（试行）》和《生态工业示范园区规划指南（试行）》是生态工业园区作为生态工业的重要政策依据，国家应高度重视并制订相关政策，具体方向如下。

1.将现有生态工业示范园区提升为国家示范园区，扩大示范数量，给予资金和税收优惠

目前的生态工业示范园区虽然被冠以国家生态工业示范园区的名称，却仍是由环境保护部审批和命名的。这种部门性质的示范，难以配套相应的国家扶持政策，仅靠地方的积极性和能力，以影响到示范园区发展的速度和质量。因此，非常有必要将生态工业示范园区提升为国家示范园区，由国务院审批，委托环境保护部及经济主管部门共同管理。按照地区和产业类型，扩大示范园区的数量和覆盖面。在园区建设上，以市场机制为基础，在国债资金、信贷和税收优惠等方面国家给予支持，至少与经济技术开发区和高新技术产业园享受同等政策。

2.在鼓励建设新的生态工业园区的同时，重点要放在将现有各类经济开发区，特别是经济技术开发区和高新技术产业园区改造成生态工业园

经济技术开发区是中国在改革开放初期，在一定的区域内建立起来的劳动密集型开发区，主要侧重于经济发展"量"的扩张，以解决当时经济大发展的迫切需要。目前，经国务院批准的经济技术开发区有54个，地方批准的有一大批。高新技术产业园区是为了提高经济发展的技术含量，在一定区域内建立起来的技术密集型开发区，主要侧重于经济发展"质"的提高。目前，经国务院批准的高新技术产业园区有53个。经过较长一段时间的快速发展，中国国家级经济技术开发区和高新技术产业园区，以及部分地方建立的相关园区，都已发展成为带动当地经济增长和技术扩散的龙

头，代表着中国产业技术和经济发展的最高水平。按照产业转型升级的一般规律，这些园区的下一步发展方向必然是以降低资源能源消耗、提高经济产出、减少污染排放、提高生态效率为核心的产业生态化。所以，在走新型工业化道路的大背景下，国家要抓住园区产业升级和转型的必然规律和历史机遇，积极引导，将现有国家经济技术开发区和高新技术产业园区及部分地方政府建立的相关园区逐步改造成生态工业园区。

3. 制定生态工业园区标准，建立奖励制度

全面示范和建设生态工业园区，研究和制定衡量标准至关重要，其关系到生态工业园发展的方向和水平。标准制定应采用国际上广义生态工业园区的概念，不要仅局限于产业（企业）间的物质和能量的共生关系链（如卡伦堡模式）。只要园区内所有的产业及社区在基础设施、水和能源等基础性资源方面实现共生，废物实现开放式循环利用，个体和园区整体的生态效率达到最高，就可以认为是生态工业园区。这一标准制定的原则，对中国经济技术开发区和高新技术产业园区的生态化改造具有重要意义。如果沿用构建产业共生链的狭义概念，对已有园区改造的困难就会非常大。

对达到标准的生态工业园区，国家和地方应建立配套的奖励制度：荣誉与市场形象奖励，建立命名和定期核查制度；减免环境和相关质量监督管理程序，建立信任制度；增大税收优惠范围和幅度，建立经济激励制度；建立信息发布制度。

中国的清洁生产政策包括法律法规、技术指导目录及标准和能力建设三个方面。总体上，中国的相关政策处于世界先进水平，基本可以满足现阶段循环经济发展战略对清洁生产的要求。

2002 年颁布的《中华人民共和国清洁生产促进法》和 2004 年 8 月由国家发改委和国家环保总局联合发布的《清洁生产审核暂行办法》（以下简称《办法》）是中国清洁生产政策取得重要突破的标志。特别是《办法》解决了中国清洁生产实践中，长期存在的经济激励不足和强制实施没有法律依据的两大难题，具体表现在以下三个方面。

（1）实行自愿性审核和强制性审核相结合

国家鼓励企业自愿开展清洁生产审核。污染物排放达到国家或者地方排放标准的企业，可以自愿组织实施清洁生产审核，提出进一步节约资源、削减污染物排放量的目标。但对于存在这两种情况的企业，可以实施强制审核：一是污染物排放超过国家和地方排放标准，或者污染物排放总量超过地方人民政府核定的排放总量控制指标的污染严重企业；二是使用有毒有害原料进行生产或者在生产中排放有毒有害物质的企业。

（2）对强制审核配套了较严格的管理措施

第一，建立了信息发布和公众监督制度。对于按规定应该实施强制性清洁生产

审核的企业，应当在名单公布后一个月内，在所在地主要媒体上公布主要污染物排放情况。公布的主要内容应当包括：企业名称、法人代表、企业所在地址、排放污染物名称、排放方式、排放浓度和总量、超标和超总量情况。省级以下环境保护行政主管部门按照管理权限对企业公布的主要污染物排放情况进行核查。

第二，规定了明确的实施审核的时间期限。列入实施强制性清洁生产审核名单的企业应当在名单公布后两个月内开展清洁生产审核。按规定实施强制性清洁生产审核的企业，两次审核的间隔时间不得超过五年。列入实施强制性清洁生产审核名单的企业应当在名单公布之日起一年内，将清洁生产审核报告上报当地环境保护行政主管部门和发展改革（经济贸易）行政主管部门。中央直属企业应当将清洁生产审核报告报送当地环境保护和发展改革（经济贸易）行政主管部门，同时抄报环境保护部与国家发展和改革委员会。

第三，确定了违法责任。对按规定为强制实施审核的企业，如果不公布或者不按规定要求公布污染物排放情况的，由县级以上地方人民政府环境保护行政主管部门公布，可以并处 10 万元以下的罚款。对使用有毒有害原料进行生产或者在生产中排放有毒有害物质的企业，如果不实施清洁生产审核或者经审核但不如实报告审核结果的，由县级以上地方人民政府环境保护行政主管部门责令限期改正；拒不改正的，可以处 10 万元以下的罚款。

（3）建立了配套支持政策

《办法》规定：第一，对自愿实施清洁生产审核以及清洁生产方案实施后成效显著的企业，由省级以上发展改革（经济贸易）和环境保护行政主管部门对其进行表彰，并在当地主要媒体上公布；第二，各级发展改革（经济贸易）行政主管部门在制定和实施国家重点投资计划和地方投资计划时，应当将企业清洁生产实施方案中的节能、节水、综合利用，提高资源利用率，预防污染等清洁生产项目列为重点领域，加大投资支持力度；第三，排污收费可以用于支持企业实施清洁生产。对符合《排污费征收使用管理条例》中规定的清洁生产项目，各级财政部门、环保部门在排污费使用上优先给予安排；第四，中小企业发展基金应当根据需要安排适当数额用于支持中小企业实施清洁生产；第五，企业开展清洁生产审核的费用，允许列入企业经营成本或者相关费用科目；第六，企业可以根据实际情况建立企业内部清洁生产表彰奖励制度，对清洁生产审核工作中成效显著的人员，给予一定奖励。

为了贯彻落实《中华人民共和国清洁生产促进法》，国家经贸委于 2000 年发布了第一批《国家重点行业清洁生产技术导向目录》，涉及冶金、石化、化工、轻工和纺织 5 个重点行业，共 57 项清洁生产技术，并详细说明了每种技术的适用范围和投资效益分析方法。2003年，国家经贸委和国家环保总局联合公布了第二批《国家重点行业清洁生产技术导向目录》，涉及冶金、机械、有色金属、石油和建材5个重点行业，共56项清洁生产技术。与第一批目录相比，第二批目录增加了清洁生产技术供给信息。同年，中国发布并实施了《清洁生产标准石油炼制业》（HJ/T 125–2003）和《清洁生产标准炼焦行业》（HJ/T 126–2003），并准备在其他污染或资源浪费严重的行业（如钢铁行业、电镀行业、水泥行业等）制定清洁生产标准。

此外，中国清洁生产审核机构的建设和审核队伍的培养是与整个清洁生产工作的推进过程同步进行的。2001年，国家环保总局专门发布了《关于开展清洁生产审计机构试点工作的通知》。《中华人民共和国清洁生产促进法》和《清洁生产审核暂行办法》对清洁审核机构和队伍建设也做出了具体规定。据统计，目前中国已在20多个省（区、市）的20多个行业、400多家企业中开展了清洁生产审计，建立了20个行业或地方的清洁生产中心，1万多人次参加了不同类型的清洁生产培训班。

（五）资源能源开发利用政策

资源和能源开发利用是循环经济建设的重要环节。资源和能源的开发效率、转换效率、利用效率和再利用程度是衡量循环经济的重要标志。中国人均资源和能源占有率低下，对社会经济发展保障不足，资源和能源开发利用效率低是中国发展循环经济的主要制约因素。

1. 自然资源开发利用政策

自然资源开发利用是国民经济运转的基础。中国近些年加强了资源开发利用管理，出台了一系列提高资源利用和转化效率的政策，其中最为关键的是逐步完善了自然资源的价格机制，促进了资源的合理开发保护以及节约利用。自然资源涉及的面较广，这里重点分析水、土地、矿产三种重要资源的政策情况。

（1）立法方面

中国非常重视资源的开发管理，对重要资源都进行了专门立法，如《中华人民共和国水法》（1988年）、《中华人民共和国土地管理法》（1986年）、《中华人民共和国矿产资源法》（1986年）、《中华人民共和国煤炭法》（1996年）和若干配套法规。基于这些基本法律法规，各行政主管部门出台了一系列具体的政策措施。

虽然国家对自然资源利用管理的方向是相似的，但各资源领域的重点还是有所区别。中国水资源和矿产资源开发利用政策的重点是资源利用价格的制定及相应的改革措施，使资源的使用价格逐渐趋向合理。例如，国家计委、财政部、建设部、水利部、国家环保总局2002年颁布的《关于进一步推进城市供水价格改革工作的通知》，对在建立合理的供水价格形成机制，健全完善各项配套措施，加大污水处理费征收力度，提高水资源费征收标准，引入市场机制等方面提出了具体要求。总体上，在水资源和矿产资源的开发利用中，政府更倾向于利用价格机制来调控资源的开发和利用效率。

土地利用政策管理的重点是保持耕地总量动态平衡，控制城市发展和开发区建设对耕地的不合理占用。土地是一种很特殊的资源，长期处于稀缺状态，尤其城市土地更是束缚城市经济发展的重要资源。从中国土地资源的利用状况看，城市和开发区对农用地的不合理占用、城市土地利用效率低，依然是土地利用过程中的主要问题。土地作为一种非常紧缺的资源，政府在土地资源的持续利用管理上，确保土地的供给满足经济发展的需求、提高土地的利用效率、引导对低效（低肥力）土地的开发是核心，加强土地审批、土地利用状况审核、合理规划是手段。

（2）经济政策方面

与资源开发利用有关的经济政策主要包括两个方面。

资源的定价政策和税收与补偿政策。资源定价政策主要有：《城市供水价格管理办法》（1998年）、《中华人民共和国城镇土地使用税暂行条例》（1988年）、《探矿权采矿权使用费和价款管理办法》（1999年）等；资源税收与补偿政策主要有：《中华人民共和国资源税暂行条例》（1993年）、《矿产资源补偿费征收管理规定》（1994年）、《大中型水利水电工程建设征地补偿和移民安置条例》（1991年）等。

为更好地解决当前经济发展中出现的过于依赖资源消耗的问题，国家积极调整资源性产品与最终产品的比价关系，促进资源的综合利用。如1998年制定的《城市供水价格管理办法》，对城市供水价格的确定和供水企业的净资产利润率做出了规定，也制定了污水处理价格和供水定价方式的管理办法，要求在水资源的使用价格中充分体现资源的全部价值。

为解决当前中国很多种资源价格并不能完全反映资源真实价值的情况，一些行政主管部门制定了资源税和补偿政策，一方面对资源价格体系起到了有效地补充，另一方面也有利于促进资源的高效利用。例如，1993年颁布的《中华人民共和国资源税暂行条例》，规定国内开采矿产品或者生产盐的单位和个人，应当缴纳资源税，资源税的税目、税额依照《资源税税目税额幅度表》及财政部的有关规定执行。1994年颁布的《矿产资源补偿费征收管理规定》的要求，在中华人民共和国领域和其他管辖海域开采矿产资源应当依照规定缴纳矿产资源补偿费，体现资源的价值。

2.能源政策

从20世纪90年代中期开始，节约能源、提高能源利用效率逐渐成为中国能源政策的主体。1997年颁布了《中华人民共和国节约能源法》，并陆续发布了主要行业和部分产品的能效标准，开展了各种节能降耗活动，制定了 5 年能源节约规划，在提高能源效率上取得了很大成效。"九五"期间，中国万元 GDP 能耗（1990 年）由 1995 年的 3.97 吨标准煤下降到 2000 年的 2.77 吨标准煤，累计节约和少用能源达 4.1 亿吨标准煤。按"九五"期间直接节能量计算，节约的能源价值约 660 亿元。《能源节约与资源综合利用"十五"规划》中对节约能源和提高能效方面也提出了较高要求，把节约和替代石油技术、洁净煤技术、"三废"综合利用技术等技术创新和节代油示范工程、绿色照明示范工程、节约型清洁型企业示范工程等重大示范工程项目作为发展的重点；提出了加强法制建设，制定和实施能源效率标准和认证标识制度，促进能源结构优化，提高能源节约与资源综合利用整体技术水平，研究制定适应市场经济要求的激励政策，探索建立市场经济条件下推动能源节约与资源综合利用的新机制等措施。

特别是进入 21 世纪，在全面建设小康社会面临资源能源和环境瓶颈约束的严峻形势下，节约资源的形势和资源综合利用的效率并没有深层次的加强。这些年以来，国家出台了 5 项相关政策和法律：《国务院办公厅关于开展资源节约活动的通知》《中华人民共和国可再生能源法》《节能中长期规划》《能源效率标识管理办法》和《政府节能产品采购通知》。这些政策充分反映了科学发展观和新型工业化道路的要求，基本上可以满足现阶段循环经济实践的需要。

（1）能源节约

《节能中长期规划》（以下简称《规划》）制定了较宏伟的节能目标。

一是，宏观节能量指标：到 2010 年每万元 GDP（1990 年不变价，下同）能耗由 2002 年的 2.68 吨标准煤下降到 2.25 吨标准煤，2003—2010 年年均节能率为 2.2%，形成的节能能力为 4 亿吨标准煤；2020 年每万元 GDP 能耗下降到 1.54 吨标准煤，2003—2020 年年均节能率为 3%，形成的节能能力为 14 亿吨标准煤，相当于同期规划新增能源生产总量 12.6 亿吨标准煤的 111%，相当于减少二氧化硫排放 2 100 万吨。

二是，主要产品（工作量）单位能耗指标：2010 年总体达到或接近 20 世纪 90 年代初期国际先进水平，其中大中型企业达到 21 世纪初国际先进水平；2020 年达到或接近国际先进水平。

《规划》确定了 3 个节能重点领域：重点工业，包括电力工业、钢铁工业、有色金属工业、石油化工业、化学工业、建材工业、煤炭工业；交通运输，包括公路运输、新增机动车、城市交通、铁路运输、航空运输、水上运输和农业渔业机械；建筑、商用和民用，包括建筑物、家用及办公电器、照明器具。在此基础上，《规划》确立了 10 项重点工程：燃煤工业锅炉改造工程、区域热电联产工程、余热余压利用工程、节约和替代石油工程、电机系统节能工程、能量系统优化工程、建筑节能工程、绿色照明工程、政府机构节能工程、节能监测和技术服务体系建设工程。通过实施这10项重点节能工程，可实现节能2.4亿吨标准煤，经济效益和环境效益显著。

虽然《规划》列出了10项保障措施，但节能目标能否实现将取决于措施是否能够到位和得到切实落实，这是中国未来节能的最大挑战。

（2）可再生能源开发

可再生能源包括风能、太阳能、水能、生物质能、地热能、海洋能等非化石能源。对于促进中国可再生能源开发，优化能源结构，《中华人民共和国可再生能源法》提出了5项实质性的措施。

第一，制定国家和地方的可再生能源开发利用总量目标，编制全国和地方可再生能源开发利用规划。

第二，在产业指导与技术支持方面，国家将制定可再生能源产业发展指导目录、可再生能源技术和产品的国家标准；国家将可再生能源开发利用的科学技术研究和产业化发展列为科技发展与高技术产业发展的优先领域，纳入国家科技发展规划和高技术产业发展规划，并安排资金支持可再生能源开发利用的科学技术研究、应用示范和产业化发展；将可再生能源知识和技术纳入普通教育、职业教育课程。

第三，在推广与应用方面，国家鼓励和支持可再生能源并网发电：电网企业应当全额收购其电网覆盖范围内可再生能源并网发电项目的上网电量，并为可再生能源发电提供上网服务；扶持在电网未覆盖的地区建设可再生能源独立电力系统，为当地生产和生活提供电力服务；鼓励清洁、高效地开发利用生物质燃料，鼓励发展能源作物；鼓励单位和个人安装和使用太阳能热水系统、太阳能供热采暖和制冷系统、太阳能光伏发电系统等太阳能利用系统；鼓励和支持农村地区可再生能源的开发利用。

第四，在价格管理与费用分摊方面，可再生能源发电项目的上网电价，将按照有利于促进可再生能源开发利用和经济合理的原则确定，根据可再生能源开发利用技术的发展适时调整；电网企业上网电价收购可再生能源电量所发生的费用，高于按照常规能源发电平均上网电价计算所发生费用的差额，附加在销售电价中分摊；电网企业为收购可再生能源电量而支付的合理的接网费用以及其他合理的相关费用，可以计入电网企业输电成本，并从销售电价中回收；进入城市管网的可再生能源热力和燃气的价格，按照有利于促进可再生能源开发利用和经济合理的原则，根据价格管理权限确定。

第五，在经济激励与监督措施方面，国家财政将设立可再生能源发展专项资金，支持可再生能源开发利用的科学技术研究、标准制定和示范工程；支持农村、牧区生活用能的可再生能源利用项目；支持偏远地区和海岛可再生能源独立电力系统建设；支持可再生能源的资源勘查、评价和相关信息系统建设；支持促进可再生能源开发利用设备的本地化生产。对列入国家可再生能源产业发展指导目录、符合信贷条件的可再生能源开发利用项目，金融机构可以提供有财政贴息的优惠贷款。国家对列入可再生能源产业发展指导目录的项目给予税收优惠。

从内容看，应该说，《中华人民共和国可再生能源法》是一部非常先进的法律。目前的迫切任务是制定配套的实施政策和机制，切实落实好法规要求。

（六）生态农业政策

与中国较长的生态农业实践历史相比，有关政策建设相对滞后。1993年，农业部、国家计委、国家科委、财政部、林业部、水利部和国家环保总局七部委，联合在全国组织开展了51个生态农业示范县建设。经过十多年的努力，全国已基本形成了国家、省、试点县三级生态农业管理和推广体系，生态农业实践逐步走上了制度化和规范化的道路。

中国现有与生态农业有关的政策主要是规范性和管理性政策，如《关于开展全国生态示范区建设试点工作的通知》（国家环保局，1995）、《无公害农产品管理办法》（国家认证认可监督管理委员会、国家质量监督检验检疫总局，2002）、《关于加快绿色食品发展的意见》（农业部，2002）、《全面推进"无公害食品行动计划"的实施意见》（农业部，2002）、《无公害农产品标志管理办法》（农业部、国家认证认可监督管理委员会，2003）、《关于进一步规范无公害农产品产地认定和产品认证有关工作的通知》（农业部、国家认证认可监督管理委员会，2003）等。这些规范文件的关注点是：要求加快生态农业建设、推广无公害食品生产、加强管理。

总体上，中国现行生态农业政策有三个特点或不足：

第一，现有政策以行政规范和宏观引导为主，尚未在国家层面上建立起包括法律法规、管理制度和经济激励措施等在内的政策体系；

第二，现有政策主要是从生态农业建设的末端，即无公害农产品入手，缺乏生态农业建设过程中的有关政策；

第三，对于生态农业技术体系和服务体系建设的支持不足。

（七）环境友好型产品相关政策

环境友好型产品在中国还是一个较新的概念，目前也还没有统一的外延和内涵上的界定，一般认为是指那些采用对环境有益的原材料生产的或资源能源利用率高的产品、生产过程中对环境污染小的产品，使用后对环境污染小的产品、能改善环境质量的产品等，产品的形式既可以是物质形态的产品也可以是非物质形态的服务。

中国环境友好型产品政策主要是标志（或标识）制度和采购制度。（标志标识）制度包括环境标志制度、绿色食品标志制度、有机食品标志制度、无公害食品标志制度、环境友好型企业标志制度和能源效率标识制度6类，其中，前4种标志制度是我国目前较为普遍应用的制度。环境标志制度有10年的实践历史，环境友好型企业标志制度试验不到2年的时间。能源效率标识是附着在产品或产品最小包装上的一种信息标签，用于表示用能产品的能源效率等级等性能指标，为用户和消费者的购买决策提供必要的信息，以引导用户和消费者选择高效节能产品。

国家发改委、国家质检总局联合发布的《能源效率标识管理办法》规定，发改委、国家质检总局和国家认监委负责能源效率标识制度的建立并组织实施。《中华人民共和国实行能源效率标识的产品目录》中规定，凡列入该目录的产品，应当在产品或者产品最小包装的明显部位标注统一的能源效率标识，并在产品说明书中说明。

财政部、国家发展改革委员会于2004年12月发布的《节能产品政府采购实施意见》（以下简称《实施意见》）拉开了中国政府绿色采购的序幕。《实施意见》要求，各级国家机关、事业单位和团体组织（统称"采购人"）用财政性资金进行采购的，应当优先采购节能产品，逐步淘汰低能效产品；政府采购属于节能清单中的产品时，在技术、服务等指标同等的条件下，应当优先采购节能清单所列的节能产品；采购人或其委托的采购代理机构未按上述要求采购的，有关部门要按照有关法律、法规和规章予以处理，财政部门视情况可以拒付采购资金。

总体上看，中国环境友好型产品相关政策尚处于起步阶段，今后政策建设的方向，一是应扩大环境友好型产品的范围，制定相关目录；二是确立法律依据；三是制定税收、价格和采购方面的优惠政策，以市场机制推进环境友好型产品的开发和应用；四是在《节能产品政府采购实施意见》的基础上，扩大采购环境友好型产品范围和力度，加快为政府绿色采购立法。

三、中国循环经济发展的重点政策调整

自20世纪90年代以来，中国的循环经济相关政策逐步建立起较为完善的框架，政策能力建设也取得了较大进展，但总体上仍存在方向性和结构性缺陷，还不能满足可持续发展的需要，特别是在资源的合理开发、循环使用以及废旧资源综合利用及相关环保产业方面仍有待进一步的政策支持和延续。

（一）资源开发利用政策的调整建议

20世纪90年代，自中国开始实施资源开发利用政策以来，已经取得了良好的成效，但就其现存的问题和未来面临的挑战而言，现行资源开发利用政策仍无法满

足发展循环经济的需要，政策管理的方向和政策结构都有待调整。

第一，中国为保证经济的高速增长，对矿产资源的开发给予了较多的优惠政策，这在一定时期确保了经济建设对自然资源的需求，推动了经济发展。但是，发达国家已经开始对不可再生资源，特别是对环境污染较重的资源（如煤炭）不同程度地采取了限制性政策，尽可能地减少此类资源地开发利用，降低对生态环境和经济了持续发展的影响程度。但中国危害生态环境和影响可持续发展的资源开发政策仍未出现转变的趋势。

第二，矿产开发是资源利用的起点，开发效率直接影响着资源的总体利用率。在中国大部分矿产开发中，开发损耗率非常高，资源浪费严重。

中国矿产资源政策虽然是以鼓励开发为主，但对于高效开采技术研发和推广应用的支持不足，缺乏对矿产开采率的有效管理。目前，中国还没有一个关于提高资源开采率的具体经济政策，政府无法通过市场手段调控资源的开采率，这是造成中国资源开发率低下的一个重要原因。

第三，提高资源利用率的约束和激励政策不足。如上所述，中国资源政策较多关注于开发环节，却忽视了利用环节；较多关注开采量，较少关注开采效率和生产过程中的利用效率。2007年，国务院办公厅发布了《关于开展资源节约活动的通知》，提出了具体目标和政策措施建议，但实际效果将取决于相关配套政策的制定和落实情况。因此，迫切需要国家从鼓励和限制两个方面、以效率为核心健全中国资源开发和利用的政策体系。对于技术落后、资源利用率低的生产进行限制和处罚，对采用资源利用率高的技术的企业予以鼓励，建立具体的财政、税收和信贷等优惠政策。

总之，中国未来必须转变现有的资源管理的政策方向和结构，减少对不可再生资源或对环境污染严重资源的开发利用的优惠政策，逐步由支持政策转变为约束政策，同时加大对高效开发矿产资源技术研发的支持力度，加强对矿产开发率的管理，制定一些必要的经济政策，调控企业的资源利用行为，保证对矿产资源的高效、持续利用。

（二）废旧资源综合利用政策的调整建议

中国废旧资源综合利用及相关环保产业政策的最大特点是，政策结构由初期的以宏观指导政策为主逐步转为以经济激励政策为主，管理机制由政府主导过渡到以市场机制为基础，基本上与中国计划经济向市场经济改革的进程同步，并保持了较好的延续性。政府行政手段的转变对处于发展初期的产业有着重要的意义。

但客观地讲，中国废旧资源综合利用及相关环保产业目前仍处于初期发展阶段，面临着产业规模偏小、结构不合理、市场环境不完善等问题，远不能胜任发展循环经济对废旧资源综合利用及相关环保产业提出的要求。现有政策表现出的弱点，正是建立和完善相关政策的关键环节。

（三）整合资源，建立统一回收利用产业体系和管理体制

由于发展阶段不同，我国先后出现了废旧资源回收利用和环保产业两个行业。在 20 世纪 80 年代以前，废旧资源回收利用又多被称为废旧物资回收利用，涉及工业生产和居民生活消费后的可直接或采用常规技术工艺就可以加工利用的废品，归属物资部门和供销社系统管理。环保产业出现后，废旧资源范围扩展到了工业生产排放的所有固体、气体和液体废弃物，而不是仅限于废旧物资，特别是在循环经济概念出现后，生活废弃物中可利用的种类也不断扩大，加工利用的深度和对技术的要求也不断提高，甚至许多利用技术属于高新技术的范畴。总之，当今的废弃物概念实际上就是废旧资源，没有传统意义上的废物。所以，目前沿用的资源综合利用和环保产业两个概念，出现了较大交叉，内涵重叠，引起了政府管理和市场运作中的许多混乱和歧义。

因此，根据循环经济的发展要求，应将二者统一为废旧资源回收利用和安全处置产业。

另外，在市场经济转轨过程中，供销社和物资部门（现改为物资公司）下属的废旧物资回收利用机构在许多地方仍然存在。这些机构虽然改制为独立核算的企业，但在性质上仍属国有企业，甚至事业单位，也没有明确的业务指导和管理，部分企业面临着诸多计划经济时代遗留下的管理弊端和人员负担问题。这些企业目前大多关注的是工业大宗废旧资源（如金属）的回收利用，基本不涉足居民消费废弃物。居民消费废弃物由大量无组织的"拾荒大军"占领，造成了不少社会问题。工业"三废"综合利用一般由生产企业自己或民营的专业化企业承担。总之，中国目前的废旧资源综合利用和相关环保产业的经营主体成分非常复杂，管理体制不统一，较严重地制约着产业的健康、有序和快速发展。

因此，在统一废旧资源综合利用和安全处置产业称谓的前提下，以现有民营专业化企业为主体，改制现有国有回收企业，将"拾荒大军"组织化，建立统一的专业废旧资源综合利用和安全处置的市场运营主体，在产业管理上可归属发改委，在环境监管上归属环保部门。

（四）尽快建立废旧资源回收利用专项法律和行业标准

几十年来，除了相关环境保护法外，中国废旧资源综合利用及环保产业的产生和发展主要依靠的是政府宏观政策的引导和经济政策的激励，没有专门的法律法规进行强力推进，没有行业标准规范和提高资源综合利用产业水平的具体措施。按照循环经济的要求，废旧资源综合利用和安全处置产业是生产和消费领域之间的连接产业，属国民经济中重要的新型产业，在日本被称为"静脉"产业；同时它又是环境污染处理处置产业，具有较强的公益性质。根据发达国家的经验，推动废旧资源再生利用和安全处置产业的发展需要以市场机制为基础，必须首先要有专门的法律保障。德国1996年实施的《循环经济与废物管理法》就是一部废旧资源综合利用和安全处置的综合性法律。相类似，日本循环经济法律体系是由两部综合法和五部单项法组成的。综合法包括废弃物处理法和资源有效利用促进法；单项法包括容器包装、家电、建筑材料、食品和汽车等废弃物再生利用法。所以，日本循环型社会法律体系的主体是由废旧资源综合利用和安全处置法律组成的。

应该说，德、日的立法模式中国都可以学习，但从现有法律体系框架和行政管理体制格局看，日本模式可能较适合中国国情，即在修改后的固废法基础上，制定若干并行的、针对不同废旧资源类型的综合利用法。

（五）强化信贷支持和有关收费政策

如前所述，在中国废旧资源综合利用及环保产业政策中，税收优惠政策较完善，但信贷政策较弱，缺乏针对性。尤其是对于该产业中绝大部分属中小型企业的特点而言，带有一般性号召力的信贷支持政策基本发挥不了实质作用。所以，应该依据《中华人民共和国中小企业促进法》的相关规定，颁布具体的信贷支持政策，扶持相关企业的发展。另外，尽管目前中国已经实施了垃圾和污水收费的政策，但实施情况并不理想。初步估计，目前中国城市生活污水处理费开征面仅在60%左右，收费标准在0.2~1.2元/吨，且绝大部分收费低于治理成本；垃圾处理费开征面仅为16%，收费标准也普遍较低。根据中国环境与发展国际合作委员会的相关研究结论，解决这一问题的办法是整合现有由相关部委发布的收费政策（以通知和意见形式发布的），以国务院决定或条例的形式发布，提高政策的权威性和执行力度。

（六）制定技术研发政策

循环经济体系下的废旧资源综合利用和安全处置产业是一个技术含量高，甚至是高技术支撑下的新型产业。技术政策一直是中国相关产业政策中的薄弱环节。废旧资源综合利用和安全处置产业的技术政策应重点考虑三条途径：一是，政府必须投入一定的资金，建立专门的研发队伍；二是，依靠政策优惠，鼓励企业开展技术研发和引进消化国际先进技术；三是，在产业五年规划中，落实具体的技术研发和推广项目。

四、中国循环经济发展政策体系的构建

根据中国循环经济的内涵、发展模式、战略重点以及相关国际经验，循环经济

不是某些领域和局部的可持续发展实践，而是对传统生产和消费模式的彻底改造和变革。所以，循环经济政策体系不仅包括重点领域的核心政策，而且包括对社会经济基础政策的创新，还需要与循环经济发展相适应的有关生态文化方面的宣传教育政策。统领核心政策、基础政策和宣传教育政策的是循环经济的基本政策，环境管理政策及监督管理和可持续发展政策是促进所有循环经济政策建设和实践的直接推动力。

（一）循环经济发展的基本政策

统领核心政策、基础政策和宣传教育政策的是循环经济的基本政策。基本政策是循环经济发展的最根本和普遍适用的指导政策，其目的是确定循环经济在社会经济发展中的战略地位，提出循环经济发展的总体战略目标、步骤、主要制度和措施，以便用循环经济理念、原则和方法指导社会经济发展的方方面面，进而形成核心政策和基础政策创新的法律基础。根据日本的经验，循环经济基本政策包括基本法和基本计划。中国发展循环经济的基本规划可以由两部分组成：一是，制定中长期循环经济发展战略规划；二是，将循环经济发展目标、任务和措施纳入国民经济与社会发展五年规划，作为阶段性规划。根据中国发展的规划体系，循环经济发展阶段或短期规划不宜独立制定，应避免与社会经济发展的主流规划脱节。

（二）循环经济发展的核心政策

核心政策是直接推动循环经济重点领域的政策，政策形式基本可以划分为法律法规及标准、经济激励手段和行政监督管理制度等类型，专项规划也是一项很重要的政策手段。

根据中国目前相关政策的制定情况，对循环经济发展较有利的政策有：生态工业政策、能源节约和再生能源政策、环境友好型产品标志（标识）政策；薄弱的政策有：废旧资源回收、再利用、资源化和无害化产业政策，生态农业政策，资源开发利用政策；基本缺位的政策有：绿色消费和服务业政策，政府绿色采购政策，环境友好型和资源能源节约型基础设施建设政策等。

在循环经济核心政策建设中的总体原则是，切实落实和用足用好现有的有利于循环经济发展的政策，完善薄弱政策，补充缺位政策。

1. 切实落实和用足用好现有政策

目前可以满足循环经济发展需要的政策类型主要有：产业结构调整政策，清洁生产政策，废旧资源综合利用所得税和增值税优惠政策、污水和垃圾收费政策，能源节约和可再生能源开发政策，环境标志、有机食品标志、绿色食品标志、无公害食品标志、环境友好企业评比和能源效率标识等环境友好型产品标志（标识）政策，资源开发税费政策，资源价格（如水价）的改革政策等。

2.完善薄弱政策

目前需要尽快完善的循环经济相关政策有：资源回收、再利用、资源化和无害化产业政策。资源回收、再利用、资源化和无害化产业政策完善的方向是，首先，要理顺和改革管理体制和产业体系，建立统一的废旧资源回收、再利用、资源化和无害化处置管理体制和产业体系，建立以市场机制为基础的组织化程度较高的市场运营主体。其次，借鉴日本的立法模式，建立废旧资源综合利用和安全处置法律体系。然后，在继续实施税收优惠政策的同时，重点强化信贷支持和有关收费政策。最后，制定技术研发政策，并通过五年产业发展规划的方式，落实具体的技术研发和项目推广。

生态工业园区建设政策：中国生态工业园区建设政策基本处于缺位状态，其建立和完善的方向是，将现有生态工业示范园区提升为国家示范园区，扩大示范数量，给予资金和税收优惠；在鼓励建设新的生态工业园区的同时，重点要放在将现有各类经济开发区，特别是经济技术开发区和高新技术产业园区改造成生态工业园；制定生态工业园区标准，建立奖励制度。

生态农业政策：在生态农业方面，政策调整完善的方向是要同时抓好绿色（无公害）产品末端和生态农业建设过程两个环节，填补生态农业立法、经济政策、生态农业基地建设和技术政策的空白。

资源能源开发利用政策：在资源能源开发利用的政策体系中，改变重开发轻利用的政策结构；重点改进资源定价政策和税收与补偿这些根本性的政策，使资源价格趋向全面反映资源生产成本、稀缺成本和环境成本，为提高资源开采效率、利用效率和循环利用率创造良好的市场环境；逐步修改现有的相关资源的法律法规，使之体现出可持续发展和循环经济的理念和原则；用好五年规划手段，确定具体目标，落实具体项目，扎扎实实地推进能源节约和资源综合利用工作。

环境友好型产品相关政策：中国环境友好型产品相关政策尚处于起步阶段，今后政策发展的方向，一是应扩大环境友好型产品的范围，制定相关目录；二是确立法律依据；三是制定税收、价格和采购方面的优惠政策，以市场机制推进环境友好型产品的开发和应用。

3.补充缺位的政策

中国需要建立的缺位政策的重点是环境友好型和资源能源节约型基础设施建设政策，可以先从建筑房屋和各类基础设施资源能源的节约标准建设入手，逐步建立经济激励、信息发布和新政监督管理制度等。绿色消费和服务业政策可以在加大宣传教育的基础上，积极开展绿色社区和绿色饭店宾馆试点，发展设备和器具租赁业。

政府绿色采购政策的建设方向是在《节能产品政府采购实施意见》的基础上，扩大采购环境友好型产品的范围和力度，加快政府绿色采购立法。

（三）循环经济发展的基础政策

循环经济基础政策是指在更大程度上为循环经济重点领域实践创造良好制度环境的政策。循环经济基础政策可以大致分为宏观经济政策和基本经济制度、基础性激励政策及考核政策三大类。宏观经济政策和基本经济制度包括经济结构调整政策、绿色贸易政策和有利于资源环境保护的产权制度。基础性激励政策包括绿色财政、绿色金融、绿色税收和绿色价格政策。考核政策包括绿色国民经济核算制度、绿色会计制度、绿色审计制度和绿色干部考核制度。自实行社会主义市场经济制度以来，中国这类基础政策的改革力度较大，进展显著，逐步与市场经济制度相适应。在实施转变经济增长方式和可持续发展战略后，诸如经济结构调整、部分资源能源价格、一些税费和财政等基础性政策和制度，开始向有利于环境保护和可持续发展的方向迈进。特别是在落实科学发展观和走新型工业化道路以来，中国开始积极研究如绿色国民经济核算和绿色干部政绩考核等先进的绿色制度。

但同时，也必须清醒地认识到，基础经济制度的变革需要漫长的时间，变革的阻力和难度也会很大。今后政策变革的任务是在科学发展观的指导下，应用可持续发展、循环经济和资源环境保护的理论和原则，坚持不懈地逐步将中国基础经济政策和制度绿色化。

第三节　循环经济发展模式的域外经验的借鉴分析

循环经济产生的本质是国际社会在寻求解决资源环境与经济增长矛盾的过程中，提出的一种新的经济发展模式。这种新发展模式的最大特征是物质的循环利用、高效利用和环境友好，即"资源能源消耗少、经济效益高、污染排放小"的经济发展模式。

发达国家和发展中国家的可持续发展都要求制定很高的有效利用资源的目标，作为避免未来发展危机重要战略的一部分。提高能效的目标要通过产品的整个生命周期来实现，不仅仅依靠生产过程。为此，2002年约翰内斯堡可持续发展峰会提出了建设可持续消费与生产体系的行动框架，以实现高效利用资源、降低环境负荷的目标。部分国家和地区已经开始响应，包括德国提高资源所用效率，日本建设循环型社会、工业园区网络，欧洲国家开展的可持续消费与生产体系建设等。目前中国大力倡导的发展循环经济就与国际社会提出的可持续消费与生产体系建设是完全一致的。

本节首先对欧盟国家建设可持续消费与生产体系、提高资源所用效率、发展循环经济的主要做法进行了综述；重点分析了国际上在循环经济发展方面走在前列的德国、日本发展循环经济的实践与政策；同时也研究了其他发达国家与循环经济相关的实践活动；最后通过与中国同情的对比分析，提出了国际经验对中国发展循环经济的借鉴与启示。

一、可持续生产与消费的国际经验

欧洲的经济模式是建立在对能源和原材料等自然资源的较高消耗上的。从环境角度来看，现在工业化国家每年的人均原材料消耗为 31 ～ 74 吨（按原材料总消耗计算），其中吃、住、行方面的原材料消耗最多。欧盟 25 国的平均原材料集约度略低于美国，是日本的 2 倍；能源强度情况也是如此，而日本经济的能效却更为显著。

欧盟国家之间也存在着很大差异。西欧的单位资源能源产出就比中欧和东欧的新兴欧盟国家的单位资源能源产出高几倍。单位 GDP 原材料集约度也有所不同，爱沙尼亚为 11.1 kg/ 欧元，法国则为 0.7 kg/ 欧元。

相对而言，许多欧盟国家在过去 10 年中已经实现了经济增长和资源能源消耗脱钩，但这并不必然导致环境压力的绝对减轻，因为资源绝对利用在过去 20 年中基本保持平稳趋势。而造成这种脱钩现象的部分原因可能是由于提高了对自然资源的进口量，从而降低了欧洲自身资源的开采生产。人类财富的创造主要基于对自然资源的利用消耗，其中包括原材料、能源和土地资源。而不断加剧的资源利用及其环境影响也会带来许多负面影响，从而导致生态危机和安全威胁。例如，对自然资源的过度开采利用会增加资源的供应压力（如维持资源供应保证可持续生产）和造成地面沉降（如应控制资源利用带来的环境影响，考虑生态系统是否可以承载污染排放）。

在欧洲，大家公认资源限制会影响经济的持续增长。自 1992 年里约热内卢峰会以来，自然资源的可持续利用和管理逐渐成为各国政策讨论的焦点和主题。欧盟也愈发重视资源的可持续利用和管理，尤其是在 2001 年通过了欧盟可持续发展战略和第六次欧盟环境行动计划（6EAP）之后。第六次欧盟环境行动计划中明确提出"要使经济增长和资源利用脱钩"。提高资源利用效率是循环经济的核心部分，资源利用效率的实践、政策的实施和活动的开展在欧洲由来已久。如前面所提到的欧盟可持续发展战略和第六次环境行动计划旨在为欧盟国家提供战略指导，影响欧盟国家的政策制定，保证政策的一致性。具体来说，很多政策倡议都会有利于循环经济活动的开展。

例如，使用不同的政策手段对资源利用进行管理。一些国家已经开始对矿产（沙石、沙砾、石灰石等）开采征收原材料税。原材料税的征收可以鼓励对资源进行充分利用。其他影响资源开采的政策手段还有特定原材料开采许可制度和对于开采量的法律规定。

产品综合管理政策是另一种针对生产和消费方面的政策手段。它旨在激励在生产过程中能有效利用原材料的产品设计，加强产品的再循环性。建筑物能效指令主要针对能源效能。还有一种是用于管理能源需求的经济手段，其中"水定价"就是一个主要例子。

针对垃圾处理方面的主要政策手段有垃圾处理设施排放标准，如垃圾填埋和焚烧指令。还有其他针对特定废弃物填埋的限制和税收政策，它们都鼓励加强废物的循环再利用。

2005 年欧盟正式实施废弃电子电气设备指令（WEEE），旨在解决急速增长的电子电气设备废弃物问题。它主要是通过要求制造厂商和生产者进行产品末端管理，负责所售产品的回收利用，从而减少废弃电子电气设备的填埋量。这也引导厂家生产电子设备时要考虑环保和可再利用等因素。消费者也可以将电子废弃物免费返还给厂家。和 WEEE 一起实施的还有关于在电子电气设备中限制使用某些有害物质的指令（ROHS），它主要是限制某些有害物质的使用，如印制电路板上的铅。

2005 年 12 月，欧盟颁布了自然资源可持续利用的主题战略，这是欧洲一项新的针对自然资源可持续利用的战略。该战略旨在缓解由于欧洲资源利用和全球经济增长带来的环境影响。资源的不可持续利用对环境会产生许多负面影响，如由于使用化石燃料造成的气候变化；对水、土地、矿产和鱼类资源的过度开采。该战略的重点是要提高认识，开发监测手段，在具体经济部门、欧洲各成员国和国际上推广可持续利用的战略方法。

自然资源可持续利用主题战略的主要目标可以归纳如下：

第一，多价值——利用更少的资源创造更多的价值（提高资源生产力）；

第二，少影响——减少资源利用产生的总体影响（提高生态效益）；

第三，好选择——如果不能达到资源清洁利用的效果，就用更好的清洁资源替代现有的资源。

以上目标是要通过资源利用的整个周期来实现的，同时要避免把环境影响从一个周期阶段转移到另一个周期阶段或其他地区和国家。由于废弃物的产生代表着资源利用周期的最后一个阶段，所以，资源战略将为废弃物防治和再利用的主题战略提供重要的信息支持，以减少废弃物的产生。

二、德国循环经济发展的实践与政策

（一）德国发展循环经济的背景与政策演变

在德国，循环经济酝酿于20世纪80年代后期，系统的实践出现在90年代中期。以1994年颁布、1996年实施的《循环经济与废物管理法》为标志，德国的循环经济是以生活和工业废弃物的再利用与处置为主线演变而来的，又称"垃圾经济"，然后通过生产责任者延伸制度向生产领域延伸，推动可持续生产和消费模式的建立。目前进一步试验通过整体性物质流管理的方法，推进区域循环经济的发展。

第一阶段：从混乱走向有序（1945—1972年）

"二战"结束后，卫生保障成为垃圾管理的关注焦点，德国成立了一些研究工作组和协会，担负起研究垃圾管理规划方面数据的工作，如垃圾的成分及其数量等。同时，在一些大学里设立了一些研究中心，从科学的角度对废物处置进行研究。

1965年，德国成立了联邦卫生部中央垃圾处置局，通过系统研究得出的垃圾构成成分及其数量方面的统计数据，使人们可以更好地认识垃圾问题，并在一定程度上促使一些城市在优化垃圾处置方面采取了措施。

20世纪50年代中期，为了改进垃圾处理处置技术，德国建立了利用垃圾和垃圾污泥进行堆肥的试验工厂，其目的是将垃圾再利用付诸实践。到1970年，全国建起了11个堆肥点。当时，能够在热力和电力方面进行综合利用的22个大中型垃圾焚烧设施投入使用。

但是，总体上，当时的垃圾处置管理仍然处于混乱状态。1970年，德国有50 000个杂乱和不规范的垃圾倾倒场，在这些地方倾倒了各种各样的垃圾，造成了较严重的二次污染，威胁到了周边的环境及人们的身体健康。

基于这些情况，1972年，德国出台了第一部垃圾处置法律，确定了垃圾无害化处置和处置业务可以由私营企业承担等重要原则。该法出台的目的是要关闭许多管理不善的垃圾堆放场，建造垃圾中心处理站，并由县和市来负责管理。目前仍在使用的约300个生活垃圾处理站，就是在该法颁布后建立的。

值得注意的是，到20世纪70年代初，德国的垃圾处置走向了有序化和法制化，但没有任何有关垃圾再利用的规定和实践。

第二阶段：从废物倾倒走向物质闭路循环管理（1973—1996年）

随着第一部《废物处理法》（1972年）的实施，废物管理活动的"经济"原则变得越来越重要。经过1973年的石油危机，焚烧垃圾的目的也发生了变化。从那时起，垃圾不再仅仅是焚烧，还直接用于获取能量，以节约能源和资源。在这一背景下，德国政府于 1975 年发布了第一个国家废物管理计划，首次提出了"预防、减量、回收和重复利用""根据污染者付费原则，分担处置成本"等重要原则和目标。通过这一计划，废物管理由安全处置向废物经济转变。但是由于这些目标不具有法律强制力，实践过程非常缓慢，效果不明显。

德国较高的环境标准也相应地使垃圾处置的费用升高，这也导致了越来越多的问题出现，因为商业或工业垃圾生产者希望有更便宜的处置方法。欧洲的垃圾处置区域得到了扩大，垃圾可能被以"经济货物"的名义运送到其他没有严格规定的欧洲国家进行处置。

另外，在人口密集的德国，随着垃圾在 20 世纪 80 年代中期变得越来越多，为垃圾场或垃圾焚烧找到适当的地点变得越来越困难。

因此，德国于 1986 年制定了《垃圾法》，提出了两条具有开创性的规定：一是首次规定了预防优先和垃圾处理后的重复使用原则；二是首次对产品生产者的责任进行了规定（石油工业收回废弃油的责任）。同时，该法还推动了对那些有市场价值的二次原料进行提取的活动进程。

20 世纪 90 年代初期，德国出台了许多旨在提升垃圾处理技术水平、经营管理体系的新条例，其目的是为了解决垃圾处理过程中产生的二次污染问题。1991 年，德国又颁布了《避免和回收包装品垃圾条例》和《包装条例》，扩大了废弃物再利用的范围，强化了产品生产者的责任制度。同时，《包装条例》通过要求回收包装品垃圾，将责任从政府转移到了私营者，建立了以市场经济机制为基础的收集体系。

在总结这些法律法规实施经验的基础上，德国于 1994 年正式颁布了《物质闭合循环与废弃物管理法》，并于 1996 年开始生效。这标志着"循环经济"一词在法律文本上首次出现。

《物质闭合循环与废弃物管理法》的重要原则和思想理念体现在 8 个方面：将垃圾管理在本国独立处理的基础上扩大到欧洲范围；以闭合的方式进行垃圾管理；垃圾只有在由于技术、生态或经济原因无法进行重复利用的情况下才可以废弃；重复利用活动的主要目的应当是节约自然资源和保护气候；在特定情况下使物质和能量的重复利用相等；促进私营企业参与废物管理（产品回收／二元体系）；使生产者通过分类收集体系或现有公共体系承担回收责任，包括废油、包装废弃物、电池、报废汽车以及将来的电子垃圾；建立工业社会生态变化的新模式。

第三阶段：探索新秩序（1997 年以来）

《物质闭合循环与废弃物管理法》生效后，德国的垃圾管理状况发生了重要变化：垃圾管理从政府的责任原则向私营经济或生产者付费原则转变。垃圾管理越来越成为生产和消费生活中不可分割的部分。垃圾管理中的经济因素受到了优先关注。由于垃圾存在着以能量形态重复利用的可能性，促进了工业焚烧和热处理厂的整合。在废物管理方面，欧盟正在不断地促进环境标准的统一。

2004年以来，德国一直在试验采取整体性物质流管理的战略，以推进不同层次，特别是区域循环经济或经济社会的可持续发展。物质流管理（MFM）是在1992年里约热内卢峰会之后，欧盟采取的一种新型可持续发展的政策工具。为此，德国联邦众议院初步制定了物质流管理大纲。

根据德国国会的定义，物质流管理是以目标为导向，以物质、物质流和能源的高效利用为中心的资源能源可持续管理。物质流管理将经济效益、区域综合附加值（如就业）和环境保护有机结合起来。物质流管理在不同层面上有不同的形式：国家层次的物质流管理（国家层次）；跨区域的物质流管理（区域间、省和县之间）；区域内的物质流管理；公司间的物质流管理；公司内部的物质流管理等。

目前，德国物质流管理的典型成功案例主要集中在食品生产领域的资源和能源流管理。通过物质流管理，该领域的垃圾流变成了资源流，不仅避免了城镇垃圾外运到郊区处置的传统做法所带来的二次污染问题，而且在区域垃圾流分类、收集、运输、在沼气厂和电厂的运营等环节也增加了就业机会，增加了区域附加值。

（二）德国发展循环经济的主要实践与政策

德国发展循环经济的主要做法包括：建立完善的法律法规体系；建立以收费制度和企业化运营为基础的实施机制；从企业到区域层面试验示范物质流的管理模式。

德国循环经济法律法规体系的核心部分由《物质闭合循环与废弃物管理法》和其下的若干专项法规组成。专门法规既有德国自己制定的法规，也有欧盟的相关指令，涉及电子废弃物管理、废弃机动车管理、包装废弃物管理、化学品和危险品的管理等方面。目前正在研究制定中的《物质流管理法》将会成为德国循环经济的又一个标志性法律。

《物质闭合循环与废弃物管理法》规定了生产者需要对产品的整个生命周期负责，从原材料进入生产环节到产品的最终回收，以及运输能源等。法律规定废物所有者或制造者首先应对废物的减少、再回收、再利用和安全处置负责。为了促进建设环境友好型循环经济发展，还制定了不同物质原料的平衡表。基于该法，德国联邦政府又发布了许多法令条例和自愿性协议，为废物监管、运输许可、设立专门的废物管理公司和协会、废物管理观念、废物周期分析和废物的再生处理创造条件。针对以下物品都有了具体的法规，包括：包装物、废弃汽车、电子设备、废油、废木材、商业垃圾、生物降解废物、污水污泥、有毒废弃物。针对建筑废物、拆除废物和特殊纸张则有自愿性协议。另外，联邦政府还根据联邦排放控制法案颁布了废物焚烧条例。因此，该法案是对在废弃物领域污染者付费原则的坚决执行。

德国包装废弃物收集和处理的双元系统模式是循环经济实践和运行机制的典型模式。1990 年 9 月，德国 95 家包装公司和工厂企业及零售贸易商建立了德国的双元回收系统（DSD）。DSD 是一个非政府组织，专门对包装废弃物进行回收和利用，它接受企业的委托，组织收运者对企业的包装废弃物进行回收和分类，然后送至相应的资源再利用厂家进行循环利用，能直接回收的包装废弃物则送返制造商。1997 年该组织由股份有限公司变为一个由近 600 家贸易和工业公司作为股东代表的未上市公司（DSDAG）。

德国用于包装工业的环境标志为"绿点"标志。若制造商或经销商想使用"绿点"标志，则必须支付一定的注册使用费用，费用多少视包装材料、重量、容积而定，收取的费用作为对包装废弃物回收和分类的经费。

DSD 系统的建立大大促进了德国包装废弃物的回收利用。目前德国拥有 210 家分类车间，可对 250 万吨轻包装物进行分类处理。

以上提到的政策帮助德国建立起现代的闭合物质循环废物管理体系，这对资源保护、气候、土壤、水体和人类健康有着重要的积极影响。如今有 24 万人在从事着废物管理的工作，年均产出 500 亿欧元，有助于保护原材料和主要能源的最高原料的回收率，显示了废物管理对德国经济可持续发展做出的贡献。目前，几乎有 60% 的城市垃圾和 40% 的生产垃圾进行了回收利用。而对于一些废物种类，回收率甚至更高，如建筑废物达 86%，包装废物 81%，电池 77%，废纸 82%。

现代垃圾管理模式对于保护气候贡献卓越。在过去的 15 年中，温室气体的排放中平均每年降低 3 000 万吨中。

德国联邦政府的环境目标是在未来进一步发展闭合物质循环废物管理体系。通过严格区分废物种类、预处理、能源的回收再利用，德国计划充分利用物质资源，直至完全抛弃垃圾填埋的方式。

（三）德国发展循环经济的经验

从德国几十年的政策演变和循环经济参与者积极努力的经验来看，可以归纳出以下主要结论。

第一，发掘公众潜力非常有效。大部分德国人都积极主动配合各项有关废物减少和回收再所用措施的实施。个体公民和非政府组织是这些政策得以成功实施的重要支持力量。

第二，吸引更多的利益相关者参与并呼吁他们承担责任十分关键。事实证明，自愿承担责任等积极参与行为对于废物政策的顺利实施十分重要。与工业企业和相关机构等压力群体进行主动交流，也可以为政策实施带来重要支持。例如，1997年德国造纸行业主动承担了提高废纸回收利用率的责任，经过随后几年的努力，2001年纸张生产的再生纸利用率达到65%。

第三，利用市场机制和市场手段提高资源利用率。污染者付费原则的实施有助于从源头上降低污染。例如，2003年初期德国引进的一次性饮料瓶押金制度对于减少包装垃圾非常有效，它已经完全转变成适于再包装的可持续消费。

第四，尽早调整生产规则，以减少危险废物和降低长期成本。例如，《物质闭合循环与废弃物管理法》规定在废物处置前优先废物回收利用，而有害废物被填埋到废弃矿井中，从技术上来说也是一种法律回收手段。为了适应发展要求，2002年德国政府颁布了《地下废物堆积条例》，详细规定了地下废物堆积的种类、岩层和有关条件。

第五，运用循环经济原则也可以带来长期经济效益。重点提高能效可以大大降低企业和整个经济的发展成本。另外，在生产过程中探索生态效益的方法也可以激发创新能力，为提高国内乃至国际竞争力创造无限商机。

三、日本建立循环型社会的实践与政策

尽管称谓不同，但日本建立循环型社会的历史背景及发展过程与德国的循环经济是基本一致的。同样是在处理资源环境与经济发展关系的历史进程中，以解决生活和工业废弃物问题为主线，产生和发展了循环型社会的概念和实践。

与德国循环经济概念提出时强调对废弃物进行物质闭路循环利用相比，日本循环型社会的概念更深入和宽泛，强调要建立资源能源消耗和环境负荷最小的社会，这相当于中国目前倡导的资源节约型和环境友好型社会。这一差异与日本利用"后发优势"学习和发展德国经验有一定的关系。

（一）日本建立循环型社会的背景

日本从经济发展优先战略到提出建设循环型社会，是与其在发展过程中遇到的环境问题密切相关的。从20世纪60年代后期开始，日本经过20多年的努力，成功地解决了非常严重的工业污染和部分城市的生活型污染问题。80年代后期，日本开始进入后工业化社会和消费型社会，急剧增加的工业与生活废弃物成为日本环境保护与可持续发展面临的重要问题之一，具体表现在五个方面。

第一，大量的废弃物产生。日本经过20世纪60、70年代的经济高度增长，逐渐形成了通过大量生产、大量消费、大量废弃的形式实现经济成长的社会系统以及资源浪费型的社会结构，其结果是每年产生出大量的废弃物。

第二，新环境问题及难处理废弃物的产生。化学药品、农药、轮胎、电池、小型燃气罐等难处理的、有毒有害的危险废弃物不断增加，令很多地方政府难以管理。

第三，废弃物的最终处理填埋场严重不足。每年产生大量的废弃物，对于日本这个国土面积狭小的国家来说，是一个巨大的挑战，新建填埋场越来越困难。

第四，废弃物的非法倾倒现象频频发生。废弃物的非法倾倒现象不断发生，仅2001年就发生了1 150起，有24万吨废弃物被非法倾倒。

第五，废弃物的循环利用率迟迟不能提高。维持目前的社会经济发展水平，日本每年的资源投入量大约是21亿吨，库存（社会物质积累）10亿吨，在6亿吨的废弃物中，有2亿吨被循环利用，占资源总投入量的10%左右。如果全球都按照日本人的方式生活，人类就需要2.7个地球来维持自己，足以说明日本已经形成了资源浪费型的社会经济结构。

另外，日本在履行《京都议定书》减排温室气体承诺方面的巨大压力，也是其提出建立循环型社会的一个重要推动力，以减轻社会经济发展对资源能源的依赖程度和有关文件的压力。

（二）日本建立循环型社会的实践模式

日本建立循环型社会的实践模式可以总结为三句话：环保产业化，即发展"静脉"产业；产业环境化，即发展环境友好型"动脉"产业；"动脉"与"静脉"结合或连通，并趋向物质流动平衡。

静脉产业是日本建立循环型社会的重点领域和切入点，主要做法是建立废弃物再生利用行业的生态工业园。只要静脉产业体系建立起来，从理论上讲，动、静脉产业间或者说整个社会中的物质循环利用体系就会自然形成。

1.日本的静脉产业

日本的静脉产业主要包括包装废弃物再利用产业、废旧家电再生利用产业、建筑垃圾再生利用产业、食品再生利用产业、汽车再生利用产业以及与上述废弃物再利用相关联的回收、运输和再生技术研发等。

（1）废旧家电再生利用产业

在日本，废弃的电器产品中主要包括电视机、洗衣机、空调和冰箱，每年大约有1 800万台、60万吨家电成为垃圾，其中可回收金属10万吨。针对这一问题，日本自2001年4月1日开始实施《家电再生利用法》。按照这项法律，生产者、销售者和消费者分别承担处理责任和有效利用资源的义务。《家电再生利用法》规定了须再生利用的废旧家电包括电视机、洗衣机、空调和冰箱，法定的再生利用比率分别为55%、50%、60%和50%。

（2）汽车再生利用产业

日本每年约有 500 万辆汽车被报废。由于报废汽车含有可利用的金属与部件，因而具有较高的资源价值。日本于 2002 年颁布了《汽车再生利用法》，2005 年 1 月 1 日起正式实施。《汽车再生利用法》的颁布和实施为日本报废汽车的再循环利用提供了法律保证，同时对报废汽车再生处理技术也提出了更高的要求。

2. 日本生态工业园区发展现状和管理模式

（1）发展现状

日本生态工业园区是以建设资源循环型社会为目标，在发挥地区产业优势的基础上大力培育和引进环保产业，严格控制废物排放，强化循环再生等。日本从 1997 年就开始规划和建设生态工业园区，并把它作为建设循环型社会的重要举措。截至 2004 年 10 月，先后批准建设了 23 个生态工业园区。

日本生态工业园区的主要特点如下。

第一，以"静脉"产业为主体是日本生态工业园区建设的最大特点。现有的 23 个生态工业园区都以废弃物再生利用为主要内容，相关设施有 40 多个，所回收、循环利用的废弃物多达几十种。

第二，生态工业园区内利用的废弃物大部分属于个别再生法规定的范围。例如，一般废弃物中的废弃家电、废旧汽车、废旧容器等分别被《家电再生利用法》《汽车再生利用法》和《容器包装再生利用法》所覆盖，建筑混合废物的再生利用则是《建筑材料再生利用法》所规定的。

第三，在园区内开辟专门的实验研究区域，企业、学校、政府共同研究废弃物处理技术、再利用技术和环境污染物质合理控制技术，为企业开展废弃物再生、循环利用提供技术支持。

第四，生态工业园区建设重点突出、特色分明。从总体上讲，日本生态工业园区内的产业活动是以废弃物再生利用为主的，但是，从所利用的废弃物种类看，园区之间还是存在差别的，即各个园区都有自己的主体方向。另外，同一类型的废弃物再生事业也可能在不同的生态工业园区实施。

第五，生态工业园区是一个多功能载体，除了进行常规的产业活动外，还是一个地区环境事业的窗口。例如，北九州生态工业园区内除了各项废弃物再生利用设施外，还具有以下功能：举办以市民为对象的环境知识学习；举办与环境相关的研修、讲座；接待考察团；支持实验研究活动；园区综合环境管理；展示环境、再生使用技术和再生产品；展示、介绍市内环保产业。

（2）日本生态工业园区的管理模式

日本生态工业园区建设以地方自治体为主体，国家和地方政府共同辅助和管理，企业、研究机构、行政部门积极参与，形成了产学官一体化的园区管理和运作模式。

目前，日本生态工业园区的建设和管理主要由环境省和经产省共同负责，实行双重管理制。环境省负责废弃物的合理处理工作，而经产省主要从产业方面进行管理，负责对可回收资源如铁、废塑料等的管理工作。

中央制定了生态工业园区的补偿金制度，由环境省和经产省执行。在现有园区的40个"静脉"产业设施中，环境省主要资助生态工业园区的软硬件设施的建设和科学研究与技术开发；经产省主要资助硬件设施建设、"3R"相关技术的研发及生态产品开发等。个别设施项目由两省共同承担。在全国现有23个园区的40多个"静脉"产业企业中，由经产省给予经费支持的占20%左右，环境省支持的约占30%。这几年，随着技术的成熟和局面的打开，两省支持经费正在不断减少。

入园企业的技术水平在同行业中必须具有先进性、领先性，方能取得国家和地方政府的资金援助，国家对入园企业的补助经费占企业初建经费总额的1/3 ~ 1/2。各地方政府对入园企业也有少量补贴，但补助金额多少不等。

地方环保部门对生态工业园区的管理：一是对企业排污进行监控；二是为企业合理利用资源提供信息和技术指导，并对入园企业进行审批，还帮助入园企业办理其他手续；三是对符合条件的企业予以补助；四是负责向社会和市民公开信息。

（三）日本建立循环型社会的法律体系与政策

1.循环型社会政策法规的框架体系

从法律法规体系看，日本促进循环型社会发展的法律法规体系包括3个层次：1部基本法，即《循环型社会形成推进基本法》；2部综合性法律，分别是《废弃物处理法》和《资源有效利用促进法》；6部专项法，分别是《容器包装再生利用法》《家电再生利用法》《建筑材料再生利用法》《食品再生利用法》《汽车再生利用法》及《绿色采购法》。

（1）《循环型社会形成推进基本法》

该法的主要内容有以下6个方面。

第一，建立"循环型社会"的概念。简单地说，所谓"循环型社会"是指自然资源消耗、环境负担最小化的社会。

第二，对那些没有考虑其价值而被称为"垃圾"的物质，定义为"可循环资源"并促进其回收。

第三，"优先处理"顺序为：垃圾减量–回用–回收–能量利用–安全处理。

"减量"，是指降低废弃物的产生；"回用"，是对"可回收资源"的再利用，将废弃物作为产品或零件；"回收"，是将"可回收资源"作为原材料进一步利用；"能量利用"指从"可回收资源"中回收热量；最后，对不可利用的废弃物进行安全的处置。

第四，明确中央政府、地方政府、企业和公众的责任，鼓励每个人为建立循环型社会做出努力。特别是明确企业和公众作为"垃圾产生者"的责任，并增加"生产者责任"，即生产商对他们的产品从产地到处理负主要责任。

第五，政府负责制定"促进建立循环型社会的基本规则"。

第六，明确建立循环型社会的政府措施。这些措施包括：减少垃圾产生量；以法规形式规定"垃圾产生者责任"；在产品回收利用到评估的整个过程中增加"生产者责任"；鼓励使用再循环产品；对妨碍环境保护、产生污染的企业征收环境补偿费。

（2）《资源有效利用促进法》

《资源有效利用促进法》是对1991年颁布的《促进可循环资源利用法》的修订法，于2001年4月实施。该法致力于建立一个拥有更高资源与环境效率的经济体系，在世界上处于领先地位。法律要求七大类工业企业在生产、分配以及消费过程的各个阶段应实施废弃物减量化、再利用和再循环原则。同时，该法提出5项具体措施：即通过节约生产资源和延长产品使用寿命减少废物产生量；回用零部件；企业回收使用过的产品并使之再循环；使用后的产品加贴选择性收集标签；减少副产品和采取其他循环措施。

（3）《废弃物处理法》

该法是1970年制定的，历经1991年、2001年和2003年三次修订。新修订的法律中增加了垃圾产生最小化、垃圾分类及回收等条款；对有毒性的固体废弃物（如医疗垃圾）的管理条款更加严格；建立垃圾处理中心系统；将选择性处理的责任分摊到公众身上；地方政府组建促进垃圾减量化委员会。

（4）《容器包装再生利用法》

该法设立的目的是建立容器与包装回收体系，对玻璃瓶、PET瓶、纸制品、塑料包装制品等回收利用制定了具体条款。

（5）《家电再生利用法》

该法规定了制造商和进口商对家用电器的回收义务，必须按照再商品化率的标准对其实施再商品化。该法规定电冰箱、洗衣机的再商品化率（资源回收）必须达到50%以上；电视机的再商品化率必须达到55%以上；空调的再商品化率达到60%以上。

（6）《建筑材料再生利用法》

颁布于2001年，从2002年开始实施。该法要求：对沥青块、废木材等废物要进行再生利用，2010 年上述废料的再生利用率目标为 96%。

（7）《食品再生利用法》

该法于 2001 年 4 月实施。该法规定，食品厂、流通和外售企业对食品废物等负有将其转化为肥料、饲料的义务。

（8）《绿色采购法》

该法于 2001 年 4 月实施。该法规定，国家机关和地方政府等单位有优先采购环保友好型产品的义务，2001 年环保友好型产品采购对象包括文具、办公自动化设备和汽车等 14 类共 101 种产品。

（9）《汽车再生利用法》

该法于 2002 年 4 月部分实施，2005 年 1 月全部实施。法律规定了相关方必须履行的义务，汽车制造商须对粉碎机处理后的残渣回收、再生资源化；汽车销售商、汽车修理企业须回收、交付废旧汽车；汽车所有者要交付最终处置费用，在使用后要将报废汽车交给回收企业。

日本循环经济法律体系的特点可归结如下。

第一，覆盖面广。法律对生产、消费、回收、再利用、安全处理等各个环节都有明确规定。例如，生活垃圾包括家电、汽车、食品、包装容器等废弃物，产业废弃物包括矿山、冶金、化工、水处理等行业废弃物。

第二，操作性强。法律制定时采取先易后难的办法，即首先针对涉及相关利益较少的废弃物的再生利用进行立法，如《家电再生利用法》只针对空调、冰箱、电视、洗衣机等；《汽车再生利用法》只针对车体、塑料、气囊等进行回收再生利用。

第三，各方责任明确。法律对政府、地方自治体、企业、公众的责任和义务进行了明确规定，如《家电再生利用法》对制造商、消费者、再生利用者分别规定了需要承担的费用；《汽车再生利用法》设计了管理处置的中介机构及其责任等。

2. 日本推进循环经济的经济政策

为了促进循环型社会的发展，日本采取了一系列的经济政策。其中一个主要政策是生态工业园区补偿金制度。该补偿金制度由环境省和经产省执行，涉及其他部门的项目，则由主管部门支持。例如，北九州生态工业园区的食品垃圾处理研究项目，得到了农林省、文部省等部门的资金支持。2003 年，环境省和经产省各自提供了 15 亿日元。另外，环境省还在废弃物处置技术研究与开发、工业性示范、政策调查等方面为研究单位、企业和中介机构提供了大量的资金支持。

在专项再生法律执行中，日本制定了详细的经济制度，以保证废弃物能够收上来、处理好、循环好。如家电回收中明确规定了居民废弃一台家电应交的处理费；

废汽车法规定了新车主、旧车主应交的处理费；地方政府规定了企事业单位处理废物应交的费用（比对居民征收的费用高得多）等。

日本推进循环型社会技术研究开发的主要措施是：在生态工业园区内开辟专门的实验研究区域，多方共同研究废弃物处理技术、再利用技术和环境污染物质合理控制技术，为企业开展废弃物再生、循环利用提供了技术支持。

3. 日本循环型社会建设的绩效目标与成果

在循环型社会建设的基本计划中，日本提出了考核指标体系的数值目标。该目标主要包含两个方面，第一个方面是物质流量（原材料流量）目标，主要有 3 个：资源生产率（GDP/ 天然资源等的投入量），表示怎样用最少的资源获得最大的财富值，至 2010 年达到约 39 万日元 / 吨（与 2000 年相比提高 40%）；循环利用率，至 2010 年达到约 14%（与 2000 年相比提高 40%）；最终处理量，至 2010 年减少至约 2.8 亿吨（与 2000 年相比减少 50%）。第二个方面是措施目标，即每人每天的垃圾排放量减少 20%，循环型社会的相关商业市场和就业规模扩大 1 倍等。评价指标体系的建立和数值目标的制定对日本循环型社会的实践起到了很好的政策指导作用，增强了可操作性。

经过不到 10 年的时间，日本循环型社会已经进入了良性发展时期，不少废弃物的循环利用率已达到或超过法定目标。

四、其他国家的实践经验

其他国家虽然没有明确循环经济的提法，但是很多做法都体现了循环经济的理念和原则，特别是"3R"原则在废弃物处理中的应用、企业开展的清洁生产和生态工业建设等。

（一）企业层面的循环经济实践

清洁生产被普遍认为是在企业层次上的循环经济的具体实践形式。自从 20 世纪 80 年代后期联合国提出清洁生产的概念后，世界上很多国家都成立了国家清洁生产中心，致力于推进清洁生产。总体上，由于技术经济水平的先进性，发达国家的绝大部分企业目前基本上达到了清洁生产或环境友好型生产的要求。

企业内部的物料循环是循环经济在微观层次上的基本表现。参与世界可持续发展工商理事会（WBCSD）组织、以生态经济效益为准则的企业大都重视企业内部的物料循环，典型的事例是世界化学制造业的龙头老大——杜邦化学公司。20 世纪 80 年代末，杜邦公司的研究人员把工厂当做试验循环经济理念的实验室，创造性地把"3R"原则发展成为与化学工业实际相结合的"3R 制造法"，以达到少排放甚至零排放的环境保护目标。

（二）生态工业园区的建设经验

单个企业的清洁生产和内部循环具有一定的局限性，因为生产过程中必然会产生厂内无法消解的一部分废料和副产品，于是需要从厂外去组织物料循环。生态工业园区就是要在更大的范围内实施循环经济的法则，把不同的工厂连接起来形成共享资源和互换副产品的产业共生组合，使得这家工厂的废气、废热、废水、废物成为另一家工厂的原料和能源。1990年以来，生态工业园区开始成为世界工业园区发展领域的主题，并在各国的具体实践中积累了丰富的经验。

丹麦卡伦堡是目前世界上工业生态系统运行最为典型的代表。这个生态工业园区的主体企业是发电厂、炼油厂、制药厂、石膏板生产厂。以这四个企业为核心通过贸易方式利用对生产过程中产生的废弃物和副产品进行加工处理，不仅减少了废物产生量和处理费用，还产生了较好的经济效益，形成了经济发展与环境保护的良性循环。

20世纪70年代以来，在美国环境保护局（EPA）和可持续发展总统委员会（PCSD）的支持下，美国生态工业园区项目应运而生，涉及生物能源的开发、废物处理、清洁工业、固体和液体废物的再循环等多个领域。目前，美国已有近20个生态工业园区并各具特色。例如，改造型的Chattanooga生态工业园区。在该园区，以杜邦公司的尼龙线头回收为核心推行企业零排放改革，不仅减少了污染，还带动了环保产业的发展，在老工业区发展了新的产业空间。全新型的Choctaw生态工业园区。例如，俄克拉荷马州以大量的废轮胎为资源，采用高温分解技术可将这些废轮胎资源化而得到炭黑、塑化剂和废热等产品，进一步可衍生出不同的产品链。虚拟型的Brownsville生态工业园区。在园区原有成员的基础上，不断增加新成员来担当工业生态链的"补链网"角色，如引入的热电站，废油、废溶剂回收厂等。

自1995年以来，生态工业园区项目在加拿大多伦多的Portland工业区逐步展开。这一工业区汇集了有废物和能量交换潜力的多种制造和服务行业。

（三）废弃物的综合回收利用

1. 法国的包装废弃物回收体系

在《包装法》压力下，1992年8月，法国的制造商和进出口商设立了一个回收系统和家庭分类包装中心。由环保包装商标公司管理包装商、产品制造商、进口商的产品包装，促使其达到环保要求。此外，法国还有一些包装回收组织，如酒与饮料工业的制瓶制造商建立了Adephe，其任务为收集制药包装垃圾；同年，木材工业设立了Eco-bois，任务为收集木材包装。制造商和进口商也可委托第三方，选择押金制度或独立回收制度来回收包装废弃物。

2. 美国的包装废弃物回收体系

美国的回收体系有路边回收、零散回收和分散回收系统。路边回收是规定居民将报纸、金属、玻璃、塑料瓶等可以作为再生资源循环利用的废弃物置于路边，由地方有关部门收集到分离中心，再按类挑选、整理后送至相应的工厂利用。路边回收通常被认为是最有效的回收方法。1996 年路边回收站总数已达 8 817 个，为 1.35亿人服务。零散回收成本与路边回收成本相差无几，但因为不太方便，通常只有较少人参加。分散回收系统可以同路边回收系统相辅相成，共同发挥作用。在经济政策方面，主要采用可归还的保障金政策、垃圾收费政策、原生材料税、填埋和焚烧税等手段，从而有力地促进了包装废弃物等垃圾的减量化和再生利用。

3. 废旧家电的回收利用

根据美国环保局统计，使用从废家电中回收的废钢代替采矿、运输、冶炼得到的新钢材，可以减少 97% 的矿废物，减少 86% 的空气污染和 76% 的水污染，减少 40%的用水量，节约 90% 的原材料和 74% 的能源，而且废钢材与新钢材的性能基本相当。

在废电子产品中，废电脑的处置在美国一直是个大问题。2004 年 3 月，马萨诸塞州制定了美国第一部禁止私人向填埋场、焚烧炉丢弃废弃电脑显示器、电视机和其他电子产品的法律。

（四）循环经济相关法律法规和政策制度

面对废弃物的困扰，许多国家制定了法律法规来解决问题。20 世纪 90 年代以来，许多国家为促进废弃物的减量化、循环利用和安全处置，都制定了各自的政策法规。归纳起来主要有：自愿回收制度、生产者负责制、行业减费制度、废物分类制度、市场手段、财务和税收政策、废弃物循环利用基金、废物焚烧回收利用能源、对环境负责的采购方式、环境标志制度以及可持续发展商业准则等。

美国各州都有自己的法律法规，早期的循环经济法可以追溯到 20 世纪 70 年代，但是到目前还没有一部全国性的循环经济法规。美国在 1976 年制定了《固体废弃物处置法》，后又经过多次修改；于 1990 年通过了《污染预防法》；1991 年美国环保局制定了废弃物处理的优先顺序，即减量 - 重复利用 - 循环再生 - 焚化 - 填埋。自1980 年以来，俄勒冈、新泽西、罗得岛等州先后制定了促进资源再生循环利用法规，现在已有半数以上的州制定了不同形式的再生循环利用法规。

（五）国际经验对中国发展循环经济的启示

1. 循环经济概念的中外比较分析

尽管"循环经济"一词是舶来品，但无论从政府重视程度、社会宣传力度、实践领域还是循环经济内含等方面看，中国循环经济的发展形势在国际上有独一无二的势头。这主要是由于国情不同和所要解决问题的紧迫程度不同所造成的。以德国、日本为代表的发达国家倡导的循环经济从废弃物循环利用入手，通过生产责任者延伸制度将循环经济向生产和消费领域扩展，通过物质流管理向区域推进，改变传统的"大量生产、大量消费、大量废弃"的社会经济发展模式。中国目前倡导的"循环经济"概念的外延宽泛、内涵丰富，涉及生产和消费两个领域，是针对转变整个经济增长方式的大概念，以调控社会经济系统与生态环境系统之间物质（资源 / 废物）流动方式为抓手，以提高生态效率为核心，以建立"低资源能源消耗、高经济效益、低污染排放"的经济增长模式为目标。当然，从所追求的目标、发达国家在生产领域的技术经济与生态效率的先进性以及发达国家循环经济的发展趋势看，中国与发达国家循环经济的内涵并不是本质上的差异，只是实践的侧重点和时间序列不同而已。因此，目前中国所倡导的循环经济从概念的内涵和实践的内容上来说，与国际上正在热推的可持续生产与消费以及与 G8 会议倡导的"3R"可以对接起来。

可持续生产与消费是可持续发展理论，特别是约翰内斯堡世界可持续发展大会有关文件的规范说法，是国际社会通用的概念。约翰内斯堡世界可持续发展大会通过的实施计划号召，各国应鼓励和促进制定十年计划框架，以支持区域和国家加快向可持续消费和生产转变，促进社会经济在生态系统的承载能力之内发展。针对约翰内斯堡峰会实施计划的精神要求，可持续生产与消费已成为国际社会的热点问题。

"3R"的主要目标有两方面，一是提高资源效率，二是污染预防，即最大限度地提高资源效率，同时，最大限度地降低污染负荷。国际社会已经把大力推行"3R"作为实现可持续生产与消费的重要途径和战略。

在国家层面，英国 2003 年启动了一个可持续消费和生产的政府框架；德国已开始着手制定国家战略；芬兰委托了一个委员会，起草可持续消费与生产国家计划；中、东欧和中亚国家也已认识到可持续消费与生产是可持续发展的本质要求，并体现在国家政策框架之中。

从中国循环经济的本质来看，主要涵盖生产和消费两个重点领域，因此，可持续生产和可持续消费就成为循环经济发展的两个重要维度。可持续生产的主要目的是提高资源、能源利用效率，提高资源生产率，改造传统的工业生产体系，在实践上，主要体现在企业层面大力推行清洁生产，在工业园区层面建设生态工业园区，进而构建生态工业网络。

可持续消费体系通过减少自然资源消耗、创造良好的生存环境来持久地提供各类消费品及服务，满足人类的基本需求，不仅包括绿色产品的生产和消费，还包括废旧物资的回收利用、资源的有效使用、生存环境和物种保护等，涵盖生产和消费行为的方方面面。

发达国家经验表明，生产与消费互为因果，但是在买方市场下，消费取向和消费行为对生产的方式和内容有决定性的影响，例如，消费领域对环境友好型产品的选择可以有效地培育循环经济的市场，提高循环经济的规模，向生产领域发出正确的经济激励信号，促进生产领域循环经济体系的形成，刺激循环经济技术的研发和应用，从而使循环经济产品和服务的价格趋于合理，合理的价格可以促进消费者采取环境友好型消费方式，最终两者之间形成良性互动的循环。另外，可持续的消费行为及其他相关产业活动为生产活动提供了再生资源和绿色服务。如消费领域废弃物的回收和再利用环节可以向生产领域源源不断地提供大量的再生资源，减轻末端处理压力，拉长产业链，创造新的就业机会；同时可以通过生产责任者延伸制度使企业强化对资源的减量化、再利用、再循环和无害化。因此，可持续消费对建立可持续生产模式发挥着重要的引导作用。从涵盖领域看，构建可持续消费模式是发展循环经济的重要内容。从作用机制看，可持续消费是循环经济发展的内在动力。概括起来，中国发展循环经济，建立可持续消费体系的切入点有五个方面：一是环境标志产品、有机食品、节能产品的认证；二是大力发展绿色服务业，即第三产业；三是生态建筑和绿色社区创建；四是提高公众意识，倡导大众绿色消费；五是大力推行政府绿色采购。

2.国际经验对中国发展循环经济的借鉴意义

通过比较研究，可以发现国际上发展循环经济、建设循环型社会的做法对目前中国正在大力推行的循环经济有很多启示，主要体现在法规政策、管理体制与机制、实践模式与评价方法、优先领域选择、技术与信息、宣传与公众参与等几个方面。

（1）法律法规和政策启示

完善的循环经济法律制度是发展循环经济的基本依据和保障。为实施全过程资源循环利用，实现循环型社会发展模式，日本在"基本法、综合法、专门法"三个层面上建立了一套完善的法律法规体系，值得中国借鉴学习。

《清洁生产促进法》的颁布标志着中国环保立法观念已从末端污染治理转向生产全过程控制，但这一立法思想在其他的资源环境法律中体现得不充分。另外，在资源再生利用和可持续消费等循环经济的重要领域，中国的立法基本处于空白。因此，中国应重新改造现有的资源环境法律体系，构建涉及生产、消费和资源循环利用等领域，涵盖基本法、综合法和专门法几个不同层次的循环经济法律法规体系，包括循环经济基本法、废物处置法、资源节约和综合利用促进法及促进各种特定物质循环利用和废物安全处置的专项法律法规，使中国循环经济的发展有法可依，并与现有资源、环境法律相协调。

要全面推进循环经济发展，中国应逐步建立和完善以下四个方面的关键制度和政策。

第一，循环经济市场制度。循环经济市场制度是指以价格为杠杆，以激活工业经济生产、流通、消费各领域中资源利用效率为目的，从循环经济的角度规范工业经济个体经济行为的约束和激励制度。

第二，循环经济规范制度，包括清洁生产制度、绿色消费制度、绿色贸易制度、绿色采购制度、绿色包装制度、绿色标志制度等。这些制度的建立与实施，将会使资源在生产、交换、分配、消费等经济领域实现资源循环利用，并对各种资源循环利用行为进行有力地约束与规范。生产者责任延伸制度是一个重要的循环经济规范制度，在产品的生命周期内，生产者不仅要为产品的质量负责，同时也要负责废旧产品的回收和循环利用。利用经济手段和市场机制，建立生产者对其产品使用结束后负责收集、回收和循环利用的机制。

第三，循环经济核算制度，包括绿色会计制度、绿色审计制度、绿色国民经济核算制度等。这些制度安排，将生态环境资源的存量消耗与折旧以及保护与损失费用纳入资源循环利用与经济绩效的考核之中，评价社会经济活动的真实经济绩效，对经济个体的经济行为实行有效的定量考核与监督。

第四，鉴于提高资源和能源利用效率是发展循环经济的核心内容，国际上在发展循环经济时也非常重视提高资源和能源利用效率、调整和优化能源结构等方面的内容，因此，建立和完善配套的资源、能源利用政策十分重要。针对中国目前的情况，需要重点研究制定促进资源综合利用政策、重点行业提高生态效率节能减排方面的政策、水资源节约政策、电子废弃物回收和循环利用政策等。

（2）经济政策启示

市场机制下经济激励政策能有效促进中国循环经济发展，从国际经验来看，在德国、日本和其他OECD国家，其总体资源价格（能源、水、土地等）、服务（废弃物处置、交通等）和环境责任成本（诉讼、罚款等）较高，这已成为促进提高资源效率的主要因素。

从这一点来看，循环经济激励制度包括绿色财政制度、绿色金融制度、绿色税收制度、绿色投资制度等，这些激励性制度安排，将会对资源循环利用和环境保护活动提供一种有效的动力机制。

（3）管理体制和机制启示

恰当的体制安排可以保证政府各部门之间互相协调，各司其职，共同推进循环经济的发展。德国、日本等国家能够顺利推进循环经济发展、建设循环型社会，与政府部门建立了和谐、高效、各司其职、互相协作的循环经济管理体制有密切关系。因此，中国推动循环经济的发展，也需要建立一个协调的管理体制。

　　循环经济管理体制应根据循环经济的内涵和本质特征来建立。首先，循环经济是经济，是社会生产和再生产活动，经济综合部门自然应发挥其主导作用。即从产业政策、资源能源价格政策、财政金融政策、国家社会经济发展规划等宏观调控手段的角度，引导经济结构调整和微观经济活动向循环经济方向发展。

　　其次，循环经济不同于传统的经济发展模式，它因资源环境问题而起，又以提高资源效率和保护环境为主线贯穿经济活动的全过程，是可持续的生产和消费活动，资源和环境保护部门是循环经济管理体制中不可缺少的部门，否则，在运行管理和指导方式上，无法保证循环经济的发展会有别于传统经济。环保部门在推进和指导循环经济的发展方面大体有两个作用：一是从经济运行的资源环境绩效的角度，监督和评价循环经济发展的状况。制定循环经济不同领域和层次的指标体系和标准是环保部门发挥该作用的基础和前提。二是加强环境监督管理，抓好项目、政策及规划的环境影响评价，从外部形成循环经济发展的驱动力。

　　总之，发展循环经济是政府部门的职责，需要经济综合部门和资源环境部门根据各自的职能定位，从不同角度共同发挥主导作用，科技、财政、金融、税务和国民经济建设的其他相关部门密切配合。这就需要国家和各级政府建立统一的协调机制，协调各主要部门的管理职能和行动。

　　国际经验表明，建立循环经济运行机制，明确政府、企业和公众各自的责任和义务，是确保循环经济顺利发展的关键。在发展循环经济方面，政府既负有引导责任，又应通过制定各种经济激励措施，给予资金和政策支持。企业作为循环经济的实践主体，应意识到自己的社会责任，通过污染者付费制度和生产者责任延伸制度，促使企业负责其产品生命周期内的生产、使用、收集、回收、再生利用和处理处置。公众参与不仅是为了创造循环经济发展的良好社会氛围，而且公众在循环经济发展的许多领域（如绿色消费、节约资源能源和回收利用废物等方面）有着直接的责任和义务，作为消费者，要对收集和处理生活垃圾付费。

　　（4）评价方法与实践模式：物质流分析与管理

　　日本、德国以及其他欧盟国家对提高资源效率、发展循环经济的绩效评估采取了物质流分析的方法，具体实践模式是全面引入物质流管理的理念与方法，其评价方法和实践模式非常值得中国借鉴。物质流分析及管理可以在五个方面对循环经济实践发挥方法学指导作用。第一，减少物质投入总量。在社会经济活动中，物质投入量的多少直接决定资源的开采量和对生态环境的影响程度。特别是对于不可再生资源，物质投入量的减少就直接意味着资源使用年限的增加，其对整个社会经济和环境的意义是极为显著的。因此，循环经济强调要在减少物质总投入的情况下实现社会经济目标。通过减少物质总投入，实现经济增长与物质消耗和环境退化的"脱钩"或"分离"（decoupling）。第二，提高资源利用效率。资源利用效率反映了物质、产品之间的转化水平，其中生产技术和工艺是提高资源利用效率的核心。通过物质流分析，可以分析和掌握物质投入和产品产出之间的关系，并通过技术、工艺改造和更新，提高物质、产品之间的转化效率，提高资源利用效率，达到以尽可能少的物质投入实现预期经济目标的目的。第三，增加物质循环量。通过提高废弃物的再利用和再资源化，可以增加物资的循环使用量，延长资源的使用寿命，减少初始资源投入，从而最终实现减少物质的投入总量的目的。第四，减少最终废弃物排放量。实质上，在社会经济活动中，通过提高资源利用效率，增加物质循环量，不但可以减少物质投入的总量，同时也可以实现减少最终废弃物排放的目的。因此，在发展循环经济的过程中，生产工艺和技术的进步、生态工业链的发育和静脉产业的发展壮大，可以通过提高资源使用效率、增加物质循环和减少物质总投入，达到减少最终废弃物排放量的目的。第五，制定循环经济指标和标准。发展循环经济，如何对循环经济的发展绩效进行评价是一个重要内容，这就需要建立科学可行的指标体系。物质流分析为我们分析经济活动的效率、资源和环境的压力提供了科学的方法，因此，基于物质流分析的指标体系是评价经济活动效率和循环经济发展的重要指标。基于物质流分析的指标体系主要有六个方面：资源投入指标，经济产出和废物产出指标，资源消耗指标，资源平衡指标，生态效率指标，反映物质消耗、环境退化与经济增长之间相关关系的综合指数。

（5）优先领域选择

尽管具有相同或者类似的本质，但是由于中国和发达国家的发展阶段不同，决定了中国在循环经济优先领域和具体实践模式方面的差异。中国的循环经济建设要解决在快速工业化进程中遇到的资源"瓶颈"、环境压力，因此，中国循环经济面临着独有的压缩型工业化产生的复合性环境问题，具体实践内容非常丰富，几乎包括了国民经济的各个产业。

改造现有的工业体系，构建生态工业体系是生产领域发展循环经济的重点，要紧紧扣住资源开采利用、产品生产和废旧资源再生利用等环节，遵循经济、资源循环利用、环境和社会就业等效益相统一的原则，选择高污染和高资源能源消耗的"双高"产业，如钢铁、煤炭、石油、石化、化工、建材等行业，提高其资源生产率，降低其污染负荷，使其向生态化转型。

尽管中国与发达国家在发展循环经济的优先领域选择方面有所侧重，但是，发达国家的优先领域废旧资源回收、再利用再循环产业（所谓静脉产业）对中国也具有特殊的意义，同样应成为中国发展循环经济的优先领域。

（6）技术与信息支撑体系

当代知识经济的主要技术载体是以信息技术和生物技术为主导的高新技术，国际经验表明，循环经济同样需要先进的科学技术作为支撑，如果没有先进技术的输入，循环经济所追求的经济和环境的目标将难以从根本上实现。循环经济的支撑技术体系由五类技术构成：替代技术、减量技术、再利用技术、资源化技术、系统化技术。

同时，循环经济是一个复杂的经济再生产系统，只有运用现代信息技术，才能对其进行物质流分析与管理。循环经济的生态经济效益最终将明显地体现在经济系统的物质流变化上。一个循环型经济系统应该大幅度地减少资源输入流，同时大幅度地减少废物输出流。从循环经济的角度看，对一个经济系统（无论是企业、家庭还是城市、国家）的输出输入和环境影响进行分析评估，必须立足于整个过程和整个系统，而不是仅仅涉及其中的一个环节或一个局部。因此，物质流分析构成了循环经济信息管理技术的基本思路。它要求从物质和能源的整个流通过程即从开采、加工、运输、使用、再生循环、最终处置六个环节对系统的资源消耗和污染排放进行分析，从而得到全过程全系统的物质流情况和环境影响数据，建立区域循环型经济系统的环境与经济的良性循环。

（7）宣传教育与公众参与

循环经济系统既包括生产体系，又包括消费体系。没有可持续的消费方式，就不可能形成可持续的生产方式，循环经济也就无从谈起。所以，发展循环经济不仅需要政府的倡导和企业的自律，而且要求全社会所有成员从我做起，共同参与。政府应开展循环经济宣传教育、提高公众意识，为推进循环经济发展创造良好的社会氛围，同时，更重要的是让公众亲自建设循环经济。

日本非常重视运用各种手段开展有关建立循环型社会的宣传工作，公众积极参与循环型社会建设，取得了非常好的效果。公众可以从三个方面参与循环型社会建设。一是防止过量包装，减少包装垃圾，正确购物和环境友好地消费；二是承担废旧电子产品、报废机动车等的收集和回收利用的部分费用，提高了废旧资源的回收利用率；三是反复利用一次性易耗品，对生活耐用品如衣服、旧家电、家具等自己不用了可以送给别人使用，不随意丢弃。德国公众和非政府组织也已经成为推动循环经济建设的中坚力量。

中国是一个倡导勤俭节约的民族，但我们也必须看到，随着工业化进程的深入，特别是人均 GDP 超过 1 000 美元后，消费升级步伐加快，消费结构出现明显变化，消费型社会特征显露，所以，中国必须吸取日本的教训，大力弘扬循环经济的生活方式，倡导绿色消费，广泛宣传，发扬优良传统，建立环境友好型和资源节约型社会消费模式。

第四章 循环经济理论对生态环境设计的作用探究

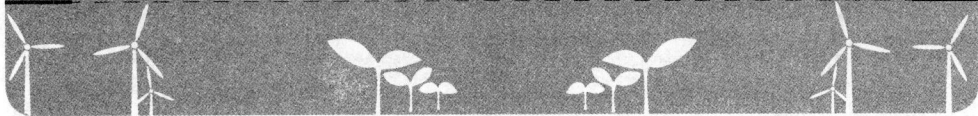

第一节 循环经济理论与生态环境设计的理论关系

随着社会经济的发展和各方面制度的逐步完善，人们对生态环境的重视程度越来越高，循环经济理论的提出更是对生态环境起到了很大的作用。因此，探究循环经济理论和生态环境的关系意义重大。

一、生态环境影响评价制度与循环经济理论的关系

生态环境影响评价制度，在生态环境设计中起到了制度性的建设作用。对循环经济下的生态环境影响制度进行分析，可以帮助我们探究循环经济理论和生态环境设计的关系。

生态环境影响评价制度自20世纪70年代在我国实行以来，对控制新污染、促进老污染治理发挥了积极的作用。但是随着社会经济的发展和环保理念的转变，我国现行的生态环境影响评价已经越来越满足不了环境保护和社会发展的要求。我国传统的环境影响评价主要集中在污染的末端控制和末端治理，这种被动的环境管理手段已经远远不能满足时代的要求。为此，国家在《清洁生产促进法》中提出"新建、改建和扩建项目应当进行环境影响评价，对原料使用、资源消耗、资源综合利用以及污染物产生与处置等进行分析论证，优先采用资源利用率高以及污染物产生量少的清洁生产技术、工艺和设备"，从而使环境影响评价能从项目的原材料、生产过程和最终产品进行全过程分析，完成末端治理向全过程控制的初步转变。但是清洁生产技术仅局限在一个项目内部，而在企业之间、行业之间则无法实现。随着科学发展观的确立，我国政府和学术界不约而同地把发展循环经济、建立节约型社会作为我国实施可持续发展、落实科学发展观的重要手段。我国一些地区开始建立以企业共生为主的生态工业园区，在辽宁省和贵阳市建立了全国循环经济试点

省（市），这为我国发展循环经济奠定了基础。这种模式正在全国迅速推广，各地的生态工业园区、生态农业、生态企业等关联性很强的企业群越来越多，这就要求我国的环境影响评价跳出项目的圈子，在更大区域范围，在多个企业、行业之间进行评价和协调，更多地考虑企业之间、行业之间的协调与互补，将循环经济理念进一步应用到环境影响评价中。从环境影响评价的原则、目标和循环经济的内涵出发，我们重点探讨为适应循环经济在我国迅速发展的需要，环境影响评价的一系列调整方向和评价方法的转变。同时，发展循环经济对我国生态环境影响评价制度提出了新的要求，生态环境制度也对我国循环经济的发展起到了促进和推动作用，二者互为手段，相互促进。

自环境影响评价制度在我国实施以来，我国环境管理完成了从传统管理向科学管理，从分散管理向系统管理的转变。我国的环境影响评价也走过了从单因子评价到综合评价，从浓度控制到总量控制，从末端治理到清洁生产，从建设项目环境影响评价扩大到规划环境影响评价的路程。我国的环境影响评价正一步步走向成熟和规范，也发挥了越来越大的作用。具体来说，我国的环境影响评价经历了以下几个重要阶段。

第一阶段，环境影响评价制度从无到有，实现末端治理。19 世纪以来，尤其是 20 世纪中叶以后，扩大的环境污染、严重的公害事件直接导致了环境影响评价的产生，它的出现改变了以往的"社会发展、经济发展即为人类总体发展"的老观念，强调环境是人类生存的基础，反对以人为主宰统治自然的理念。1979 年，环境影响评价制度在我国建立，首先在建设项目评价中得到应用，当时是一种被动的控制和局部的治理，主要是对污染物产生后的治理和控制，核心目标就是达标排放，而对于污染物的产生过程、产生原因则分析得不够深入，这是当时条件下必然存在的局限性。

第二阶段，由末端控制转向全过程控制。到了 20 世纪 80 年代末出现了清洁生产的概念，它作为实现可持续发展的主要途径，被各个国家广泛接受。此概念的提出为环境影响评价制度提供了新的思路，清洁生产要求从原材料的获取到产品的使用、报废都是环境友好的，这样必然要求环境影响评价要从末端治理转向全过程控制，从产品设计、原材料的开采、工艺流程到污染控制都要进行环境影响评价，并采取相应的环境保护措施。清洁生产在环境影响评价中的应用使建设项目的环境影响评价趋于完善，污染控制手段更加科学合理。

第三阶段，由污染治理转向源头控制。2003 年，《环境影响评价法》颁布实施后，我国将规划环境影响评价以法律的形式规定下来，拟从规划的层次上控制环境污染和生态破坏，从而将环境影响评价从末端治理转向源头控制。在决策四阶段"政策 — 规划 — 计划 — 项目"中，由项目层次向前提到规划层次，尽管没有将政策的评价纳进来，但是已经向源头控制迈进了一大步。这种转变符合可持续发展的要求，改变了以往在项目环境影响评价时的被动局面。在规划的制定阶段就考虑环境问题，可以避免许多重大环境污染事件和生态破坏问题的产生，使决策更为科学。

二、生态环境设计与循环经济理论的关系

近些年，循环经济理论的提出对我国的生态环境设计提出了更高的要求。对生态环境设计与循环经济理论的关系的探究也势在必行。具体来说，循环经济和生态环境设计是相辅相成、相互促进的关系。

何为"相辅相成，相互促进"？这并不是说没有循环经济就不能发展生态环境设计，或者是没有生态环境设计就不能发展循环经济，而是说跟我们的左右手一样，左手和右手都是我们身体的一部分，有人天生就没有左手或者右手，经过训练依靠一只手亦可以不影响生活，但是相对于天生有双手的人来说少了许多便利。循环经济和生态环境设计的关系就是这样。有了循环经济理论，生态环境设计会发展得更好，更加符合社会发展趋势，而生态环境设计进行相应的完善和变革，循环经济发展会更加迅速，普及速度也会加快，这对人们生活和生产的意义也是十分有利的。

第二节　循环经济理论对生态环境设计的作用分析

一、循环经济促进了我国生态环境设计各方面制度的完善

循环经济根据生态学原理，抓住"3R"原则，通过合理设计产业链和产品，科学利用资源来达到环境资源的最优化利用，产生最佳的环境经济效益，实现可持续发展。根据循环经济的要求，我国的环境影响评价还存在一些缺陷，如在环境影响评价中重设施配套管理轻自然资源科学利用，重污染物达标排放轻污染物的综合利用；重政策性执行管理轻经济性、效益性科学指导。也就是说我国现行的环境影响评价没有很好地将自然资源、工艺流程、废物利用和经济效益四个环节综合起来考虑。因此，我国环境影响评价应该更加注重源头资源的利用和生产末端治理环节相协调，应该积极推动节能降污的工艺流程的使用，坚持清洁生产技术，推动废物综合利用，同时积极开展产品的生命周期评价和环境无害化技术的推广。

由此看来，在循环经济的指导下，我国的环境影响评价必将进一步趋于完善：由线性控制转向交叉、全面控制。以"资源最有效利用"为核心内容的循环经济理

念正好适合我国当前资源紧缺、环境污染严重的国情，在经历了追求"劳动力最有效利用""资本最有效利用"之后，人们终于认识到自然资源是人类生存的根本，要充分利用资源，利用好它的容量和承载能力，要追求"资源的最有效利用"，就不能违背大自然的一般规律进行超常规开采、利用和排放。在此背景下，环境影响评价要突破原来单个企业、单个行业的界限，沿着产业链对多个企业行业进行综合的评价和分析，提出最为合理的"减量化、再利用、再循环"的措施，同时突破原来污染物达标排放和总量控制的局限，突出反映资源的最优化利用，强调资源的利用效率，切实降低单位产品的能耗物耗。

二、循环经济理论为我国生态环境设计提供了理论指导

这些年，我国的环境设计理论有很大的变化，最大的变化就是更加注重生态环境的保护，更加注重资源的循环利用与发展。然而，社会经济和形势的更新速度远远超过了生态环境设计理论和原则的更新速度。循环经济理论提出之后，为我国下一步的生态环境设计提供了方向性的指导。我国现在提倡循环经济生态化发展，而循环经济的生态化发展是一个融合了经济、社会和科技等多个领域的系统性工程，需要经过一系列的深刻变革，才能形成一个有力的创新支撑体系。

1.循环经济理论帮助我们更新了生态环境设计观念

观念是人的一种思维、一种意识，它决定着人的行为。观念的创新就是用新的观念去替代旧的观念，这也是适应新形势和新变化的需要。在生态环境设计中，我们要用循环经济的观念代替以前传统的粗放式的观念，树立忧患意识和全局观念，以此来引导人们更新生态环境设计观念，达到人与自然的和谐相处。

2.循环经济理论要求我们进行生态环境设计的技术和管理创新

科学技术作为第一生产力，是循环经济和生态环境设计发展的核心竞争力，这就要求我们在循环经济下发展生态环境设计的过程中，充分发挥科学技术的作用，开发建立包括清洁生产、资源回收再利用和生态治理等在内的绿色生态环境设计技术体系，并在重点行业、重点企业加快适用和推广，促进生态环境设计技术的发展。

管理是政府的一种基本职能，在循环经济下发展生态环境设计的过程中要充分发挥政府宏观调控的功能。一方面，要通过舆论、宣传教育让生态环境设计者进行循环经济理论学习，让全社会了解循环经济，认识到循环经济生态化发展的重要性；另一方面，要组建专门的循环经济发展的中介组织，发挥其独特的作用，进行生态环境设计的管理创新。

第三节　生态环境设计对循环经济的价值与意义探究

循环经济对生态环境设计的各方面理论起到促进和完善作用的同时，不断地完善生态环境设计各方面制度，对发展循环经济和完善循环经济理论也具有深刻的意义和价值。

一、强化环境影响评价，促进循环经济的发展和落实

可持续发展要求人们在行动之前首先考虑其环境后果，以避免因为盲目和无知造成环境污染和生态破坏，从而影响发展的可持续性。循环经济是实现可持续发展的有效途径，是一种创新性经济增长模式，是我们破除增长梦魇、保障在可持续发展基础上最终实现中国现代化的必由之路。但是由于目前存在着诸如对循环经济的内涵理解不准确或对实施循环经济的意义认识不清以及实施过程中缺少实践经验等种种因素，导致循环经济在实施过程中遇到了这样或者那样的问题，其中最主要的原因是没有相应的法规、标准等，因而缺乏法律上的约束力。环境影响评价是将可持续发展的原则纳入人类开发活动和战略决策的重要工具之一。从 1979 年我国《环保法》颁布开始，环境影响评价制度就成了一项法律制度，具有不可违背的强制性，它同时纳入项目建设的基本程序，而且在我国进行投资体制改革后，环境影响评价成了审批环节的最前沿，成了项目能否上马的第一张通行证。正因为环境影响评价有这样的地位和法律强制性，在我国尚未建立或健全实施循环经济的法规、标准的情况下，通过环境影响评价来促进循环经济的实施是一种比较好的选择。环境影响评价是一种手段、一种制度，它从技术上去实现我国社会的可持续性；循环经济是一种理念、一种方式，它为可持续发展提供了实现途径和方式。二者互为补充，互相促进，是我国实现可持续发展、全面建设小康社会不可或缺的两个层面。通过环境影响评价对实施清洁生产和循环经济进行可行性分析，并提出相应的实施建议和措施，从而将循环经济的理念落实到建设项目和规划中。

二、调整生态环境设计的目标和内容以适应新形势的需要

循环经济的实施要求建设项目和规划以资源的最优利用为核心，在满足环境可行的同时，还要考虑资源的重复利用和能源的梯级利用。因此，今后生态环境设计的目标中应该在达标排放、总量控制的基础上加上资源合理利用的目标，在内容上

应该重视对产业链的分析和评价。

现行生态环境设计过程中往往将资源利用排除在环境影响之外，忽视资源和环境一样也是人类生存的基本条件。项目和规划的实施即使能达到污染物的达标排放和满足总量控制指标，如果消耗太多的资源也会直接导致发展的不可持续。所以，根据循环经济的要求，今后的环境影响评价应该把资源的合理利用和最优利用作为其评价的目标。

循环经济能否顺利实施关键在于产业链能否形成并稳定存在。我国目前积极推动的生态工业园区就是围绕产业链开展的，环境影响评价也应该围绕产业链做文章，在其评价内容上至少应该包括以下几点：

1. 对潜在产业链的挖掘和可行性评价

循环经济能否实现的关键就在于能否实现"减量化、再利用、再循环"。在单个企业中主要是实行清洁生产审核，而在企业群或者全社会应跨越单个企业或者行业，抓住如何建立产业链，使企业产生的废物重新成为原料和资源，从而达到"减量化、再利用、再循环"的目的。将循环经济理念纳入环境影响评价后，环境影响评价应该采取交叉（行业交叉、企业交叉）评价的方法，寻找可能存在的产业链，同时要评价产业链是否可行，是否稳定，并从技术可行、经济可行、环境可行三个方面进行充分论证。其中技术可行是前提，经济可行是保障，环境可行是目的。目前，我国乃至世界上的生态工业园区都存在这样一个问题，虽然有的企业能利用别家产生的废物，技术上也可行，但是经济不合理或者会产生更为严重的二次污染。所以，在评价时，产业链的可行性是评价的重点和难点。

2. 生态产业链的稳定性评价

一般的生态产业链都有一个主导产业，如贵港生态工业园区以甘蔗制糖为核心，引出酒精厂、造纸厂、水泥厂等企业。所以，生态产业链能否稳定、是否可持续，核心产业（企业）是关键。在对生态产业链的稳定性进行评价的时候首先应对核心产业（企业）进行稳定性评价，这个评价包括该行业发展前景、企业发展潜力，以及废物（下游企业的原料）产生量、废物成分和性质的稳定性等。

分析核心企业的稳定性后，还应该对产业链链节的抗干扰能力进行分析。

要充分考虑到上游企业出现波动时，下游企业的生存能力。在上游企业的废物（下游企业的原料）产生量不足或成分发生改变的情况下，下游企业有没有很好的解决措施。如在丹麦卡伦堡生态工业园区，由于电厂所用煤燃料的来源发生了变化，使电厂产生的粉煤灰中含钒量过高，导致下游的墙体材料厂不得不进行工艺改造。

第四节　循环经济的法律制度框架解析

一、循环经济生态设计制度

（一）立法必要性

生态设计是20世纪90年代初荷兰公共机关和联合国环境规划署提出的一个环境管理领域的新概念，它融合了经济、环境、管理和生态学等多学科理论，是推行循环经济发展模式的有效途径。生态设计是指将环境因素纳入产品设计之中，在产品生命周期的每一个环节都考虑其可能产生的环境负荷，通过改进设计使产品的环境影响降低到最程度。简单来说，生态设计是将环境问题系统地揉进用能产品的设计过程中，主要目的是提高该产品在其生命周期内的环境性能。生命周期是指从用能产品设计到最终处理的、连续的、环环相扣的各个环节，涵盖产品设计、运输、使用、报废以后的处理等环节。

生态设计虽然只是具体的生产过程中的一种思想和理念，但对中国经济与社会的整体和长远发展同样具有十分重要的意义。

有利于建设资源节约型社会，实现经济社会的可持续发展。随着中国社会主义初级阶段建设的不断深入，自然资源与经济发展之间的矛盾越来越尖锐。只有走内涵式发展道路，不断扩大科学技术在生产中的作用和影响，树立产品的生态设计理念，才能有效地缓解并最终解决这个矛盾。由于人们对物质文化的需求越来越多，层次也越来越高，所以中国不可能在经济的发展上走"无为"之路，对资源从数量上不可能一步达到尽可能少利用的程度。同时，中国也不具备发达国家曾经拥有过的资源"取之不尽、用之不竭"的发展工业的历史条件。因此，除了在工业化过程中按照生态设计的思想，采取"3R"原则，没有其他可以选择的道路。中国对发达国家的赶超战略，只有通过充分发挥生态设计的系统性特点和高技术特点才能实现。

在世界经济一体化的今天，中国要立足于国际市场，就必须改变原先那种在世界经济格局中充当原材料的供应地、低层次和低技术含量产品的生产地，以及国外高端产品的销售地的地位。中国加入WTO后，虽然传统的关税贸易壁垒正在逐渐地被打破，但高科技和全球范围的环境保护等的绿色贸易壁垒不但没有因此而消除，反而有愈演愈烈的趋势。面对越来越激烈的国际竞争环境，我们只有不断地提高产品的科学技术含量，改进生产工艺，在产品的设计中贯彻绿色理念，运用绿色技术，才能打破国际绿色贸易壁垒，使中国产品和市场真正融入国际的统一大市场当中去。

生态设计对于中国农业走产业化道路，以特色取胜于国际国内市场，具有一定的指导意义。中国农业的产业化面临的形势十分严峻，主要表现为：土地资源数量有限，质量不断下降；农业基础设施薄弱，后发优势不明显，甚至根本不具备；人力资源状况则是数量过多而质量很低；国际农产品市场竞争日趋激烈等。所有的这些不足都表明，中国农业只有走特色化道路，才会有良好的发展前景。随着崇尚自然、重视健康的生活方式在全球范围内的兴起并蔚然成风，基于生态设计思想和理念的农业产业，大有发展的潜力可挖。这也是中国解决"三农"问题、中西部地区走上致富之路的重要途径之一。

生态设计思想有利于在全社会形成良好的消费习惯，培养人们美好的道德情操。"量入为出""勤俭节约"是中国人民良好的传统习惯。随着市场经济的发展和改革开放程度的加深，奢侈浪费现象有所抬头，特别是盲目的攀比心理、超前和炫耀性的消费更是与中国社会主义初级阶段的国情和民风民俗不能相容。我们应该在大力发展经济的同时，大力弘扬优秀传统道德风范，从生产到分配、交换和最终的消费诸环节，将生态设计理念引领和贯穿其间，并最终落脚在形成全社会的绿色消费风尚。

无论是主流的经济理论还是现代管理思想与方法，都包含着"以人为中心"的思想。产品生产中的生态设计理念正是这种思想的具体和集中体现。人们理应改变工业化初期那种把自己凌驾于大自然之上的愚蠢和傲慢的态度，不再以不断地扩大和加深对自然界的索取广度和深度为终极目的，生产的结果不应该形成人与自然的尖锐对立。生态设计的核心内容就是要体现"以人为本"、人类社会与自然环境的和谐统一。

（二）欧盟生态设计立法实践

2003 年，欧盟委员会出台的 WEEE 指令和 ROHS 指令已经让企业感到疲惫不堪。2005 年 4 月 13 日，欧洲议会批准了耗能产品生态设计框架指令（以下简称生态指令），并就该生态指令与成员国代表（Coreper）达成共识。生态指令所涵盖的范围之广是前所未有的。

1. 欧盟生态指令概述

该指令将提高能源效率作为主要目标。它为产品设计定义主要原则与标准，其目的是将产品对环境的负面影响最小化。尽管指令本身并未为具体产品制定技术要求，但它为未来对各种产品实施技术规格（标准）铺平了道路。包含在内的各种产品将由欧盟委员会与为此成立的监督委员会进行讨论。

该指令背后的主要想法是认为对于任何特定设备而言，在整个生命周期中其设计都会对环境产生影响。因此，欧盟委员会将有权采取相应的措施（标准），为各种产品制定生态设计标准。生态设计标准将涵盖产品中包含的原材料、生产方式、供水或能源消耗等使用方式、产品预期寿命以及产品在使用寿命结束时的最终处置或可循环再利用性。

欧盟委员会出台这个指令的目的主要包括以下四点。

第一，确保用能产品在欧盟市场的自由流动。生态设计主要是在欧盟层面上制定统一的委员会指令，消除由于各成员国各自制定不同的法令而造成的成员国之间的贸易壁垒。

第二，全面提高这些产品的环境性能，从而达到保护环境的目标。保证可持续发展的一个方面就是将产品对环境的影响尽可能降到最低，但是产品对环境的影响是多方面的，有些行业政策可能只关注某一个或几个方面、阶段，而对产品生命周期内其他方面或阶段是有害的，这样各个政策之间的冲突或者作用相互抵消不可避免。

第三，确保能源的供应，提高欧盟经济的竞争力。欧盟市场对能源的依赖性很强，欧盟扩大以后尤其如此，而欧盟对外部能源的影响是有限的，因此欧盟对内部能源需求进行一定的干预是非常必要的。这种干预不是对经济的干预，而是通过提高能效来实现。

第四，保护行业和消费者的利益。该指令针对所有的用能产品（Energy - using Product，简称 EUP）。在指令中，用能产品的定义是：依赖于能源（电能、矿物燃料以及可再生能源）工作的产品以及用于产生、运输和测量这些能源的产品，包括这些产品的终端用户直接在市场上购买的对环境的影响可以单独评估的零部件。

由于生态指令只是一个框架性指令，因此在指令内没有具体的生态设计的要求，只是规定了出台实施措施的用能产品标准、对产品的生态设计指标（包括普通生态设计要求以及针对特殊产品的特殊生态设计要求）的总体要求、产品评估的依据和标准、符合生态设计指令的产品投放市场的要求、市场监督体系等。

2. 欧盟生态指令各国实施措施

欧盟各国都在积极贯彻实施 ROHS 指令，而贯彻 ROHS 指令与贯彻 WEEE 指令有着密不可分的关系。

（1）荷兰

全国法令：荷兰把 ROHS 及 WEEE 指令转化为《电器及电子设备废料规定》，已于 2004 年 8 月 13 日生效。关于限制有毒物质的条文 2006 年 7 月 1 日生效。

（2）匈牙利

国家法令：ROHS 指令已于 2004 年 10 月 8 日经由部长法令第 16/2004 号转化为全国法令，并于 2006 年 7 月 1 日起生效。WEEE 指令也已经转化为国家法令，并已生效，生产商自 2005 年 1 月 1 日开始注册，生产商出资处理商业电器废料的规定已于 2005 年 8 月实施。

主管部门：环境部负责法令的转化工作。国家环境、自然及水管理局负责执行 WEEE 法令及处理全国注册事宜。

主要规定：生产商须向国家环境、自然及水管理局注册及汇报，并须交付产品税，以资助收集流动电话、冷藏及冷冻箱等多种电器废料的费用。不过，生产商可以因其遵行法令的情况，申请豁免交付产品税。生产商须依法为 2005 年 8 月 13 日后制造的电器及电子设备加上适当标记。匈牙利获准延迟至 2008 年 12 月 31 日为收集电器废料的日期，较 WEEE 指令所定限期延长 24 个月。

计划：收集电器废料的责任全由生产商承担。设立 ROHS 化验室。如果地方政府推行私人住宅电器废料收集计划，生产商须负责出资。

罚款：如果违反匈牙利的 WEEE 及 ROHS 指令，须交纳废料管理罚金。

（3）西班牙

国家法令：西班牙已采纳 2005 年 2 月 25 日的皇家法令，把 WEEE 及 ROHS 指令转化为全国法令。

主要规定：自 2006 年 1 月起所有电气及电子设备生产商均须向国家工业机构注册局或地方注册部门注册。所有电气及电子设备生产商须对 2005 年 8 月 13 日后退出市场的产品负起融资、回收、处理及再造的责任。至于在该日前退出市场的产品，生产商须按其市场份额负责任。新造产品则于 2006 年 7 月 1 日起执行 ROHS 指令。

二、生态设计制度在循环经济立法中的建议

（一）生态设计的原则

一般来说，生态设计必须遵循以下原则：

第一，产品全生命周期并行的闭环设计原则。这是因为产品的绿色程度体现在产品整个生命周期的各个阶段。

第二，资源最佳利用原则。一是选用资源时必须考虑其再生能力和跨时段配置问题，尽可能用可再生资源；二是尽可能保证所选用的资源在产品的整个生命周期中得到最大限度的利用；三是在保证产品功能质量的前提下，尽量简化产品结构，使产品的零部件具有最大限度的可拆卸性和可回收再利用性。

第三，能源消耗最小原则。一是尽量使用清洁能源或一次能源；二是力求产品整个生命周期循环中能耗最少。

第四，零污染原则。设计时实施"预防为主，治理为辅"的清洁生产等环保策

略，充分考虑如何消除污染源，从根本上治理污染。

第五，技术先进原则。为使设计体现绿色的特定效果，必须采用最先进的技术，加以创造性地应用，以获得最佳的生态经济效益。

（二）生态设计的主要内容及模式

根据以上原则，要达到绿色产品的预期目标，其设计的主要内容应包括：生态设计材料的选择、产品的可拆卸性设计、产品的可回收性设计、绿色产品成本分析、绿色产品设计数据库与知识库（包括产品生命周期中与环境、经济、技术、对象等有关的一切数据和知识）。其整个设计模式是以环境为核心，利用产品全生命周期评价技术，将当代设计方法中众多的局部设计方法统一为一个整体，以达到整体最优。无氟冰箱是生态设计的成功范例。目前，质量功能开发、材料选择设计、制造与装配设计、拆卸设计、循环设计、全生命周期评价、生态设计工具软件开发研制等领域虽然已取得一些重要成果，但还远不能满足生态设计的需要。

（三）生态设计制度构想

第一，生态设计要求。生态设计要求是实施生态设计的核心内容，也是实现生态设计目标的重要保证，分普通生态设计要求和特殊生态设计要求。一般的产品只需要制定普通生态设计要求即可，对环境影响比较大的产品还要根据需要制定特殊生态设计要求。生态设计要求应该在技术、经济和环境分析的基础上制定，并必须保证这些要求的灵活性，也就是说可以比较方便地提高产品的环境性能。

普通生态设计要求是指针对提升某产品的生态面貌整体而提出的生态设计要求，这些要求并不对某一个环境因素限定具体的值。在普通生态设计要求的制定过程中，主要考虑产品的生命周期、环境因素、对环境的影响因素及其变化等。制造商应该根据正常的使用条件以及设计用途，针对以上方面对用能产品在其整个生命周期内对环境的影响进行评估，评估应该着重且优先考虑通过产品设计可以得到显著改善的因素。在一致评估的基础上，生产商应该建立该产品型号的生态档案，明确与环境有关的产品特性以及在产品生命周期中的投入及产出。

特殊生态设计要求是指针对某用能产品特定的环境因素所做的、可量化的生态设计要求，其目的是有选择地对产品的环境性能进行改进或改善。特殊要求主要通过减少某一资源在用能产品生命周期内各个阶段的消耗来实现，如通过设定资源消耗限定值（例如使用阶段的耗水量限定值、产品所使用的某一材料的数量限定值、使用可循环使用物质的最小量的规定）等。

第二，产品投放市场及流通。如果某产品没有具体的实施措施出台，那么生态设计对其不具备约束力。如果某类产品已经有实施措施，那么该产品完全符合这些实施措施以后，才能进入市场或投入使用。

已经经过生态设计的产品在投放市场前必须获得相关部门认证，同时其生产商或授权代表发表遵守声明，确保该产品符合所有生态设计中的相关条款。

第三，实施的监督体系。国家有关部门对已经取得生态设计认证的产品实施监督。对不符合所适用的实施措施的产品，该产品的生产商或授权代表必须采取行动，使该用能产品符合其适用的实施措施。若未及时采取行动，国家有关部门应该限制或禁止该产品进入市场或责令其从市场上撤出。

（四）生产者责任延伸制度

1.立法的必要性

生产者责任延伸制度是对一种产品提倡"从摇篮到坟墓"始终以一种环保的角度去关注，规制生产者的责任及其延伸，规制与此相应的政府乃至消费者的责任。在生产者责任延伸制度下，生产者不仅要对生产过程中造成的环境污染负责，还要对产品废弃后的环境管理承担一定的责任，即承担全部或部分的废弃产品回收、利用和处置等责任。

生产者责任延伸制度不是简单地将废弃物管理责任由传统的政府管理完全或部分转向生产者，而是把废弃物的管理与生产消费有机地联系起来。实施恰当的生产者责任延伸制度，将有助于激励生产者设计更有利于环境的产品，促进废弃产品的回收和循环利用，发展循环经济。通常生产者承担的责任延伸有以下几种类型：经济责任，指生产者承担产品废弃后回收、循环利用和最终处置的经济成本；具体的行为责任，指生产者直接参与废弃产品的管理，负责产品回收以及处理处置，禁止使用某些有毒有害材料或物质等；信息责任，指生产者应当提供关于产品对环境影响的信息，以及该产品如何以环境可接受的方式再利用或处置等信息。

此外，还有一种更彻底的生产者责任，即将产品的使用权和所有权相分离。生产者生产出产品，通过产品服务系统（Product Service System，简称PSS）来满足客户对产品的使用需求。生产者出售产品的使用权但保留对产品的所有权，客户购买的是产品的使用权。生产者彻底对其产品负责。

各种形式责任中废弃产品的环境管理责任与生产者挂钩，要求生产商对其产品在流通、使用及使用寿命终结之后对环境的影响承担经济和具体的责任，是生产者责任延伸的重要内容。

在以往的产品废弃物管理模式下，政府承担对产品废弃物管理的经济责任和回收处置责任，产品废弃后的管理成本通过政府从生产者转嫁给全社会来承担。在生产者责任延伸制度下，管理产品废弃物的责任从地方政府全部或者部分转移给生产者，可以使目前由整个社会承担的产品废弃物回收、处理和处置等环境成本转给生产者承担。为了追求利润最大化，生产者就有动力设计更易于回收处置和再利用的产品，以降低产品废弃物管理的成本，从而促进生产者进行环境友好产品设计，达到资源高效利用和减少环境危害的目的。生产者责任延伸制度改变了先污染后治理的模式，强调从"末端治理"向"源头控制"的转变，通过明确生产者对产品废弃物管理的责任，综合利用法律和经济手段激励生产者进行生态设计，开发绿色产品和绿色工艺，一方面促使企业减少进入生产和消费过程的物质和能量，从生产到消费的全过程不产生或少产生废弃物，从而从源头上减少了废弃物的产生，另一方面可以使产品废弃物更容易被回收利用和安全处置，有利于对废弃产品的"再利用"和"再循环"。在生产者责任延伸制度下，资本追逐利润的本性成为发展循环经济的最有力的推动力量。因此，生产者责任延伸制度通过改变生产者成本的结构为发展循环经济提供了利益的驱动力，促使企业采用符合循环经济要求的生产方式，体现了循环经济的理念，是建立循环经济的制度保障。

现在，针对包装材料、电池、汽车、轮胎、润滑油、电子电气设备等多种产品，许多发达国家已经通过立法强制、政府引导或企业自发的方式实施了生产者责任延伸制度。发达国家实施生产者责任延伸制度，扩大生产者的责任，已经形成了一种不可逆转的潮流。德国、瑞典、日本等国通过立法的形式来实施生产者责任延伸制度，它们关于包装废弃物、废旧汽车和废旧电子电气产品等废弃品的法律已经生效和实施。在中国，发展循环经济的推动者主要是政府和企业。在市场经济条件下，政府不可能单纯采用行政的手段或者号召的方式使中国经济实现向循环经济的转变，这就需要顺应世界潮流，实施生产者责任延伸制度，通过综合运用法律和经济手段，促使企业承担起应有的责任，使企业真正成为发展循环经济的主体和第一推动者。当然，这种改变在短期内会增加一些企业的经济负担，但在资源日益贫乏、环境日益恶化的情况下，经历这种改变的阵痛是不可避免的。从长远来看，逐步扩大生产者的责任，实施生产者责任延伸制度，是中国发展循环经济的一条必由之路。

2.发达国家和地区"生产者责任延伸"的立法实践和经验

目前，实施生产者责任延伸制度比较成功的国家是德国和日本，欧盟在电子机电领域要求成员国建立生产者责任延伸制度的指令还未生效，中国台湾地区则率先在世界上确立了生产者责任延伸制度，但是实施的效果并不理想。到目前为止，美国还没有关于"生产者责任延伸"的联邦立法或形成全国性的电子废物管理法令，环境保护局提出了一些原则性建议，包括在废物回收处理问题中适用生产者负担原则，基本政策导向是推动各州根据本地实际情况进行相应立法。自2000年以来，先后有 20 多个州开始规划在电子废物领域进行"生产者责任延伸"的立法，除了少数州已有生效的相关法律外，大部分还处于提案和审议修改阶段。

（1）欧盟

欧盟从 20 世纪 90 年代初就开始了建立生产者责任延伸的立法尝试。1994 年，欧盟发布了有关包装物的指令，要求其成员国包装物废物的回收率达到25% ~ 45%，并且每一种废物的回收率不小于 15%；2000 年 2 月，欧盟通过《汽车生产者责任延伸规定》，要求汽车制造者使用可循环利用的材料，并要为汽车的最终处置负责。

目前，欧盟已经将生产者责任延伸引入电子机电废物的管理领域。欧盟国家每年产生的电子废物总量在 650 万 ~ 750 万吨，大约占欧盟固体废物总量的 1%，占城市固体废物总量的 4%，但增长速度却远远高于其他固体废物的增长速度。

鉴于电子废物总量持续增长，本身具有可再利用的特点，且回收成本较低，对环境的潜在危害却很大，欧盟 20 世纪 90 年代初就将电子废物与废弃包装材料和建筑垃圾一起列为优先处理的废物流项目。1998 年，欧盟委员会提出一项关于废弃电子机电产品处理的指令草案初稿，列举了电子机电废物处理目标和相应政策原则，经过欧盟各成员国讨论，经过五次修改，终于在 2000 年通过了有关电子废物处理的指令提案，该指令提案分为两部分：《关于废弃电子机电产品处理的指令提案》和《关于限制电子机电产品中使用有害物质的指令提案》。前一提案规定了生产者对电子机电废物的回收义务，后一提案则着眼于"源头控制"，要求生产者减少电子机电产品中有害物质的含量，采用有利于电子机电废物回收利用的材料、生产工艺等。欧盟议会在 2002 年 10 月批准了这两项法案，并于 2006 年 1 月 1 日正式实施。

《关于废弃电子机电产品处理的指令提案》首先规定了具体适用生产者责任延伸的废物种类和各成员国达到特定目标的时间表。另外，欧盟还规定了到 2005 年 12 月 31 日，各成员国电子废物的人均回收指标必须达到 4kg。尽管欧盟对回收产品规定了较高的再生利用比例，但是由于规定的回收比例实际偏低，因此整体上的再生利用率也会受到影响。

《关于废弃电子机电产品处理的指令提案》还规定了电子机电废物回收、处理的基本原则：成员国必须建立收集系统，以便最终持有者和分销商免费归还电子机电产品；成员国必须确保分销商提供新的免费从私人家庭回收不含污染物的电子机电产品，生产者必须为非私人家庭电子机电废物的收集提供费用；成员国必须确保所有电子机电废物转移到经认可的处置设施，废物处置设施必须得到主管机关的许可，电子机电产品的生产者必须建立废物处置系统；电子机电产品的私人使用者必须获得关于归还和收集系统的必要信息，生产者必须向使用者提供产品所含成分、物质以及危险物质的信息；成员国必须每年向欧洲委员会通告市场中电子机电产品的数量和质量，以及回收和再利用的数量和质量，每三年成员国还要向委员会提交实施该指令提案的报告；该指令提案生效后五年，生产者必须补偿私人家庭电子机电废物回收、处理和最终以无害环境的方式处置的资金，非私人家庭电子机电的回收、处置由生产者和消费者协议进行。目前，欧盟的一些成员国（如荷兰、瑞士、挪威、瑞典等）已经通过了在电子产品废弃物领域为生产者设立法定回收义务的国内立法。

《关于限制电子机电产品中使用有害物质的指令提案》适用范围与《关于废弃电子机电产品处理的指令提案》相同，它从"源头控制"的角度出发，服务于前者的有效执行。该指令提案要求成员国生产者从 2008 年 1 月 1 日开始，电子机电产品中的铅、汞、镉、六价铬、多溴化联苯（PBBs）、多溴化联苯醚（PBDEs）必须用其他物质代替，但该指令提案规定的例外除外。

可见，欧盟的这两项指令只是规定了成员国电子机电废物减量、回收、再生和处置的目标，以及生产者、销售者、消费者和政府的基本法律关系和相互之间所承担的法律责任，并没有相应规定具体的措施。其可借鉴性在于：在具体实施生产者责任延伸制度的过程中可以比照确定中央政府和地方政府的关系。

（2）德国

1972 年，德国颁布了《废弃物管理法》，第一次在全国范围内对废弃物处理进行统一管理。该法为固体废物管理做出了巨大贡献，其基本原则与制度基本与中国《固体废物污染环境防治法》（1995 年）相同，虽然经过多次修改，但仍不能满足实际管理的需要。为此，德国于 1991 年颁布《包装管理条例》，并于 1991 年 6 月 12 日正式生效。

《包装管理条例》要求生产者和分销商对其产品包装进行全面负责，回收其产品包装，并再利用或再循环其中的有效部分。条例实施的目标是尽量减少不必要的包装，减少包装材料的消耗量，对包装多次重复使用，以及再循环那些实在无法避免的包装。简而言之，条例要求减少和再循环，而限制直接填埋处理。在资金保证方面，《包装管理条例》规定企业必须为产品包装的回收和再循环投资，相关费用由生产者和分销商来分担，从而减轻了政府的负担。

《包装管理条例》规定了两种可供生产者和分销商选择的途径来管理其包装废弃物：一种是生产者通过批发和零售渠道回收其产品包装；另一种是在全国范围内建立一个私营系统来回收、分类和再循环所有这些来自不同厂家的包装废弃物。为了达到该条例的要求，相关的生产者和分销商自发地组织在一起，建立了一个"二元废弃物处置系统"（Dual Disposal System），该系统与现存的公共废弃物回收系统平行运作。承担该系统运作职能的是德国二元系统公司（DSD），该公司在德国工业联盟（BDI）和德国工商企业协会（DIHT）的支持下于 1990 年 9 月 28 日成立，发起人是 95 家涉及零售、日用品生产和标志生产的公司，到 1997 年底已有约 600 家公司加入，构成了德国工商界的主体。二元系统公司（DSD）是一个完全非营利组织，参股的企业不提取任何利润。二元系统公司（DSD）的任务是在全德国建立起一个面向家庭和小型团体用户的包装回收、分类和再循环的体系，并负责回收、再生有"绿点标志"的包装废物。其运作资金来源于向生产者授予"绿点标志"时收取的注册费。自 1994 年 10 月 1 日起，二元系统公司（DSD）把包装的总重量、使用材料的种类以及与体积和占地面积相关的附加费作为核定注册费的依据。换言之，各种包装材料的处理费用在注册费中得以合理体现。例如，对于每千克玻璃、铁皮、铝和塑料的收费标准分别为 0.15 马克、0.56 马克、1.50 马克和 2.95 马克。这些注册费全部用于包装废弃物的管理。

这一系统的运行收到了明显的效果。1991－1995 年，居民和小型团体用户的包装材料消费量由 760 万吨下降到 670 万吨，降低了 12%。然而，在 1991 年以前，特别是 1988—1991 年，这一数字曾一度直线上升。在 1995 年，每个居民平均消费了 82 kg 包装，较 1991 年减少了 13 kg。与此同时，废包装的物质再循环比例也有了大幅度提高。在 1996 年，各类包装材料的再循环比例分别为：纸张和纸壳箱 94%、玻璃 85%、铝制品 81%、塑料 68%、铁皮 81%、复合包装 79%。

由于《包装管理条例》的成功实施，德国进一步扩大了生产者责任延伸的适用范围。1996 年，新的《封闭物质循环与废弃物管理法》生效，在废旧电池、废纸、废旧汽车、建筑废料等领域实施生产者责任延伸。这一法律的核心思想是促使生产者对其产品的整个生命周期进行负责，即"从摇篮到墓地"的管理。生产者的责任从产品的设计和生产开始，包括运输、销售、售后服务，直到产品的生命终结而进行的废弃物处理，必须贯彻始终。与此同时，消费者也有义务在使用产品的过程中避免废弃物的产生，并在产品报废后使其返回循环过程。只有确实无法进行再循环的方可采用迄今最安全的方法来处置。《封闭物质循环与废弃物管理法》规定：从 1999 年开始，所有在一定规模以上的企业必须进行自己的物质生命周期循环分析。这一举措的目的是显著地促进企业内部以及企业之间的物质再循环，从而基本实现封闭物质循环的目标。

德国成功推行生产者责任延伸的经验有：注意成本效益分析，将法律的强制规定与企业的自愿行为结合起来。在生产者责任延伸设计之初，就不仅仅着眼于减轻环境损害，还从降低工业流程和宏观经济成本的角度出发，这样工商界就可以不断地从减少废弃物和提高企业内部再循环比例而获得巨大的潜在利益，这正是驱使工商企业积极主动地参与废弃物管理的根本动因所在。另外，还要建立一个面向全社会的具有足够能力的收集和再循环包装废物的系统。生产者通过其批发和零售渠道回收其产品包装，是《包装管理条例》规定的生产者责任延伸的一种形式，但是这一模式的成本太高。而德国二元系统公司（DSD）的成立则达到了规模经营的目的，不但提高了回收和再利用率，而且大大降低了生产者的经济负担。

（3）日本

日本推行生产者责任延伸是建设循环社会计划的一部分。2000年6月，日本政府颁布《循环社会形成促进基本法》，其根本目的是形成"资源－产品－再生资源"的良性循环，从根本上解决环境与发展的长期矛盾。作为促进形成循环社会的计划之一，2001年4月1日，日本开始实施《家电循环法》，规定废弃空调、冰箱、洗衣机和电视机必须由生产者负责回收，消费者则向生产者缴纳少量费用。截至2005年，已经有60万吨家电垃圾得到回收、利用。日本实施生产者责任延伸之所以有较大成效，主要是因为它选择了家电作为实施生产者责任延伸的切入点，家电回收的费用比较低，生产者仅依靠其销售渠道就可以完成，同时《家电循环法》规定回收费用由生产者和消费者分担，又进一步降低了生产者的经济负担。

以《家电循环法》的成功经验为基础，日本政府又顺理成章地将循环社会的理念引入汽车生产和消费领域。2002年4月，日本政府向国会提交了《汽车循环法案（草案）》，该草案与《家电循环法》的立法框架基本相同，它规定汽车制造厂商有义务回收废旧汽车，然后进行资源再利用，车主则要交150美元左右的回收处理费。因为汽车回收的费用远远大于家电回收，所以汽车制造厂商担心增加间接成本和影响消费者的购买欲，从而削弱产品的市场竞争力。目前，日本共有7000多万辆汽车，车主总共要缴纳10多亿美元费用，资金管理的透明度难以保证，废旧汽车资源再利用还需要建立新的金属冶炼回收系统，但日本社会仍普遍对这一法案给予高度评价，认为它是建立"循环型社会"的轴心。

（4）中国台湾地区

中国台湾地区于1988年11月11日和1997年3月28日两次修订了"废弃物清理法"（1974年），该法第10.1条规定：产品或其包装、容器经食用或使用后，有不易清除处理、含长期不易腐化的成分，含有害物质或具回收再利用价值的，并有严重污染环境危险的，由该物品或其包装、容器之制造、进口、销售者负责回收清除处理，并规定应当回收的废物种类由主管机关公告。这是世界上关于生产者责任延伸的首次立法实践。"废弃物清理法"（1974年）第10.1条还规定了生产者应承担的经济责任：制造业者应按当期营业量，输入业者应按向"关税总局"申报进口量、容器材质等资料，于每期营业税申报缴纳前，依"中央主管机关"核定之费率，缴纳回收清除处理费用，作为资源回收管理基金，并委托金融机构收支保管，其收支保管及运用办法则由"中央主管机关"规定。对于基金的用途，"废弃物清理法"（1974年）第10.1条规定：该基金用于支付实际回收清除处理费用、补助奖励回收系统、再生利用、执行机关代清理费用、"中央主管机关"评选的公正团体执行稽核认证费用及其他经"中央主管机关"同意核准之用途。可见，生产者承担延伸责任的形式有两种：一是负责回收清除处理；二是缴纳一定费用。对于"废弃物清理法"修订以前企业自发组织的回收组织，该法规定，将此类组织剩余的相关费用转移给资源回收管理基金，并不得继续从事回收废物业务的营利行为。台湾"环境保护署"至今已陆续公告铁、铝、玻璃容器等15大类应回收物品或容器，"资源回收管理基金管委会"推动的生产者责任延伸制度取得了一定成果，每人每日的垃圾量从1987年的1.135 kg逐年下降至1991年的0.828 kg，1991年的回收率达15.5%，2003年5月突破16.5%。

但是这一具体制度遭到工商界的广泛批评，并没有发挥生产者责任延伸制度的应有效果。首先，企业认为不应该承担缴费和回收处理的双重责任。同时，由生产企业负责回收的做法会产生申报回收率不实、逃避回收责任等难以管制的弊端。而回收企业或处理企业回收量也很难精确核实，往往会造成回收处理企业通过虚报的方式骗取资源回收管理基金补贴的后果。其次，生产者认为中国台湾实行的并非真正的生产者责任延伸，其所缴纳的处理费实质上是一项环保税费，缴纳费用就完成回收清除处理责任，由"环保署"成立的"基金管理委员会"统筹运用。这一规定对于生产者采用减少产品废物产生和便于回收再生的材料和技术完全没有激励作用。生产者责任延伸实质是要求生产者参与到产品的生产、消费和回收利用以及处置的全过程，而中国台湾的生产者责任延伸制度并没有使生产者完全承担责任。

可见，中国台湾确立的生产者责任延伸制度总体上是失败的，目前正在酝酿制定新的"资源回收再利用法"。

3. 生产者责任延伸制度在循环经济立法中的体现

《循环经济促进法》第十五条规定：生产列入强制回收名录的产品或者包装物的企业，必须对废弃的产品或者包装物负责回收；对其中可以利用的，由该生产企业负责利用；对因不具备技术经济条件而不适合利用的，由该生产企业负责无害化处置。

该项立法的目的就是通过立法和制定相关法规，明确延伸的生产者责任。生产者（包括制造商、进口商、销售商）不但要对生产过程中造成的环境污染负责，而且要在产品整个生命周期过程中承担保护环境的责任，对报废后的产品或者使用过的包装物承担回收利用或者处置的责任。

可选取包装行业、家用电器和电子产品制造行业、汽车制造行业等为突破口。包装行业，制造商必须回收其产品的销售包装，可以与销售商联合回收，也可以委托专门的包装废旧回收机构回收。销售商有义务回收消费者的二次包装及销售包装，在店内或附近设置回收点，并设立明显标志。在家用电器和电子产品制造行业，鼓励制造商生产环境友好型产品，从源头减少甚至淘汰有害物质的使用，采用更有利于循环利用的材料和设计，促进电子废物以无害环境的方式回收利用和处理。

根据生产者责任延伸制度要求，建立配套的废物回收押金返还制度。考虑到操作的可行性，可首先对啤酒瓶、软饮料瓶、葡萄酒瓶、液剂瓶、易拉罐等饮料包装物实施押金制度，同时探索废旧家用电器、电子废物、废旧轮胎等大宗废物的押金制度。

第一，积极宣传责任延伸制度，使社会大众和企业对生产者责任延伸制度有一个正确的理解，使其认识到生产者责任延伸制度的重大意义。

第二，尽快制定并实施有效的生产者责任延伸法规，尤其是废旧家电及电子产品回收利用方面的法规。

第三，对于回收品或回收处置专用性强的产品，鼓励条件好的企业自行建造废旧产品回收体系，国家则在政策、资金和风险补偿方面给予足够的支持；对于通用性强的回收品，可依托国家有关部门建造共同产品回收体系，并制定严格的"生产者责任组织"管理制度，建立条块结合的回收网络体系。

三、资源回收利用产业的环境安全制度

（一）中国再生资源产业环境安全立法的必要性

1. 再生资源产业环境安全立法的法律现状

自 1979 年以来，中国全国人大审议和通过了 330 多部法律，其中包括 1 部综合性环境资源保护的法律、5 部污染防治方面的法律、9 部自然资源管理方面的法律、1 部清洁生产方面的法律，但没有一部专门调整再生资源回收利用关系的基本法律。

现行的《中华人民共和国环境保护法》没有再生资源回收利用方面的相应规定。1995 年颁布的《固体废物污染环境防治法》第三条仅规定固体废物的减量化、资源化和无害化原则，第十七条和第十八条也只是分别规定包装物和农用薄膜的回收利

用。2002 年出台的《清洁生产促进法》第九条只是原则性规定要发展循环经济，促进企业之间在资源和废物综合利用等领域进行合作，实现资源的高效利用和循环使用；第十条规定各级政府和有关主管部门向社会提供可再生利用的废物供求信息和服务；第十三条规定节能、节水、废物再生利用等方面的产品标志和标准的制定；第十六条规定政府优先采购和鼓励公众购买节能、节水、废物再生利用等产品；第二十六条规定企业废物、余热转让给有条件的其他企业和个人利用；第三十五条规定利用废物生产产品和从废物中回收原料的增值税减免。但这些规定未涵盖主要工业废弃物、农业废弃物、废包装、废塑料、废玻璃、废旧家电、废旧电子产品、建筑废物、食品垃圾、废旧汽车及其配件等大宗废物的专业性循环利用问题。

现有的行政法规和规章中虽然存在一些有关资源综合利用方面的规定，如国务院颁布的《关于开展资源综合利用若干问题暂行规定》、《国务院批转国家经贸委等部门关于进一步开展资源综合利用意见的通知》，但我们认为中国当前广泛使用的"资源综合利用"这一概念并不等同于再生资源回收利用，应该说资源综合利用的外延比再生资源回收利用大。从现有行政法规和规章的规定看，资源综合利用既可以指在资源开采、生产过程中和资源处于使用状态时的节约利用，也可以指资源在原有功能消灭后的开发再利用，而再生资源的回收利用主要指在原有功能消灭后的开发再利用。国务院于 1991 年颁布的《关于加强再生资源回收管理工作的通知》中，对再生资源的定义过于狭窄，仅指废金属资源。另外，由于以上这些规范大多数是以"规定""试行""暂行""决定""意见"等形式出现的，因而缺乏法律的效力和规范性。这种状况的长期存在显然与再生资源回收利用法规所承担的责任和法律体系中的地位不相符，带来的结果是再生资源回收利用制度严重缺乏权威性和稳定性。同时，由于自 2004 年 7 月 1 日起开始实施《中华人民共和国行政许可法》(以下简称《行政许可法》)，原有的一些部委规章失去效力，规范再生资源回收利用的管理空白点更多。

由于既没有再生资源管理的基本法规，又缺乏针对不同品种废弃物的管理办法，中国在再生资源回收利用方面与发达国家相距甚远。近年来，中国需要回收处理的家用电器、废旧干电池、废旧电脑、废旧轮胎、废纸、报废汽车数量大幅度上升，由于缺乏相应的法律、法规，上述废弃物被随意弃置或低级利用的情况比比皆是，这使得中国资源浪费和环境污染问题相当严重。在中国每年可回收利用的再生资源中没有得到回收利用的资源价值达 500 多亿元。在中国每年大约有 500 万吨废钢铁、20 万吨废有色金属、1 400 万吨废纸以及大量废塑料、废玻璃、废橡胶等没有得到回收利用，中国再生资源的回收利用率仅相当于世界发达国家回收利用率的 30% 左右。

2. 再生资源产业环境安全立法的法理分析

中国再生资源立法的依据是《中华人民共和国宪法》第九条、第十四条和第二十六条的相关规定。这些条款规定：国家保障自然资源的合理利用；厉行节约、反对浪费；保护和改善生活环境和生态环境。这些规定都是对国家应当承担相应义务的明确。目前，中国经济没有从根本上改变"高投入、高消耗、高排放、低循环"的粗放型增长方式。而再生资源法律制度的确立，将充分体现国家对前述义务的承担，是国家建设资源节约型社会、提高资源利用效率、保护和改善环境的前提和基础。法理学认为，立法者制定任何一部法律都不是凭空杜撰的，任何法律都具有一定的价值取向，缺乏明确的价值取向，法律制度的设定便会失去意义，不了解法律的价值取向，就不能准确地理解和使用法律。就再生资源立法而言，可以结合宪法中对国家义务的要求，从以下视角寻求立法追求的价值取向。

第一，环境利益。本研究认为再生资源立法首先体现环境效益的价值取向，环境科学的研究告诉我们：废弃物实际上是资源的另一种存在形式，当人类对它们进行有效回收利用时，它们就会以人类需要的形式表现出来；而当人类没有对它们进行有效利用又不按自然法则进行处理的时候，它们则会以人类所不需要的形式表现出来，并对环境造成危害。因此，环境问题的根源是资源没有得到有效利用造成的。有鉴于此，一种以与自然和谐为核心的价值理念——生态文化价值理念正在崛起。这种理念主张人类应当合理和有效地利用自然资源，在经济活动中实施资源循环利用战略，实现向环境的"零排放"。在这种价值理念指导下，自 20 世纪 90 年代以来，发达国家通过立法发展循环经济，实施资源再生利用，把经济活动运作纳入"自然资源 - 产品 - 再生资源"的闭环反馈式流程，使废弃物的排放量不超过环境容量界限，从而取得了良好的环境效益。

第二，安全利益。此处所说的安全指的是资源安全。资源安全问题对中国具有重要意义，这是中国的国情所决定的。首先，中国自然资源相对匮乏，人均资源占有量少，资源安全阈限较小，多数资源已临近安全警戒线；其次，党的十六大提出全面建设小康社会的奋斗目标，2020 年国民生产总值比 2000 年翻两番，经济的迅速增长对中国的资源提出了严峻挑战，资源的供给能力是否有切实的保障，资源能否持续满足国民经济发展的要求，都增加了中国对资源安全问题的关注。要解决资源安全问题，就必须确立再生资源回收利用法律制度，引导传统生产方式和传统消费观的转变，促使经济增长由资源过度消耗向资源可持续利用的转变，促使消费者在充分使用完商品后配合厂商对废弃物进行回收利用。

第三，经济利益。再生资源具有很大的经济价值。据测算，每利用 1 吨废钢铁，可炼钢 850 kg，相对于用铁矿石炼钢可节约铁矿石 2 吨，节约标准煤 0.4 吨；每利用 1 吨废纸可生产纸浆 800 kg，相对于木浆造纸可节约木材 3 吨，节约标准煤 1.2 吨，节电 600 kW，节水 100 m³。但再生资源的经济价值是一种潜在的经济价值，只有通过有效的开发利用才能显现出来。由于缺少法律规范，再生资源无法得到回收利用，被四散弃置，或者被不适主体粗放性地回收利用，其经济价值不仅无法实现，还会造成二次污染。而通过再生资源立法，调整再生资源回收利用过程中的各种社会关系，将引导再生资源回收利用朝着规模化方向发展，充分将再生资源的经济价值开发出来，这已在西方发达国家的实践中得到了证明。如美国再生资源产业年回收总值达 1 000 亿美元，并以每年 15% ~ 20% 的速度增长，再生资源产业对推动美国经济的发展起到了很大的作用。

第四，维持市场秩序利益。长期以来，中国许多再生资源（如废电池、废塑料、废家电等）被随意弃置，没有回收利用的渠道，虽然走街串巷的个体经营者、拾荒者以及个体加工户大量存在，但这些经营户以追求经济效益为唯一目的，经营不规范、管理无章法、加工工艺落后，造成了再生资源品质低劣、市场秩序混乱等一系列问题。而再生资源法律制度的建立一方面将保障和实现市场自由，另一方面又可对市场自由进行限制、干预，以保障良好市场秩序的形成。比如，市场准入制度的确立，可以对不规范、不成规模的经营者进行规范，禁止不具备条件的个人或单位从事再生资源的回收利用，避免形成二次污染。又如，一些国家正在实施的生产者责任制度，就是对生产厂家的自由给予限制，要求它们承担更多的义务，生产厂家回收的材料比例是多少、哪些材料在设计的时候不能采用都可以通过立法予以明确。

（二）其他主要国家再生资源回收利用产业环境安全立法简介

从 20 世纪 70 年代开始，德国、美国、日本等国家便开始废弃物回收利用立法活动，将再生资源回收利用纳入规范化、制度化、程序化的管理轨道上来。这些国家再生资源的回收利用率是相当高的，这些成绩的取得固然与环保意识的觉醒和社会公众较高的文明程度密切相关，但更主要的是发达国家建立了完善的再生资源回收利用法律体系。总结世界范围内实施再生资源法律调控的经验，对于完善中国的资源回收利用法律制度是必不可少的。

1. 德国再生资源回收利用产业环境安全的法律规制

德国的资源循环利用一直处于欧洲的领先地位，德国的《废弃物处理法》最早于 1972 年制定，但是当时的主导思想仍停留于废弃物的末端处理。直到 1986 年，德国才将其修改为《废弃物限制及废弃物处理法》，主导思想才从"怎样处理废弃物"提高到"怎样避免废弃物的产生"，将避免废弃物产生作为废弃物管理的首要目标。

1991 年，德国首次按照"资源—产品—资源"的循环经济理念，制定了《包装废弃物处理法》。该法规定制造者必须负责回收包装材料或委托专业公司回收，实现了包装材料上所附的充分使用的义务不随商品流转而转移的目标，从法律上确保了包装材料的充分回收利用。这就是现在为多数国家所采纳的生产者责任制度。

1994 年 7 月 8 日，德国新的《循环经济及废弃物法》由联邦议院通过。该法案明确了废弃物管理政策方面的新措施，其中心思想就是系统地将资源闭路循环的循环经济思想理念从包装推广到所有的生产部门，促使更多的物质资料保持在生产圈内。新法案吸取了欧盟、欧洲经济合作与发展组织和联合国的计划，超越了联邦议院提出的简单修订以前的《包装废弃物处理法》的要求，把废弃物的处理提高到了发展循环经济的思想高度。

《循环经济及废弃物法》清楚而明确地规定了当事方各自应承担的责任。它要求生产商、销售商以及个人消费者从一开始就要考虑废弃物的再生利用问题。在生产和消费的初始阶段不仅要注重产品的用途和适用性，还要考虑该产品在其生命周期终结时将发生的问题。从根本上而言，任何组织生产和销售消费品，都应对因此而产生的废弃物的避免、回收利用、重复使用和环境妥善处理等负责。废弃物的所有者或产生者首先要自身负责避免或回收和处理废弃物。德国的上述法律制度设计开创了环保立法的新局面。归纳起来，德国有关废弃物管理的主要法规分为三个层次：法案、条例和指南。相关的法案有：《循环经济和避免废弃物法案》(1994 年)、《环境义务法案》(1991 年)、《关于避免和回收利用废弃物法案》(1986 年)、《德国废弃物法案》(1972 年)。相关的条例有：有毒废弃物以及残余废弃物的分类条例、废弃物和残余物控制条例、废弃物处置条例、包装以及包装废弃物管理条例、污水污泥管理条例。相关指南有：废弃物管理技术指南、废弃物(城市固体废弃物)管理技术指南。

2. 日本再生资源回收利用产业环境安全的法律规制

在日本，不仅分类别制定了资源再生利用的单项法规，还形成了具有很强的现实性和前瞻性的循环经济法律体系。

日本在战后的数十年内经济高速发展，但同时也导致环境污染、公害事件频频发生。其中废弃物居高不下，废弃物随意处置案件持续增长给日本的空气、水质、土壤等环境带来了重大危机，严重破坏了自然界中正常的物质循环。为了解决这些问题，改变"大量生产、大量消费、大量废弃"的社会现状，日本构建起了促进资源再生利用、建立循环型社会的比较完备的法律体系。这个法律体系可以分成三个层面：基础层面是一部基本法，即《循环型社会基本法》；第二个层面是综合性的两部法，分别是《固体废弃物管理和公共清洁法》和《促进资源有效利用法》；第三个层面是根据各种产品的性质制定的五部具体法律法规，分别是《促进容器与包装分类回收法》《家用电器回收法》《建筑及材料回收法》《食品废物再生法》及《绿色采购法》。

日本的《固体废弃物管理和公共清洁法》最早是在 1970 年制定的，但从循环经济角度的立法晚于德国。1991 年，日本制定《关于促进利用再生资源法》，其目的被确定为减少废弃物、促进再生利用以及确保废弃物的适当处理。与德国先在具体领域实施循环经济思想然后建立系统整体的循环经济法规不同，日本是先有总体性的再生利用法，然后向具体领域进行推进。20 世纪 90 年代，日本提出了"环境立国"的口号，并集中制定了废弃物处理、再生资源利用、包装容器和家庭电器循环利用、化学物质管理等一系列法规。在建立健全环境保护和废弃物循环利用法规的基础上，日本政府于 2000 年拟定了《循环型社会基本法（草案）》，并提交国会审议、通过。日本《循环型社会基本法》对"循环型经济社会"作了如下叙述："根据有关方面公平地发挥作用的原则，促进物质的循环，以减轻环境负荷，从而谋求实现经济的健全发展，构筑可持续发展的社会。"该法律就处理"循环资源"（可利用的废弃物）规定了国家、地方政府、企业和一般国民所应承担的责任：政府负责制定构筑循环型经济社会的基本计划；企业负有减少"循环资源"产生并对其进行循环利用和处理的义务；地方政府具体实施限制废弃物排出并对其进行分类、保管、收集、运输、再生及处理等措施；国民则应尽可能延长消费品的使用时间，并对地方政府或企业的回收工作给予配合。

2000 年在颁布《循环型社会基本法》的同时，颁布了多项配套法规：《促进资源有效利用法》（即对 1993 年修订后的《关于促进利用再生资源法》再次修订），要求对产品和原材料的资源节约和再生利用由制造商负责，对象产品有电脑、复印机等 69 种。办公用电脑从 2011 年 4 月开始实施，家用电脑由 2002 年 4 月起实施。由于电脑回收时收再生费，促进了二手电脑市场的发展。《食品废物再生法》，针对以食品废物为主的有机垃圾高达 2 000 万吨和填埋场寿命只有 1.6 年的严峻形势，要求 1 000 万户以上的饮食加工业、食品店和超市在大力减少食品废物的同时，把食品废物转化为肥料、饲料和沼气以再生利用，从 2001 年 4 月起实施，要求 2006 年的再生利用率达 60%。由于得到社会重视，食品废物处理已形成一个行业。《建筑及材料回收法》，针对建筑废材数量大，要求提高寿命、减少废材的同时，重点做好砼块、沥青砼块和废木屑三大废材的再生利用，从 2002 年 4 月起实施，2010 年的再生利用率达 95%。《绿色采购法》，要求政府及其所属事业单位在采购时优先采购再生制品和污染少的绿色产品，以扩大再生利用制品的市场，从 2001 年 4 月开始实施，对象有文具、办公机器、汽车等 14 类 101 种。各企业亦在积极响应号召，效果良好。

虽然各部法律中废弃物的内容和处理手段不同，各部法律制定发布的时间有先后，各部法律的名称不同，但其基本精神和原则是一致的，那就是"3R"原则，即资源的再利用（Recycle），废旧产品或者零部件的再使用（Reuse）以及减少垃圾的产生（Reduce）。制定和实施这些法律的主要目的就是企业、行政机关和消费者三位一体，建立起遏制废弃物产生、推动资源再生和预防非法放置废弃物等多重目的的体制，并最终建立起保证资源永续利用、降低环境负荷的循环型社会。

通过上述法规的制约和引导，2000 年日本全国工业垃圾量为 4 亿吨，其中碎玻璃的资源回收利用率达 77.8%，纸的回收利用率为 57.0%，塑料瓶回收利用率也达到 35%。从这组日本企业废弃物回收利用数据，我们可以看出日本废弃物资源的回收利用率是很高的。

3. 美国再生资源回收利用产业环境安全的法律规制

早在 20 世纪 60 年代，美国就已经注意到了废弃物的危害，为此一些州政府开始采取法律措施，强制回收这些废弃物。由于州政府的出面，情况逐渐得到缓解，从而掀起了一场题为"保护美国的美丽"的保护运动。在废弃物回收利用方面，美国于 1965 年制定了《固体废弃物处置法》，并成为第一个以法律形式将废弃物利用确定下来的国家。该法于 1970 年修为《资源回收法》，1976 年经过进一步修订更名为《资源保护及回收法》。其后又分别在 1980 年、1984 年、1988 年、1996 年进行了四次修订。该法首次赋予美国联邦环保局对有害废物从"摇篮到坟墓"全程控制的权力，并构筑了无害废弃物的管理体制，建立了"4R"（Reduction，Reuse，Recycle，Recovery）原则，将废弃物管理由单纯的清理工作扩及兼具分类回收、减量及资源再利用的综合性规划，即资源的再生利用应从产品制造的源头控制开始，谋求使用易于回收的资源以减少垃圾制造量，而不是只着重末端废弃物或垃圾的回收。同时，该法还确立并完善了包括信息公开、报告、资源再生、再生示范、科技发展、循环标准、经济刺激与使用优先、职业保护、公民参与和诉讼等诸多与固体废物循环利用相关的法律制度。1984 年，《资源保护及回收法》强调国会要资助各州政府的环保局建立有关废弃物处理、资源回收、环境保护的规划与回收技术及设备研究与开发，资助专业人员的培训等事项。其中的《联邦有害固体废弃物修正案》做出了禁止对有害废弃物进行填埋处理的规定。

在美国循环使用理念及大量卓有成效的立法帮助下，美国国内的再生资源回收利用工作迅速发展起来，并且得到了国家在技术和资金方面的有力支持。例如，1986 年颁布的《非常基金修正案及授权法》中，对废弃物处理技术、各州之间法规的协调、扩张 EPA 权威、增加国家资金投入等多个方面做了详尽的规定，这些规定对美国的环境保护及废弃物综合回收利用起到了极大的推动作用。1990 年，美国颁布了《污染预防法》，该法贯彻了成本效益分析理论，从资源减量使用、扩大清洁能源的使用效率、废弃物循环使用及可持续农业四个方面入手，提出用污染预防政策补充和代之以末端治理为主的污染控制政策，明确规定必须对污染产生源做好事先预防或减少污染量，对无法回收利用者也应尽量做好处理工作，至于排放或最终处置则是最后手段。这样，既能控制污染的产生，又能保护资源再生利用和永续利用。同时，为了提高大众的环保意识，美国将每年的 11 月 15 日定为"回收利用日"，各州也成立了各式各样的再生物质利用协会和非政府组织，开设网站，列出使用再生物质进行生产的厂商，并举办各种活动，鼓励人们购买使用再生物质的产品。以美国新闻纸的回收利用为例，其回收利用率一直处于较高的水平，近几年还处于不断上升的趋势，这对于美国节约木材、保护森林是十分有益的。

4.韩国再生资源回收利用产业环境安全制度

韩国国土面积狭小，人口稠密，每年消耗能量很大，因此韩国政府十分注重环保和资源的循环利用。2002 年，韩国用于环境保护的财政支出达到 13 万亿韩元（约合 111 亿美元），占其当年国内生产总值的 2.3%。1992 年，韩国开始实施"废弃物预付金制度"，即生产者依据其产品出库的数量，按比例向政府预付一定数量的资金，根据其最终废弃资源的情况，政府再返还部分预付资金。政府向生产者返还资金的比例一般在 40% ~ 50%，其余资金用于环保建设。"废弃物预付金制度"对控制废弃物和污染物的排放发挥了作用，但同时带来了诸多弊端，如地方政府将预付金作为税收收取等。

从 2002 年起，韩国将"废弃物预付金制度"改为"废弃物再利用责任制度"，所谓的"废弃物再利用责任制度"就是要求从限制排污改为废弃资源的再利用，规定家用电器、轮胎、润滑油、日光灯、电池、纸袋、塑料包装材料、金属罐头盒、玻璃瓶等 18 种废旧产品必须由生产单位负责回收和循环利用。2004 年和 2005 年，食品盒、方便面泡沫塑料碗、合成树脂、外包装材料等先后实施"废弃物再利用责任制度"。如果生产者回收和循环利用的废旧产品达不到一定比例，政府将对相关企业予以罚款，罚款比例是回收处理费用的 1.15 ~ 1.3 倍。"废弃物再利用责任制度"对减少废弃物的排放、促进废弃物的循环利用起到了积极的作用。生产单位在实施"废弃物再利用责任制度"时可以采取三种形式回收和处理废弃物。第一种是生产单位自行回收和处理废弃物，回收处理费用自行负担，废弃物循环利用的效益自行享用。第二种形式为"生产者再利用事业共济组合"，也就是交由回收处理废弃物的合作社负责。生产者将废弃物回收处理的责任转移给合作社，依据废弃物的品种，按重量交纳分担金。第三种形式是生产单位与废弃物再利用企业签订委托合同，按废弃物的数量交纳委托金，由后者负责废弃物的回收和处理。

5. 澳大利亚再生资源回收利用产业环境安全的法律规制

澳大利亚政府对再生资源回收利用工作很重视，把再生资源的概念定义为整个生产生活所产生的废物。作为发达国家，澳大利亚年人均产生的废物量仅次于美国，位居世界第二。为解决这个问题，1992年，澳大利亚联邦政府与各州政府确定了固体废弃物减量计划，即到2000年要在1992年的基础上减少50%。澳大利亚政府一方面制定废物逐年减少的规划目标，逐年提高废物利用比例，另一方面积极发挥行业协会的作用，通过各种废物的回收利用专业委员会，与城市居民、工商企业进行良好的沟通，制定有关政策，积极引导、鼓励人们减少废弃物，提倡利用再生资源。澳大利亚的各州都有自己的立法，昆士兰州于1994年5月颁布了《废弃物管理战略（草案）》，该草案对国家重要的政府机构产生了很大影响并且确立无论企业还是消费者，都应该对废弃物的处理负责。该州有60%的居民参与了废弃物的回收系统工程，从而为300万居民创造了良好的生存环境。因此，澳大利亚政府把这个州列为典范，用以推动全国废弃物的回收利用。

国外有关再生资源回收利用的立法实践对中国的环境保护立法，尤其是在建立可持续发展社会相关立法方面有着重要的借鉴意义。中国是个发展中国家，社会发展和经济建设正处在一个关键的十字路口，因此认真研究他国的先进经验和做法，对于中国避免在社会发展中走弯路是很有帮助的。

其他主要国家的经验对中国再生资源回收利用事业发展具有重要的启示。第一，法律法规的完善是管理好再生资源回收利用的根本，西方发达国家的再生资源回收利用工作之所以做得好，是与各国的法律法规完善、公民的法律意识强分不开的，中国必须制定完善的再生资源回收利用法律制度。第二，应当以市场为导向，利用经济手段，将再生资源回收利用作为一个产业培育发展。第三，再生资源管理的政策目标是环境保护和节约资源。第四，积极发挥行业组织的作用。在国外，再生资源行业组织（如再生资源行业协会）在再生资源回收、利用、管理方面发挥了重要的作用，再生资源行业组织能够加强政府、企业和个人之间的沟通，促进再生资源政策制定及加强再生资源行业监督。第五，推动再生资源回收利用的关键就是将循环经济理念融入环境资源保护立法中，通过建立健全环境资源保护法律法规，设立再生资源回收利用法律制度，保障再生资源回收利用事业的发展。

（三）再生资源产业环境安全制度在循环经济立法中的建议

1.实行市场准入和资质认定制度

市场准入制度旨在规范再生资源市场准入。各级人民政府应当按照统筹规划、合理布局的原则，在城市建设与发展中规划再生资源回收利用企业、再生资源回收网点、再生资源交易市场及再生资源产业园区的建设。再生资源回收利用主体主要包括再生资源回收利用企业、再生资源回收利用网点、再生资源分拣整理企业、以再生资源为主原料的生产加工企业、从事再生资源回收利用的个体工商户等。对于再生资源回收利用企业，我们应该在立法中规定须进行资质认定，规定其实施再生资源回收利用的技术条件和手段。再生资源回收利用从业人员也应具备一定条件，如应当接受职业培训与职业技能鉴定，并有所在地常住户口或暂住户口。再生资源行政主管部门应当鼓励建立再生资源交易市场，并对再生资源交易市场实施总量控制。

2.市场秩序管理制度

市场秩序管理旨在规范再生资源市场经营管理秩序。在再生资源市场上，禁止发包与转让再生资源回收利用业务，禁止强迫交易，禁止滥用市场支配地位，禁止限制竞争协议，禁止行政垄断。再生资源回收网点应当固定地点、挂牌经营、明码标价、规范服务。在社区设立的再生资源回收网点必须及时清运回收物资，保持社区环境清洁卫生，不得在社区内开展产生噪音、粉尘、恶臭和其他污染物的加工活动。

3.法律责任

法律责任是法律法规所确认的违法者所承受的制裁性的后果。若法律责任规定不明白，则法律关系主体的权利难以实现，违法行为得不到相应的制裁。中国现有相关法律法规对违反再生资源回收利用立法的法律责任规定极不完备，操作性不强，违法者有机可乘，有的承担的法律责任代价大大小于污染环境所得的利益，致使主体宁愿违法承担相对较轻的法律责任，而不愿采取对环境有利的回收利用技术。因此，规定法律责任与再生资源回收利用的实行效果密切相关。违反法律法规所承担的法律责任应以经济制裁为主，但是经济制裁并不能理解为以罚款代替义务主体所承担的回收利用义务，经济制裁并不能免除义务人的义务。立法的目的是实现再生资源的回收利用，而法律责任只是实现立法目的的手段。因此，经济制裁是手段，义务人履行义务、实行再生资源回收利用才是目标。

第五章 基于循环经济模式下的生态环境质量评价探析

第一节 中国生态环境质量评价指标体系与方法分析

联合国可持续发展《21世纪议程》强调了地方政府在促进国家和全球可持续发展中所发挥的重要作用。地方政府首先需要解决的问题是对当地生态环境可持续性状况进行评价，用各种相关指标，构建综合生态环境指数，为生态环境管理数字化决策和公众提供更直观、清晰的信息。20世纪70年代以后，对于如何选择评价指标并构建综合生态环境指数（CEI），国内外研究者开展了广泛的研究。在早期的研究中，由于缺乏基础生态环境信息数据以及系统合理的综合评价方法，CEI实际运用存在困难。20世纪末，随着生态环境综合管理中信息需求的增大和各种监测技术的发展以及分析方法的完善，CEI研究逐渐成为热点，在不同层面上都有相关研究。在国家层面上，Hope等（1992）、Butter和Eyden（1998）、Kang等（2002）分别构建了针对英国、荷兰和韩国的CEI，用来评价各国生态环境质量的多年动态变化；在区域层面上，Bergh和Veen-groot构建了针对12个OECD国家的CEI，用于评价、比较12个国家生态环境质量的区域差异（Jeroen，2001）；在全球层面上，2005年，耶鲁大学环境法与政策研究中心（YCELP）与哥伦比亚大学国际地球科学信息网络中心（CIESIN）（Esty，2005）构建了全球环境可持续性指数（ESI），并对146个国家生态环境可持续性进行评价排序；2006年，YCELP和CIESIN对ESI进行了改进，使评价更具有针对性。在国内，李崧（2006）、王军（2006）、万本太（2004）、吴开亚（2003）、郝永红（2002）、刘全友（1990）等也分别从不同的角度构建了针对我国不同地区的指标体系和CEI，促进了我国相关研究领域的发展。

尽管一些研究进行了不同的探索，但是对包含多种不同类型生态系统的区域生态环境进行评价时，仍需要综合考虑生态环境的多维性、复杂性和不确定性，评价工作非常困难。中国同发达国家所处的发展阶段和所面临的需要优先解决的生态环境问题不同，发达国家所建立的一些 CEI 并不符合我国国情，而国内的一些研究往往侧重于复合生态系统的评价，评价中引入大量的社会、经济指标，弱化了生态环境指标，不能为生态环境管理提供简洁明了的信息。中国不同的气候、地理特征造就了各地区自然条件的多样性，在不同的自然条件、历史和文化等因素的共同作用下，各地区社会经济发展阶段和模式各异，给自然生态系统造成的胁迫类型和大小存在差异，生态环境管理的侧重点也不相同，生态环境效应和演变规律存在很大的空间异质性，所表现的综合生态环境可持续性的程度不一。通过综合评价分辨出各地区生态环境各方面特征的差异有利于我国区域生态环境的综合与分类管理。

一、关于评价的概念

所谓评价，通常指对事物的善恶美丑、是非高下的一种评判。在过去，评价为讨价还价的意思，在西方，评价最早也是与经济活动联系在一起的。英文中的评价为"Evaluate"，其中"E"是强调，"Value"表示价值。价值在早期是指交换价值，后来在各个学派和思想家的影响与呼吁下，价值的意义不再局限于经济范围，而被延伸到更加广泛的领域，如社会价值、个人价值、文化价值、审美价值、生态价值、政治价值与科学价值等。因此，今天我们广泛使用的"评价"一词已经从单纯的"评论货物价格"以及"讨价还价"发展成了"泛指衡量人物或事物的价值"，是对一切人或事物存在的意义给予解释和评判。换句话说，"评价"就是指评价主体对评价客体的各个方面，根据评价标准进行量化和非量化，最终得出是否具有价值、有何价值以及价值大小的一个判断。Bloom 认为："评价就是对一定的想法、方法和材料等做出的价值判断的过程。它是一个运用标准对事情的准确性、实效性、经济性以及满意度等方面进行评估的过程。"

评价是一种对事物的认识活动，其过程非常复杂。它所要指出的不是简单的这是什么的问题，而是事物对事物有什么样的影响，有什么样的作用。它是以一种把握整体性的意义或价值为目的的认知活动。实际上，人类的一切行为活动，都是为了发现价值、实现价值和享用价值，而评价就是人类发现价值、揭示价值的一条根本途径。评价是一种手段，只有通过评价，才能判断其行为的价值和效果，有效地起到一定的约束性。室内环境设计生态化评价体系的建立就是为了对室内环境设计行为起到制衡作用。

二、评价的作用和意义

评价作为一种人类认识世界、改造世界的意识活动，它始终贯穿于人类实践活动的全部过程中。无论是个人的职业选择还是国家的政策方针，只要是人参与的事件就会有评价的发生。评价是人把握客体对人的意义、价值的一种观念性活动，是人类主体在评价活动中的价值取向和所持的态度，这直接影响评价标准。另外，评价是按照明确目标测定对象的属性，并把它变成满足主体要求的程度的行为，也就是说在某种预设的观念下评判对象的价值，并提供决策依据的实践过程。如我喜欢这件衣服，汽车尾气污染环境，劣质产品危害人民等，这些表述都是人经由认识和实践活动对客体价值的评断而后形成的认知并可能产生相应的决策行为。我可能因为喜欢这件衣服而买下它；汽车尾气污染环境，因此政府相关部门会采取各种政策限制或减少尾气的排放量；由于劣质产品对百姓的生活造成危害，有关部门会加强监管，用法律去惩治这种行为。由此可见，评价在人类生活的各个环节中都起着至关重要的作用。在人类社会中，人类不仅保持了生物的生存和竞争本能，可以充分地利用自然，还能够改变自然，创造新的事物、新的生存环境以及新的社会制度。合目的性与合规律性的统一是人类创造一切活动的本质特征。人类凭借智慧，可以主动地、有意识地对自身行为及其与环境的关系进行评价，对其活动的合目的、合规律特性给予判断，从而总结经验与教训、优选手段与途径。可以说，"评价"对人类的社会、经济、生活等方面的实践活动具有重要的指导意义：一是在实践中通过对目标、手段关系的认识而不断调整和校正前进方向，并提供选择"满意"方案的依据；二是检验所采用的方法是否"适合"，并不断进行调整，以期提高行为的效率。

设计评价是对"设计"价值的一种衡量和判定。设计本是"人类有目的的创造性行为"，表现为对一系列问题的求解活动，即发现问题、分析问题和解决问题的活动，是一个不间断的设计决策过程。设计价值体现为其结果的"合目的性"以及过程的"合规律性"；设计评价既是对最终"效果"的评判，也是对过程"效率"的衡量。因此，正确的设计决策依赖于持续的、有效的设计评价活动。从广义上讲，设计评价是对人类一切"造物"活动的价值判定。设计的起源可以追溯到人类祖先有目的地敲击石块来制作石器，与此同时，朴素的"设计评价"也就诞生了。尽管这种评价意识隐藏在紧张、忙碌的日常劳作中，但它的作用是直接而强烈的。石块种类和形状的选择、敲击的角度和力度、投掷的速度以及杀伤力的"评估"等，所有这些信息在生存的角逐中都以最直接的方式回馈给设计者，促使其不断改进方法、增益效果。随着人类经验的不断积累而逐渐形成了体系化的知识，"设计评价"的思想、方法不断完善和发展，相关内容也出现在各种古代造物的文献典籍中。比如，中国明代的科技名著《天工开物》一书就对前人的"造物"活动从技术、工艺、材料和应用方面进行了较为详尽的评述，为后人的创造性活动提供了宝贵的经验。西方早期较为系统化的设计评价思想是关于设计功能的探讨，可以追溯到荷加斯（William Hogarth）的《美的分析》。荷加斯认为对设计的"美"应以满足实用需要为目的。该书的第一章以"关于适合性"开篇，他写道："设计每个组成部分的合目的性使设计得以形成，同时也是达到整体美的重要因素……对于造船而言，每一部分是为适应航海这一目的设计的，当一条船便于行驶时，水手便将它称为美的，美与合目的性是紧密相连的。"此后，设计理论家和思想家们从设计的美学标准、功能性、制造性、使用性、经济性和社会责任等方面进行了广泛的设计评价理论研究。在这样的评价理论指导下，工业设备、日用品、艺术品、公共用品以及人工环境等都成了设计评价的对象。直到今天，人们还在持续地对自身适应自然、改造世界的各种"造物"活动进行评价，以求不断提高生存效率，增加自身的利益。

事实上，无论人类主体是否察觉，我们日常生活中始终充斥着对自我、他人、事物、环境的价值判断。任何一种在广义设计概念下的创造性行为，其前提都有设计评价活动的存在。

三、中国生态环境质量评价指标体系与方法

（一）评价指标体系

在仔细研究国内外关于区域生态环境评价领域文献，征求多位生态学、环境科学和其他领域的专家的意见后，根据中国实际情况以及相关的指标选择标准和数据的可获取性，建立中国省级行政区生态环境评价指标体系。指标体系包括4个主题：自然条件是人类社会和其他生物赖以生存的生命支撑系统，决定一个地区的生态承载力和生态服务功能的大小；人类胁迫是指人类的生产、生活活动对生态环境产生的干扰和胁迫，是各地区生态环境退化的重要驱动因素之一；生态环境效应是区域生态环境质量最直接的表征，是区域自然条件、人类胁迫、社会响应交互和多年累积作用结果的外在反映；社会响应是全社会为了保护生态环境、缓解生态环境压力、修复损害与退化生态系统而做的各种努力。笔者认为当一个地区同时具备良好的自然条件、较小的人类胁迫、较小的生态环境效应和较大的社会响应时，其生态环境具有可持续性。

各指标相对于目标层的权重由专家调查判断矩阵结合层级分析法获取，专家调查中共发放40份调查表，收回21份，其中有效调查表17份（涵盖了多领域专家），用层次分析法分析17份调查表获得各指标相对于各目标层的权重，取各专家调查表的所得权重的平均值作为各指标相对于目标层的权重（见表5-1：中国各省级行政区生态环境可持续性评价指标体系）。

表 5-1　　　　中国各省级行政区生态环境可持续性评价指标体系

主　题	贡献因素	指标及相对权重
自然条件	气候适宜性	I_1 年降雨量（mm）：0.228 5；I_2 年平均气温（℃）：0.164 4
	水资源供给	I_3 水网密度（km/km^2）：0.174 2
	植被覆盖	I_4 森林覆盖率（%）：0.200 0；I_5 草地覆盖率（%）：0.131 0；I6 耕地面积占国土面积的比例（%）：0.102 0
人类胁迫	人类栖息胁迫	I_7 人口密度（人/km^2）：0.070 9；I_8 建设用地占国土面积比（%）：0.076 9
	资源利用胁迫	I_9 人均耗能（标煤）（t/人）：0.102 9；I_{10} 人均水耗（t/人）：0.107 1
	污染胁迫	I_{11} 工业污水排放强度（t/km^2）：0.141 0；I_{12} 工业废弃排放强度（t/hm^2）：0.135 5；I_{15} 化肥施用强度（t/hm^2）：0.121 8
生态环境效应	环境污染	I_{16} 主要河流水质劣于 3 类比例（%）：0.204 9；I_{17} 大气污染指数：0.173 3；I_{18} 酸雨频率（%）：0.121 2
	生态退化	I_{19} 濒危陆生脊椎物种比例（%）：0.143 6；I_{20} 水土流失指数：0.164 1；I_{21} 荒漠化土地面积比（%）：0.192 9
社会响应	污染治理	I_{22} 环境保护投资占 GDP 比例（%）：0.168 4；I_{23} 工业废水排放达标率（%）：0.166 3；I_{24} 城市生活垃圾无害化处置率（%）：0.114 3；I_{25} 工业生产过程产生的 SO$_2$ 去除率（%）：0.143 3
	生态保护	I_{26} 自然保护区占国土面积比例（%）：0.168 4；I_{27} 节水灌溉面积耕地面积比（%）：0.114 6；I_{28} 人均沼气占有量（%）：0.124 8

（二）数据来源

指标原始数据主要来源于《中国统计年鉴（2004）》《中国环境年鉴（2004）》和 2003 年各地区环境状况公报。部分指标数据由原始数据经转换运算或者加权运算得到。

（三）评价模型

分两步构建综合生态环境可持续性指数：第一步，针对 4 个主题层采用加权平均法构建 4 个分指数；第二步，用 4 个分指数值通过灰色关联法构建 CEI。

1. 加权平均

用第一个公式对表《中国各省级行政区生态环境可持续性评价指标体系》中各指标的原始数据值（P_{ij}）进行标准化处理，得到标准化数值再用表中各主题层指标相对权重（W_j）及第二个公式计算各地区自然条件指数（NSI）、人类胁迫指数（HPI）、生态环境效应指数（EEI）和社会响应指数（SRI）。

$$E_{ij}=\frac{P_{ij}-P_{min}}{P_{max}-P_{min}} \quad (i=1,2,\cdots,31;\ j=1,2,\cdots,28)$$

$$S_{ki}=\sum_{j=1}^{n}w_{kj}E_{kij} \quad (k=1,2,3,4，代表 4 个主题层)$$

2. 灰色关联分析

NSI、HPI、EEI 和 SRI 是综合生态环境多维空间中不同方向上的向量，如果不经过向量投影直接把它们线性加和构建 CEI，会使部分信息的贡献作用被夸大或者缩小。为了克服这一影响，笔者以这四个分指数采用灰色关联法构建 CEI。灰色关联分析的基本思想是根据样本向量和最优化向量曲线几何形状的相似程度来判断其联系是否紧密。曲线越接近，相应序列之间的关联度就越大；反之就越小。

取自然条件指数和社会响应指数的最大值、人类胁迫和生态环境效应指数的最小值作为综合生态环境可持续性的最优化向量（$S_{1,0}$，$S_{2,0}$，$S_{3,0}$，$S_{4,0}$），采用灰色关联法计算各地区各分指数同最优化向量之间的关联度（第一个公式），求 4 个关联度的平均值作为综合生态环境可持续性值 CEI（第二个公式）。

$$\xi_{ki}=\frac{\min\limits_{k}\min\limits_{i}\left|S_{k0}-S_{ki}\right|+P\max\limits_{k}\max\limits_{i}\left|S_{k0}-S_{ki}\right|}{\left|S_{k0}-S_{ki}\right|+P\max\limits_{k}\max\limits_{i}\left|S_{k0}-S_{ki}\right|} \quad (P 为分辨系数，笔者取 0.5)$$

$$CEI=\frac{1}{4}\sum_{k=1}^{4}\xi_{ki}$$

3. 多元统计分析

采用主成分分析法分析各主题层，通过提取的主成分分析各主题层中起主导作用和存在协同作用的指标，结合各分指数间或者分指数同人均 GDP 间的相关性分析，找出导致各分指数地域差异性的主导因素。

　　把上面所得到的 4 个分指数值作为变量，通过 SPSS11.5 软件包对全国 31 个地区进行快速样本聚类，聚类的个数主要取决于各聚类有没有显著的现实意义（各聚类生态环境特点分明）和统计学（F 检验）意义。

四、中国省域生态环境质量特征

　　通过评价模型，得到 2003 年各地区 NSI、HPI，EEI、SRI 和 CEI 值及排序，如下表 5-2 所示。其中 NSI、SRI、CEI 值越大越好，而 HPI 和 EEI 值越小越好。

表 5-2　　　　　　　　　各地区生态环境可持续评价结果

地　区	NSI		HPI		EEI		SRI		CEI	
	指数值	等　级	指数值	等　级	指数值	等　级	指数值	等　级	指数值	等　级
北京	0.401 2	21	0.369 8	2	0.257 9	27	0.509 2	1	0.695 4	14
天津	0.439 5	20	0.320 9	5	0.322 3	20	0.471 2	4	0.669 2	21
河北	0.370 5	23	0.189 1	14	0.412 5	7	0.334 1	23	0.617 6	26
山西	0.334 7	26	0.134 5	23	0.448 0	5	0.327 7	25	0.624 6	25
内蒙古	0.281 4	28	0.062 3	27	0.659 4	1	0.293 8	28	0.613 5	27
辽宁	0.457 6	19	0.191 8	13	0.366 7	14	0.454 9	5	0.687 8	17
吉林	0.470 3	18	0.078 8	24	0.248 5	29	0.327 9	24	0.725 5	8
黑龙江	0.362 4	24	0.065 5	26	0.284 7	23	0.297 5	27	0.694 7	15
上海	0.674 2	9	0.828 5	1	0.394 2	11	0.378 2	17	0.604 2	29
江苏	0.529 6	15	0.326 3	4	0.330 4	18	0.441 3	9	0.668 2	22
浙江	0.770 5	3	0.288 7	7	0.372 8	13	0.451 5	6	0.752 6	5
安徽	0.613 6	10	0.183 9	15	0.265 2	26	0.391 6	16	0.727 6	7
福建	0.777 0	2	0.343 8	3	0.239 8	30	0.375 9	18	0.752 4	6
江西	0.758 2	5	0.206 0	12	0.266 3	25	0.442 7	8	0.795 8	4
山东	0.495 7	17	0.253 3	8	0.323 5	19	0.436 5	10	0.678 7	20
河南	0.513 7	16	0.211 2	11	0.351 4	15	0.338 1	22	0.650 3	24

地　区	NSI		HPI		EEI		SRI		CEI	
	指数值	等　级	指数值	等　级	指数值	等　级	指数值	等　级	指数值	等　级
湖北	0.605 7	11	0.250 8	9	0.284 1	24	0.373 8	19	0.691 8	16
湖南	0.719 9	6	0.219 2	10	0.345 4	16	0.356 1	21	0.716 3	10
广东	0.768 3	4	0.294 3	6	0.315 3	21	0.280 0	29	0.704 9	11
广西	0.709 2	8	0.171 8	17	0.250 2	28	0.489 9	2	0.815 8	3
海南	0.809 3	1	0.158 3	19	0.124 3	31	0.399 9	12	0.889 9	1
重庆	0.533 7	13	0.140 2	21	0.406 1	9	0.392 3	14	0.686 1	18
四川	0.531 7	14	0.135 2	22	0.306 8	22	0.419 5	11	0.723 8	9
贵州	0.582 6	12	0.053 5	28	0.385 3	12	0.242 1	30	0.702 4	12
云南	0.717 9	7	0.051 2	30	0.336 9	17	0.481 5	3	0.845 2	2
西藏	0.340 6	25	0.143 2	20	0.405 0	10	0.168 4	31	0.593 2	30
陕西	0.400 6	22	0.077 0	25	0.410 6	8	0.305 6	26	0.663 0	23
甘肃	0.291 1	27	0.046 8	31	0.537 1	4	0.448 6	7	0.695 5	13
青海	0.258 6	30	0.053 1	29	0.417 3	6	0.392 3	15	0.685 2	19
宁夏	0.281 3	29	0.160 6	18	0.591 8	3	0.397 7	13	0.608 4	28
新疆	0.163 8	31	0.182 3	16	0.609 0	2	0.365 2	20	0.574 2	31

（一）自然条件指数（NSI）

各地区自然条件从东南到西北有一个明显的由优到劣的逐步过渡趋势。采用主成分分析法分析自然条件主题层得到第 1、2 主成分累计方差贡献率高达 84.939%，表明指标间有较强的协同作用。第 1 主成分方差贡献率高达 60.42%，旋转载荷向量中年降雨量、年均气温、森林覆盖率和水网密度 4 个指标占主导地位，它们的地域差异主导着我国自然条件的东西和南北差异，而专家调查也给这 4 个指标赋予了较高的权重。随着降雨和水网密度的增加，草地让位于森林或者被开垦为耕地，所以在两个主成分中负荷都为负值，而耕地面积受降雨、气温和水网密度影响较小，在第 1 主成分中负荷小，且独立于第 2 主成分。如果仅仅从指标数据所包含的客观信息来看，草原和耕地对一个地区自然条件的维持和贡献作用小，甚至存在负面影响。但实际上，一些地区的草地和耕地在生物多样性维持、CO_2 固定和水土保持中发挥着巨大的作用，如果直接采用主成分赋权会忽略它们的作用。专家调查赋予了这两个指标一定的权重，使它们在各地区自然条件指数地域差异分辨中发挥了作用。

（二）人类胁迫指数（HPI）

2003 年，东南部沿海地区人类活动所造成的胁迫明显高于中部和西部地区。主成分分析法分析人类胁迫主题层得到第 1、2 主成分方差贡献率共为 79.984%，指标间存在很强的协同作用。第 1 主成分方差贡献率高达 61.675%，其中人口密度、建设用地面积比、工业"三废"排放强度通过协同作用，主要反映城市与工业给自然生态系统带来的胁迫，是人类胁迫中的主导因素；第 2 主成分中人均能耗、人均水耗、农药使用强度、化肥施用强度通过协同作用，主要反映资源利用和农业面源污染所带来的胁迫。人均水耗在第 1、2 主成分中负荷都为负值，同其他胁迫指标间存在负相关性。但是由于我国普遍受水资源短缺的影响，一些地区高的人均水耗所带来的生态胁迫（如生态用水短缺）不容忽视，所以大部分专家对其赋予了一定权重。

相关分析发现，HPI 同人均 GDP 间存在显著的正相关性，尽管指标体系中没有直接采用经济指标，但是经济发展水平高的地区，相应的 HPI 较大，这表明目前我国经济的发展总体上是建立在加大对生态环境胁迫的基础上的。

（三）生态环境效应指数（EEI）

2003 年，西北部地区生态环境效应比东南部地区显著。主成分分析法分析生态环境效应主题层得到第 1 主成分方差贡献率仅为 36.187%，指标间的协同作用小，其中主导指标为荒漠化土地面积占国土面积比和水土流失指数，反映地区生态退化状况；第 2 主成分中的主导指标为主要河流水质劣于Ⅲ类比例和酸雨频率，反映区域环境污染效应；第 3 主成分主导指标为大气污染指数，反映城市环境污染效应。河流水质劣于Ⅲ类比例在第 1、2 主成分中负荷为负值，而在第 3 主成分中为低负荷，濒危物种所占比例在 3 个主成分中负荷都比较低，如果直接采用主成分分析，这两个指标所反映的区域生态环境损害与退化均会被弱化，造成评价误差。加权平均法构建生态环境效应指数时，考虑它们对区域生态环境可持续性的极大影响，大部分专家赋予了其较高的权重，更符合人类的价值判断与生态学基本原理。

相关性分析发现，EEI 同 NSI 间存在显著的负相关性，采用对数回归，回归效果显著，这表明一个地区的生态环境效应在一定程度上受其所处的自然条件的影响。在人类活动干扰下，自然条件差的地区生态环境敏感，更容易发生生态退化和损害，表现出更显著的生态环境效应。

（四）社会响应指数（SRI）

社会响应无明显的地理分异规律。2003年，一些自然条件恶劣、经济发展水平低的地区，如甘肃、宁夏，表现出了高的社会响应；而一些自然条件好、经济发达的地区，如广东，社会响应偏低。相关分析发现，社会响应主题层中42对指标仅3对指标间（I_{23}-I_{24}、I_{23}-I_{26}、I_{23}-I_{27}）存在显著的相关性，而且其中仅有1对指标间（I_{23}-I_{24}）的相关性为真相关性，表明指标间的协同作用小，指标体系所反映的社会响应类型是多维的，不适合采用主成分分析法对其进行分析。针对当前我国所面临的需要优先解决的生态环境问题，专家普遍认为提高环保投资、加强自然保护区建设和工业水污染控制是目前我国需要优先执行的生态环境管理策略，故把I_{22}和I_{26}作为主导指标，赋予了较高的权重。

相关分析发现，SRI同人均GDP之间存在显著的正相关性，剔除上海市后，采用一元线性回归，回归方程显著，表明经济的发展有助于提高一个地区的社会响应。但是回归方程的回归系数较小，表明经济发展水平并非社会响应的唯一决定性因素，社会响应的大小还受地区国家宏观政策、地方发展定位与生态环境意识的影响。

（五）生态环境可持续性指数（CEI）

区域生态环境可持续性由区域自然条件本底、人类胁迫和社会响应的交互累积作用以及生态环境效应表征共同决定。2003年，我国各地区生态环境可持续性由强到弱排序见表5-2所示。海南、云南、广西、江西为生态环境可持续性最强的4个地区，自然条件优越，经济发展水平较低，人类胁迫小，生态环境损害与退化程度小，而且社会响应程度较高。新疆、西藏、上海、宁夏、内蒙古为生态环境可持续性最差的5个地区，除上海市人类胁迫过大外，其他地区人类胁迫较小，但是由于自然条件恶劣，生态环境效应十分显著。

分析CEI同其他分指数间的相关性发现：尽管在CEI构建过程中没有采用线性的方法，但CEI依然同NSI和EEI存在显著的线性回归关系（见表5-2所示），表明自然条件和生态环境效应是一个地区生态环境可持续性最直接的影响因素；CEI同HPI和SRI回归效果不显著，人类胁迫和社会响应通过间接的作用对一个地区的生态环境可持续性造成影响，而由于人类胁迫和社会响应类型多样，它们对生态环境可持续性的影响大小具有不确定性，小的人类胁迫和大的社会响应对生态环境可持续性有利，但是在数值上并不一定存在对应的线性关系。

（六）聚类分析

按照各地区NSI、HPI、EEI和SRI，通过SPSS11.5的k-mean快速样本聚类功能，把我国31个地区聚为生态环境特点各异的6大类，得到中止聚类中心（见表5-3

所示），类别间距离差异检验效果显著（a=0.01），表明聚类效果较好。

表 5-3　　　　　　各地区生态环境快速样本聚类中止聚类中心

变　量	聚　类					
	1	2	3	4	5	6
自然条件指数 NSI	0.464 7	0.390 0	0.674 2	0.767 2	0.254 4	0.603 6
人类胁迫指数 HPI	0.292 4	0.099 4	0.828 5	0.251 7	0.113 0	0.163 5
生态环境效应指数 EEI	0.320 2	0.376 5	0.394 2	0.277 3	0.599 3	0.314 4
社会相应指数 SRI	0.462 6	0.299 4	0.378 2	0.384 4	0.376 3	0.412 4

根据各分指数中止聚类中心（见表 5-3）所述，可以简单概括各聚类主要的生态环境特征。各聚类在地理学上具有显著的集聚性，地理位置相近的地区常常有相类似的自然条件、经济活动方式和社会历史文化传统，造就了相类似的生态环境特点。聚类 1 为我国东部、北部沿海 5 个地区，占国土面积的 4.51%，为我国半湿润和半干旱地区，森林覆盖率低，天然植被少，自然条件一般，但是人口密度大，建设用地所占比例大，经济发展水平较高，人类活动对生态环境的胁迫大，在人类胁迫作用下大气和水体污染严重，生态系统在一定程度上表现出退化，但总体生态环境效应较小，政府在应对生态退化和环境污染方面投入较大，社会响应程度高，综合生态环境可持续性处于中等水平。聚类 2 分布在我国高原或多山地地区，包括青藏高原、黄土（陕西、山西）高原、贵州高原以及河北、吉林、黑龙江多山地 8 个地区，占国土面积的 34.42%，自然条件较差，可利用水资源匮乏，生态环境脆弱敏感，人口密度较低，经济发展水平不高，建设用地所占比例低，工业污染物质排放强度低，人类对生态环境的胁迫作用较小，受区位分布影响，各地区表现出不同的生态环境效应，政府生态保护投入力度小，社会响应小，特别是节水灌溉和沼气建设方面的响应滞后，综合生态环境可持续性处于中等偏弱的水平。聚类 3 为上海市，尽管其自然条件优越，经济发展水平很高，社会响应力度较大，但是受发展空间制约，自然涵养土地面积小，单位面积国土上的人类胁迫过大，大气和水体污染依然严重，生态环境效应较为显著，综合生态环境可持续性弱。聚类 4 包括我国东南部的 6 个地区，占国土面积的 8.48%，是我国自然条件最好的几个地区，水资源充沛，森林覆盖率高，人口密度较高，人类栖息胁迫较大，资源利用中人均水耗较大，工业污染胁迫较小，农业面源污染胁迫较大，生态承载力高，能够承受较大的人类干

扰胁迫，生态环境效应较小，在工业污染控制方面响应大，但是农业节水灌溉和农村沼气建设等方面的响应滞后，为我国综合生态环境可持续性最强的地区。聚类 5 分布在我国西北的 4 个地区，占国土面积的 34.96%，是我国自然条件最恶劣的地区，水资源严重匮乏，天然植被覆盖极差，恶劣的自然条件导致这些地区生态承载力低，生态环境十分脆弱敏感，当地人口密度、经济发展水平较低，对自然的胁迫作用也较小，但由于缺乏自然涵养，生态环境效应极其显著，荒漠化、水土流失及生物多样性丧失都十分严重。虽然严重缺水，但节水灌溉措施不力，农村沼气建设也落后于我国其他地区，总体社会响应水平偏低，为我国综合生态环境可持续性最差的几个地区。聚类 6 包含我国中部和西南部一些地区，占国土面积的 17.57%，自然条件好，水网密度高，人口密度和经济发展水平较低，人类活动对生态环境的胁迫较小，生态环境效应较小，主要受生物多样性丧失、酸雨和水环境污染的威胁，总体社会响应较大，但节水灌溉普及不力，综合生态环境可持续性较强。

表 5-4　　　　　　　　　各聚类的特点

	聚类 1	聚类 2	聚类 3	聚类 4	聚类 5	聚类 6
地区数（个）	5	8	1	6	4	7
CEI 平均值	0.679 9	0.663 3	0.604 2	0.768 7	0.622 9	0.734 4
总国土面积（万 km²）	43.39	331.17	81.56	81.56	336.31	169.06
人口密度（人 /km²）	535	75.35	2716	341	22	255
人均 GDP	16 490	8 370	13 247	13 247	7 613	6 973

自然条件—人类胁迫—生态环境效应—社会响应指标体系从人同自然相互作用关系的角度来评价一个区域生态环境的各方面特点以及综合可持续性状况，能够给生态环境管理决策者提供一个区域生态环境地域分异的全局性认识，促进生态环境的数字化管理。

评价结果表明：2003 年，各地区自然条件从东南到西北有一个明显的由优到劣的过渡趋势，造成地域差异的主导因素为年降雨量、年均气温、水网密度和森林覆盖率；东部发达地区人类胁迫明显高于西部和中部地区，同一个地区经济发展水平密切相关；西北地区是我国生态环境效应最为显著的地区，生态环境效应主要受自然条件的影响，自然条件恶劣地区更容易发生生态损害与退化，生态环境效应更为显著；社会响应无明显的地域差异，经济发展在一定程度上对其有促进作用，但并非决定因素。综合各地的自然条件、人类胁迫、生态环境效应和社会响应状况，采用灰色关联分析法得到 2003 年我国各地区生态环境可持续性排序情况，其中可持续性最强的几个地区为海南、云南、广西、江西等地，最弱的几个地区为新疆、西藏、上海、宁夏、内蒙古等地。

以 NSI、HPI、EEI 和 SRI 为变量，通过快速样本聚类分析，可以把我国 31 个省级行政区聚为生态环境特点各异的 6 大类。相同的聚类有相似生态环境特点，而且在地理位置上有聚集性，可以采取相类似的生态环境管理对策；不同的聚类生态环境特点存在较为显著的差异，需要根据其特点采取不同的管理对策。

五、典型生态系统服务功能及其评价指标

目前国内外许多学者对生态系统服务功能、指标体系及评价方法已进行了深入研究，他们分别对森林、草原、湿地、荒漠、农田五个主要生态系统的服务功能进行了系统研究，并取得了丰硕成果。

（一）森林生态系统

在生态系统服务功能研究过程中，研究得最早、最多的生态系统类型可能就是森林生态系统。Costanza 等在 1997 年对全球生态系统服务所做的价值评价中，将森林生态系统的服务功能归结为气体调节、气候调节、干扰调节、水调节、水供给、控制侵蚀与保持沉积物、土壤形成、养分循环、废物处理、传粉、生物控制、庇护、食物生产、原材料、遗传资源、休闲、文化等 17 种，再将森林生态系统划分为热带和温带/北方林两类，并分别进行了价值估算。其中，热带森林生态系统服务功能评价中考虑了（其罗列的 17 种服务功能中的）13 项服务类型，而温带/北方林生态系统服务功能评价中则仅考虑了 9 项服务类型，其所采用的价值评价方法遭到了许多经济学家的批评。

日本林野厅在评价其国土森林公益机能经济价值时，结合日本本土的实际情况考虑了水源涵养、防止水土流失及防止崩塌、滑坡和泥石流、保健游憩、野生动物保护、大气保全六大类功能。此外，还对森林生态系统在野生动物保护方面的经济价值进行了评价。

薛达元等人采用市场价值法、影子工程法、机会成本法、费用分析法等对长白山自然保护区森林生态系统间接经济价值进行了评估。其评价特点是：考虑了森林生态系统的病虫害防治价值；水源涵养服务评价中，以年径流量作为功能指标参与估算；减少养分损失中只考虑了无机营养物质，而未考虑有机质；大气调节服务中未考虑 O_2 释放功能。欧阳志云等对海南岛及中国陆地生态系统服务功能进行了评

价，其森林评价的特点是考虑的服务功能比较全面。郭中伟等对神农架地区兴山县森林生态系统服务功能及其价值进行了评价，评价过程中他们根据植被类型、土壤壤质及坡度，利用 GIS 将评价区划分为 90 个类型，并分区进行计量，该评价具有以下几个特点：旅行费用法计算采用了门票、旅费、消费者剩余及时间成本；土壤侵蚀率、水分涵养量采用分区估算再综合的方法，一定程度上提高了计量精度；使用了森林涵养水分贡献率（与灌草混合地 3.7 ∶ 1 对比得出）用于确定森林对径流量调节及水分蓄积的相对贡献；将防止淤泥淤积和防止泥沙沉积分开考虑，并分别用费用分析法（人力清淤成本）和影子工程法（水库建造费用）进行评价。李忠魁等对北京市森林资源价值进行了评价，其中涉及的生态系统服务功能包括林木价值、涵养水源价值等十个大的服务类型，其特点为：考虑的服务功能类型全；净化环境服务中考虑了二氧化硫、氟化物及氮氧化物吸收、滞尘、灭菌、减噪六类功能；考虑了生物多样性价值和社会效益价值。此外，国内部分学者还对单项的生态系统服务功能的价值评价进行了深入研究，如森林保育土壤价值核算理论研究（金彦平）、森林涵养水源价值核算理论与方法的研究（姜文来）、森林固碳释氧功能的价值核算研究（刘璨）、森林净化大气有毒气体的效益估算方法研究（黄艺）、森林社会效益价值评价的指标体系研究（陈勇）、森林游憩价值核算（胡明形）等。

综上所述，森林生态系统服务功能价值评价过程中，直接使用价值主要是围绕木材等林产品和游憩价值进行，其中木材等林产品可以根据区域 GDP 统计数据和实际调查资料得出，而游憩价值则可以采用旅行费用法根据实际情况及评价目的、综合交通费用、门票及其他费用并考虑时间机会成本来确定，同时需要注意剔除人文景观的影响。间接使用价值评价中，比较普遍的服务功能包括森林的土壤保持（3 ~ 4 种功能指标）、涵养水源（1 ~ 2 种功能指标）、固碳释氧、营养物循环与储存、净化环境中的 SO_2 吸收等；其他功能（如净化环境中的滞尘及减噪、防风固沙、防止灾害等）应结合评价区域实际情况确定；部分服务功能（如病虫害防治、生物传粉、多样性维持、社会效益等）的评价尚待进一步进行基础理论研究。

（二）草原生态系统

草原生态系统为人类提供了一系列的产品和服务，但其中仅有一部分是因具有市场价值才被人们所熟知，如肉、奶、羊毛、皮革等。事实上，除了这些具有市场价值的重要产品外，草原生态系统还给予了人类许多至关重要但常常不被认识的服务，如气体调节、基因库保持、气候调节和土壤保持等，这些服务的价值要远远大于目前人们所熟知的产品市场价值的总和。草原生态系统的服务功能主要包括以下几个方面。

缓解温室气体排放——与森林等生态系统相比，草原生态系统吸收大量的碳作为土壤有机质并储存于土壤中。当草地被耕作或转变为农田时，不仅碳会迅速转移到大气中，N_2O 等温室气体的排放也会加剧，因农田排放 N_2O 的比率要比草原高，并且随施肥强度的增加而增长（Mosieretal, 1991）。据估计，由草地转变为农田引起 CO_2 浓度增长对气候产生影响而造成的经济损失为：1991—2000 年为 20.4 美元/吨（以碳计）；2001—2010 年为 22.9 美元/吨（以碳计）；2011—2020 年为 25.4 美元/吨（以碳计）；2021—2030 年为 27.8 美元/吨（以碳计）（Fankhaugeretal, 1994）。根据上述分析，可计算出草地储存碳的价值为 160 ~ 400 美元/公顷[以 0.02 美元/kg（以碳计）]，平均为 200 美元/公顷。1991—2030 年草地相对于农田减少 CH_4 排放的经济效益为 2.70 美元/公顷。1991—2030 年草地相对于农田减少 N_2O，排放的经济效益为 28.50 美元/公顷。

当然，草地破坏引起的 CH_4、N_2O 排放对气候影响与 CO_2 相比是极小的，草地破坏后最显著的变化是在一个相对较短的时间内，以 CO_2 形式释放大量的碳。

遗传基因库——草原生态系统为人类提供的一个重要的服务是维持了一个储存有大量基因物质的基因库。草地的另一个重要性表现在它是作物和牲畜的主要起源中心。草原生态系统的一年生草本和豆科植物非常丰富，同时许多驯养动物（如山羊、绵羊、牛等）均起源于地中海地区的草原，因此草原生态系统的基因资源对人类具有十分重要的保护价值。

气候调节——草地利用方式的改变引起的草原植被群落结构、组成及覆盖状况的改变，导致了地表能量反射率的改变，从而对气候产生了影响。

土壤保持——草地破坏导致降水下渗减少和径流量的增加，从而引起土壤侵蚀作用的增强。Jones 等人在美国 Taxas 地区进行了小麦、高粱、休耕地与原生草地的土壤侵蚀量对比研究，结果表明：原生草地的土壤侵蚀量几乎微不足道，而麦地的土壤侵蚀量则达到近 1 200 kg/公顷（6 年平均值，以下同。1 公顷 =0.01 平方千米，全书同），高粱地的土壤侵蚀量约为 2 700 kg/公顷，休耕地的土壤侵蚀量也达到 1 700 kg/公顷以上。可见，草原生态系统的土壤保持功能是十分显著的。

据统计，草地资源是我国陆地上面积最大的生态系统，可利用面积达 3.10×l08 公顷。由于长期以来，对草地资源采取自然粗放经营的方式，重利用、轻建设、轻管理，草地资源普遍存在着过度放牧、乱开滥垦等现象，加之缺乏统一管理、资金投入少、建设速度慢等原因，草原退化、沙化、盐碱化的面积日益扩大，草原生态系统破坏严重。在这种严峻形势下，评估我国草地资源生态系统服务功能价值具有重要意义。

目前，关于草原生态系统的服务功能的研究开展得不多，仅在一些区域生态系统服务功能中有所体现，选取的服务功能类型以及评价方法与森林生态系统相同。谢高地等人对中国自然草地生态系统服务功能进行了价值评价，他们将全国草地划分为18个生态系统类型（含沼泽），其中的7个类型又细划为21个亚类，所选的服务功能类型与Costanza等人的相同，其突出特点是评价中利用生物量指数对生态系统服务功能价值单价进行了订正。关于草地生态系统服务功能的研究，今后应注意加强专门的草地生态系统服务功能机制的研究，只有在此基础上才能精选功能指标并选择合适的价值评价方法，从而得出满意的结果。

（三）湿地生态系统

虽然国内外关于湿地的研究比较多，但目前还很难给出一个公认的、确切的定义，并且不同的国家和研究者关于湿地的分类也有着不同的看法。普遍认为，湿地具有过湿的土壤（每年有较长时间的积水期）、区别于陆生和水生生态系统的独特的动植物类型组成等显著特征，是介于陆地、水生环境的过渡带。我国有着丰富的湿地资源，在类型上有沼泽湿地、草甸湿地、河流湿地、湖泊湿地、海岸湿地、河口海湾湿地和人工湿地7大类，若进一步划分，Ramsar湿地名录中的26类自然湿地和9类人工湿地在中国均有分布。

湿地生态系统服务功能的价值评估是一个近期才有的现象。历史上，湿地一直被看作是有一定价值的废弃地，只能通过排浚和破坏才能提高其价值。今天，人们已经普遍认识到湿地提供了有价值的生态系统服务，但是在区域湿地是否具有最高经济使用价值、应该在何种程度上对湿地进行保护和恢复等问题上仍存在着持续的争论，因此开展湿地生态系统服务功能价值评价具有越来越重要的现实意义。

湿地生态系统提供的服务功能包括提供物种生境、减少洪水灾害、水质净化、休憩娱乐等多种服务功能。Ewel列举出了主要的湿地生态系统提供的3大类（生物多样性、水资源、全球生物地球化学循环）和11类服务功能；Woodward将Larson等人提出的17种湿地生态系统服务功能归纳为10类，并给出了其内容和适用的价值评价方法。

（四）荒漠生态系统

荒漠生态系统是整个生物圈中分布较广的一个生态系统类型，是陆地生态系统中一个重要的子系统。荒漠生态系统由于其环境的严酷性决定了它的脆弱性和不稳定性，正因为如此，从荒漠生态系统的特殊功能和生态环境建设的要求考虑，荒漠生态的研究更具有重要的现实意义。

国内外关于荒漠生态系统的研究比较少，国外的研究主要以半干旱荒漠草原为主，国内的研究则主要集中在荒漠生态气候、植被、水文、土壤、物候以及自然分布特征、演替规律和人工防风固沙林的防风固沙效益、生态功能等方面。

荒漠生态系统的服务功能研究比较特殊，它不仅具有独特的动植物资源和生态景观特征，而且可能是唯一一类整体上对人类生存构成威胁的生态系统类型。关于其生态系统服务功能的研究尚无法检索到，单独开展此类型的生态系统服务功能的研究困难极大，可考虑在区域评价中视具体情况分区进行考虑。

（五）农田生态系统

农田生态系统也比较特殊，它是人类对自然生态系统改造的结果。由于人类对粮食和经济作物的需求不断扩大，农业生产过程中化肥、农药等的大量施用以及灌溉、耕作对土壤的破坏，农田生态系统实际上已对周围自然生态系统造成了一定的影响和破坏。另外，农田生态系统是存在大量的人为物质和能量输入（如人力、机械能的消耗、农田基础设施、化肥、农药等）的复杂系统，其生态系统服务功能机制及其价值评价尚有待进一步研究。对于人类来说，农田生态系统最大的服务功能就是粮食和农作物的生产。此外，BjSrklund 等总结前人对农田生态系统服务功能的理解认为主要包括：肥沃土壤的维持、生物管理、营养物循环、废弃物同化、CO_2吸收和基因信息的保持等，并通过研究表明农田生态系统服务功能的大小受农业生产强度的影响很大。

可见，生态系统服务功能的评价目前主要集中在生态系统服务功能类型划分和价值评价方面，而对于生态系统服务重要性的评价则是根据典型生态系统服务功能的能力和价值评估来评价生态系统服务功能的综合特征及其空间分布特征。生态系统服务功能重要性评价的结果将为生态系统科学管理、确定生态保护关键区、制定生态保护和建设的政策提供直接依据，但目前关于生态系统服务功能重要性的综合评价研究开展得很少。随着决策科学化要求的不断提高，生态系统服务功能的重要性评价也日益重要。

六、生态系统服务功能经济价值评价方法

生态系统服务功能评价可以以生态学为基础对从生态系统提供的产品与服务的物质数量进行评价（即物质量评价），也可以对这些产品和服务进行经济评价（即价值量评价）。因此，生态系统服务功能评价主要包括物质量评价与价值量评价。

（一）物质量评价

物质量评价主要是从物质量的角度对生态系统提供的各项服务进行定量评价，即根据不同区域、不同生态系统的结构、功能和过程，从生态系统服务功能的机制

出发，利用适宜的定量方法确定产生的服务的物质数量。其特点是能够比较客观地反映生态系统的生态过程，进而反映生态系统的可持续性。运用物质量评价的方法对生态系统服务功能进行评价，其评价结果比较直观，且仅与生态系统自身健康状况和提供服务功能的能力有关，不会受市场价格不统一和波动的影响。物质量评价特别适合于同一生态系统不同时段提供服务功能能力的比较研究以及不同生态系统所提供的同一项服务功能能力的比较研究，它是生态系统服务功能评价研究的重要手段。

物质量评价是以生态系统服务功能机制研究为理论基础的，生态系统服务功能机制研究程度决定了物质量评价的可行性和结果的准确性。物质量评价采用的手段和方法主要包括定位实验研究、遥感、地理信息系统、调查统计等，其中，定位实验研究是主要的服务功能机制研究手段和技术参数获取手段，遥感和调查统计则是主要的数据来源，而地理信息系统为物质量评价提供了良好的技术平台，但是不同尺度基础数据的转换和使用方法尚有待进一步研究。物质量评价研究往往需要耗费大量的人力、物力和资金。物质量评价是价值量评价的基础。

单纯利用物质量评价方法也有局限性，主要表现在其结果不直观，不能引起足够的关注，并且由于各单项生态系统服务功能的量纲不同，所以无法进行加总，也无法评价某一生态系统的综合服务功能。

评价过程中，生态系统类型不同、服务功能不同，因此其物质量评价方法也存在着极大的差异。各生态系统类型不同服务功能的物质量评价方法将在后续的研究中一一介绍，这里不作具体阐述。

（二）价值量评价

价值量评价方法是利用一些经济学方法将服务功能价值化的过程。许多学者对价值评价方法进行了探索性研究，但是由于生态系统提供服务的特殊性和复杂性，其评价和价值计量至今仍是一件十分困难的事情。

生态系统服务功能的价值可以分为直接利用价值、间接利用价值、选择价值与存在价值。生态系统服务功能价值评估方法因功能类型不同而各异。

第一，直接利用价值主要是指生态系统产品所产生的价值，它包括食品、医药及其他工农业生产原料、景观娱乐等带来的直接价值。直接使用价值可用产品的市场价格来估计。

第二，间接利用价值主要是指无法商品化的生态系统服务功能，如维持生命物质的生物地化循环与水文循环、维持生物物种与遗传多样性、保护土壤肥力、净化环境以及维持大气化学的平衡与稳定等支撑与维持地球生命保障系统的功能。间接利用价值的评估常常需要根据生态系统功能的类型来确定，通常有防护费用法、恢复费用法、替代市场法等。

第三，选择价值是人们为了将来能直接利用或间接利用某种生态系统服务功能的支付意愿。例如，人们为将来能利用生态系统的涵养水源、净化大气以及游憩娱乐等功能的支付意愿。人们常把选择价值喻为保险金，即人们为自己确保将来能利用某种资源或效益而愿意支付的一笔保险金。选择价值又可分为3类：自己将来利用；子孙后代将来利用，又称之为遗产价值；别人将来利用，也称之为替代消费。

第四，存在价值亦称内在价值，是人们为确保生态系统服务功能能继续存在的支付意愿。存在价值是生态系统本身具有的价值，是一种与人类利用无关的经济价值。换句话说，即使人类不存在，存在价值仍然有，如生态系统中的物种多样性、涵养水源等生态系统的结构与生态过程。存在价值是介于经济价值与生态价值之间的一种过渡性价值，它为经济学家和生态学家提供了共同的价值观。

根据已有的生态系统服务功能价值评价技术和评价方法，结合生态系统服务与自然资本的市场发育程度，可将价值评价方法划分为市场价值法、替代市场价值法和假想市场法三大类，具体的一些生态系统服务功能的评价技术则包括市场价值法、机会成本法、影子价格法、替代工程法，费用分析法、因子收益法、人力资本法、享乐价值法、旅行费用法、条件价值法和群体价值法等。每种方法都有各自的优缺点，而每种服务都有一套适合的评价方法，一些服务功能评价可能需要一些评价方法来结合使用。

七、室内环境设计生态化的评价标准

在今天这样一个时代，各种价值观和思潮不断涌现，对物质利益的追求容易使消费者的价值观造成混乱。在设计领域，无论是居家空间还是公共空间，现代人为了享受奢侈生活变本加厉地掠夺自然资源，室内装饰环境也处在不断更新的过程中，被拆除的装饰材料因不能再生循环利用而被丢弃，成了环境的污染源，同时造成了资源的严重浪费。作为设计师，我们有责任唤起人们的社会责任心和伦理道德的回归。相应地，我们的设计价值判断体系和道德评判体系也应该增加新的内容。室内环境设计生态化评价的标准是色彩还是风格，是美的形式还是时尚，是生态还是伦理，这些都是需要我们考虑的。

（一）室内空气质量

传统上，人们在评价一个室内环境优劣时往往只单从空间形式是否美观、功能是否合理的角度去判断，而忽略了室内的空气质量是否达标，同时对室内空气质量的认识也只是"知其然不知其所以然"。室内空气质量的优劣在室内环境评价中应是核心地位，它本应该是评价设计好坏的一个重要标尺。而事实上，从设计师到消费者，从施工企业到社会，在对室内环境设计的实践过程中基本上是不考虑这一因素的。在调查走访中笔者发现，在室内装修完工后，请专业机构对空气质量检测的基本上是零状态，而要求检测的大部分是遭受室内空气的严重危害之后，人们因为要查明疾病原因或要打官司才会检测室内空气。这样的现象是多方面因素造成的，如室内设计的法规体系不健全、市场管理混乱、室内设计师没有合法的从业资格、招投标管理制度的不完善等都是导致这一结果的原因，我们应该积极探寻可行的解决方法和方案。这些问题，笔者在此就不展开论述了，相信在大家共同的努力下，这些制约因素会得到解决。室内空气质量直接关系着人们的身体健康，我们在评价室内环境好坏时应该将目光转向更深层次上的探究，不能只从审美角度来判定，室内空间环境的内涵跟以往相比应该有更为广泛的延伸，它应该发展成为环保与健康适宜的结合，在使用过程中室内空气不能对人体和外界造成污染。如果室内环境对自己或对他人造成了不良影响，那么即使多么有创意，我们也不能称其为好的设计，这种设计方式是不值得推广和提倡的。美国设计理论家维克多·巴巴纳克在其名著《为真实的世界的设计》一书中提出了自己对设计目的性的看法，他强调设计必须考虑地球的有限资源使用问题，必须为保护地球环境服务。简言之，室内环境不仅要满足消费者的功能和审美需求，还要满足消费者的安全和健康需求。

（二）细节上体现节能

节能是室内环境设计生态化评价因素之一。节能就是通过科学的手段，合理有效地配置各类装修能源，减少浪费，保证高效的室内环境与降低能耗相统一。在进行室内装修之前，要从细节入手，进行有关节能的改造工作，提高室内环境中的舒适性和安全性。门窗密封条、玻璃贴膜、地板采暖、节能开关、节能洁具、节能灯、太阳能热水器、节能冰箱、节能空调、节能插座、感应龙头等智能设备都是节能技术的实现手段。目前，节能设施比普通设施投入的价格要高，节能装修在短期内效果也不明显，这些都是制约节能技术应用的主要原因。

节能与节约是分不开的，在室内环境装修的施工过程中浪费现象特别严重，消费者普遍存在追求豪华、气派的倾向。在一些公共建筑室内环境里，业主过分使用不锈钢、铝板、铜条、石材、玻璃等材料，甚至在家居空间里也用大理石装修墙壁，用不锈钢装饰柱子，大量耗用不可再生的珍贵资源，很多可利用的装修建材都被丢弃。据不完全统计，每个家庭的家居装修少则三四万，多则十几万、几十万。这些现象都违背了室内环境设计生态化所倡导的适度消费思想和节约型的生活方式。

（三）环保材料与绿色工艺

材料与工艺直接影响着室内环境的生态情况。生态化室内环境是一个完整的过程，包括设计方案、合格饰材的使用、绿色环保施工三个方面的内容。在装饰材料的购买中，要严格选用环保安全型材料。而生态环保型装修材料正在逐步实现清洁生产和产品生态化，在生产和使用过程中对人体及周围环境都不产生危害。目前，已研制出的无毒涂料、再生壁纸等都不同程度地实现了上述目标。在施工工艺中，应尽量采取无毒或少毒、无污染或少污染的施工工艺，降低施工中的粉尘、废气、废水、噪音对环境的污染和破坏。在方案设计时，比如说做一个镜框或背景墙，设计师可以用简洁的方式来实现，避免不必要的浪费。在用材和工艺上，应该考虑到更省工、更环保，这些因素与生态是紧密联系的。还有一个需要指出的问题就是：在用材上，即便是全部使用符合室内装饰装修材料有害物质限量标准的装修材料，但是如果进行大面积的铺装，也会造成超标。环保的标准是控制在一定范围之内的，这个尺度需要设计师去思考，如板材用多少不会影响空气质量，油漆和木料的比例控制在什么范围之内等都是需要设计师在设计前期阶段予以考虑的。

（四）设计简洁

从设计阶段就要开始关注环保。在室内环境是否生态这一评价体系中，设计方案起着重要的导向作用。因为产生室内空气质量超标这一现象的原因有两种：一种是所用的装修材料本身就是非环保产品；另一种是各种室内的装饰材料都是环保产品，但是各种材料与家具释放出的有害物质经过叠加造成了质量超标。因此，对设计师来说，在装修设计初就应该事先对室内所能承载的有害物质数量加以计算，对有害物的总量进行全方位的控制，而不仅仅对单一产品的指标进行控制。室内各种功能空间和造型越多，工程量就越大，使用的主材和辅材就越多，装修造价也就越高，相应地这个环境的质量就会受到严重的质疑。因此，不要忽视了装修材料的施工叠加效应，在设计上要合理，尽量减少各类板材的使用量。另外，还要以合适的比例搭配装饰材料，以降低污染物的总量。

设计评价的标准有着非常强大的导向作用。二战后的美国只以销售额作为评价设计好坏的唯一标准，具有高度商业化倾向，造成享乐主义生活态度风行，人们的物质欲望被所谓的"美观、品位、地位象征"刺激着。例如，通用汽车公司总裁斯隆和设计师厄尔为了不断促进汽车的销售，在其汽车设计中有意识地推行一种制度，称为"有计划的废止制度"，即在设计新的汽车样式时必须考虑到汽车局部样式能每两年有一次小的改变，每三年有一次大的改变，从而通过不断改变设计样式造成消费者"心理老化"。这种在设计中以人为的方式有计划地造成商品在短期内失效，不断推出新款式的制度致使原来的产品因过时而遭消费者丢弃。可以看出，通用公司在设计评价中并没有考虑到资源的节约、人与自然的关系，其设计理念与生态伦理学相违背，浪费了很多自然资源，造成的危害是极大的。人类社会体制认可的主要评价标准将决定我们的地球最终变成什么模样。室内设计如果不把设计对生态的影响作为设计的一个重要评价标准，那么是非常危险的。

（五）室内环境生态化的设计原则

室内环境生态化的设计原则有以下四个方面。

第一，健康适宜性原则。室内环境在很大程度上影响着每个人的心理感受，因此生态室内空间应满足人的舒适健康为前提，创造一个对人身体健康有利的环境，不产生或少产生对身体健康有害的污染。需要强调的是，健康不单指身体没有疾病，而是指身体、精神及社会性的一种完好的状态。健康定义为："人体各器官系统发育良好，功能正常，体质健壮，精力充沛，并且有健全的身心和社会适应能力的状态。通常用人体测量、体格检查、各种生理和心理指标来衡量。"室内健康性原则要求要注意室内环境对使用者整体性的关怀，从分析人们在生活环境中受到的生理、心理等方面的影响着手，研究人 – 机（建筑、设施）– 环境系统中交互作用的各项指标（效率、健康、安全、舒适等）的最优化问题。这就需要综合调度室内环境设计与技术参数，多层次满足各种不同的需要。从这个意义出发，健康环境的特征应是与自然相和谐，使人身心健康并富有生气。适宜则是在能源环境恶化背景下的一种理性选择，一反以前以人的绝对舒适为目标，凸显了"适度"原则，通过对舒适范围的动态调控达到相对舒适状态。

第二，经济适度性原则。室内生态设计所倡导的是适度消费思想和节约型的生活方式，而不是铺张奢侈，在消费的同时应该自觉考虑到资源和环境的承受能力，从自身做起，树立正确的价值观和伦理道德秩序。当然，有些消费者对环保的概念并不是很清晰，这就需要设计师承担起这个责任，正确地引导消费者。

第三，科学性原则。室内环境的功能布局、自然通风、采光、隔热保温、声、光、色等物理环境的合理设计都离不开科学技术的支持。室内设计依托各种装饰材料和各种设计手法，如何节约能源，如何利用太阳能、风能等可再生能源，实现能源的循环利用，达到节能与高效的统一，对新材料、新工艺的运用等内容都需要设计师从科学性原则出发，通过科学技术手段，进行人工生态美的创造，使室内环境的生态化取得良好的效果。

第四，"以人为本"原则。以人为本四字已成了各个领域的指导思想，但是这句体现西方人文精神的字眼被很大一部分群体简单搬用甚至曲解。我们不能把个体的

"人"与整体的"人类"混淆，以人为本实质上是指个体——人的一切行为都要为整体人类服务，不要把"以人为本"误当作"以我为本"。我们需要把内涵纠正过来。在设计领域，我们以人为本不仅要以当代人为本，还要以自己的子孙后代和人类以后的发展为本，而不是建立在人与自然的对立与冲突上，以牺牲人类长远的利益为代价。

第二节　基于循环经济模式下的生态环境效率评价探究

目前，中国经济增长在很大程度上是靠消耗大量物质资源实现的。据统计，中国单位产出的能耗、物耗明显高于世界平均水平。因此，如何提高资源和能源利用效率，降低环境污染负荷，就成了循环经济发展的核心内容。本部分根据资源、能源消耗强度和污染物排放强度等指标选择了重点行业，采用 IPAT 模型对重点行业能源、资源消耗和污染物排放强度等进行了趋势分析，识别了重点行业提高生态效率的政策障碍，提出了提高重点行业生态效率的政策框架，并选择典型行业（水泥、造纸）进行了案例研究。

一、重点行业生态效率概况与问题

生态效率（Eco-efficiency）是循环经济的核心标准，是连接资源、经济和环境的"节点"指标。生态效率是经济社会发展的价值量（即 GDP 总量或工业产值）和资源消耗、污染排放实物量的比值，它表示经济增长与环境压力的脱钩关系（Decoupling indicators），可以进一步分为资源生产率和环境生产率（环境效率），其相关指标包括：单位能耗的 GDP（能源生产力）、单位土地的 GDP（土地生产力）、单位水耗的 GDP（水资源生产力）和单位物耗的 GDP（物质生产力）。与环境效率相关的指标包括主要污染物排放的 GDP。生态效率的倒数实际上就是我们通常说的单位 GDP 能耗、物耗、水耗和污染排放。工业生态效率的指标包括三个方面：能源强度指标、原材料消耗强度指标和污染物排放强度指标。本研究是将资源能源消耗强度作为行业生态效率指标，污染物排放强度作为生态效率投入指标。

为了分析目前中国重点行业的生态效率现状，本研究综合考虑行业产值贡献率、能耗贡献率和污染贡献率，从水环境污染、大气环境污染以及固体废物污染三个方面出发，以典型污染物为评价指标，识别重点高能耗、物耗和高污染行业。

（一）水环境污染重点行业

水环境污染重点行业以该行业工业废水中的 COD 排放量为衡量依据。根据比较，水环境重点行业为造纸及纸制品业，食品、烟草加工及食品、饮料制造业（包括农副食品加工业、食品制造业、饮料制造业、烟草制品业），化工制造业，纺织业。

2004 年，这 4 个行业的 COD 排放量占全国重点统计企业 COD 排放量的 71.9%，从行业单位增加值的 COD 排放绩效来看，最大的还是造纸行业，为 262.49 kg/ 万元，接下来依次为食品加工业、饮料制造业和化工制造业。

（二）大气环境污染重点行业

大气环境污染重点行业以工业废气中二氧化硫和粉尘排放量为衡量依据。根据比较，大气环境重点行业为电力、热力的生产和供应业，非金属矿物制品业，黑色金属冶炼及压延加工业，化学原料及化学制品制造业，有色金属冶炼及压延加工业。

2004 年这 5 个行业占全国重点统计企业二氧化硫排放量的 83.4%，其中电力、热力的生产和供应业占 57.0%，从行业单位增加值的 SO_2 排放绩效来看，最大的是电力行业，为 256.30 kg/ 万元，接下来依次为有色金属加工业、非金属矿物制品业、化学原料及化学制品制造业。2004 年，非金属矿物制品业和黑色金属冶炼及加工业粉尘排放量占统计行业工业粉尘排放量的 85.6%。

（三）固体废物污染重点行业

考虑到固体废物通过综合利用等途径可以减少对环境的影响，重点行业的筛选依据定为工业固体废物排放量。根据比较，固体废物重点行业包括煤炭开采和洗选业、黑色金属矿采选业、有色金属矿采选业、黑色金属冶炼及压延加工业、化学原料及化学制品制造业等。

2004 年，上述行业工业固体废物排放量累计达 1 134 万吨，占统计工业行业固体废物排放总量的 72.1%。

综上所述，中国目前对环境排放污染物总量较大，产生的环境负荷较严重的工业行业有以下几种。

第一，水环境重点污染行业：造纸及纸制品业，食品烟草加工及食品、饮料制造业（包括农副食品加工业、食品制造业、饮料制造业、烟草制品业），化学原料及化学制品制造业，纺织业。

第二，大气环境重点污染行业：电力、热力的生产和供应业，非金属矿物制品业，黑色金属冶炼及压延加工业，化学原料及化学制品制造业，有色金属冶炼及压延加工业。

第三，固体废物重点污染行业：采掘业（包括煤炭开采和洗选业、石油和天然气开采业、黑色金属矿采选业、有色金属矿采选业、非金属矿采选业及其他采矿业）、黑色金属冶炼及压延加工业，化学原料及化学制品制造业。

通过比较，本研究界定的重点行业与 6 部委颁布的循环经济试点方案中的 7 大高能耗高污染行业，以及中国拟确定的 10 大循环经济重点行业一致。

本研究根据指标定义，收集相关统计数据，对这些重点行业生态效率进行了评价。从中可以看出目前中国能源效率较低的行业仍然是这些重点行业。通过横向（行业间）和纵向（年际）的比较分析，可以看出这些重点行业存在以下特点。

第一，污染物排放量大，污染贡献率高。重点污染行业都是高污染的行业，尤其是其主要污染因子的排放量在统计行业中占有绝对的比例。第二，污染物的排放强度基本呈下降趋势。从中可以看到，"十五"期间，这 9 个重点污染行业的平均污染物排放强度都有了不同程度的下降。第三，资源利用效率有所提高，单位产值资源消耗量有所下降，但资源消费总量仍继续攀升。2004 年，9 个重点污染行业平均工业用水重复利用率为 74.6%，工业固体废物综合利用量也有明显上升，但资源、能源消费仍呈上升趋势。2004 年，重点污染行业累计工业用水总量比上年增长 8%；2003 年，9 个行业累计能源消费总量比上年增长 19%。

通过现状可以看出，中国生态效率增长相比 GDP 增幅有很大的差距，这说明中国经济增长过多依赖资源消耗。为了进一步研究解决行业生态效率中存在问题的方法，我们选择了对水环境影响最大的造纸业、对大气环境影响大的非金属矿物制品业中的水泥行业作为案例进行重点研究。

二、重点行业生态效率的发展趋势

中国现有发展模式无疑会给中国未来的资源和环境带来很大的压力，为了探讨这些重点行业发展将带来的环境负荷，我们采用 IPAT 模型，利用历年的全国社会经济与资源环境统计数据进行了简单的预测。

1971 年，Ehrlich 和 Holdren 提出了可持续性评价的经典等式 IPAT，它将人类的环境影响（I）分解成人口（P）、富裕（A）和技术（T）三种驱动因素的联合影响，其中富裕通常用生产的 GDP 总量或收入来表示：

$$I = P \times A \times T$$

式中：I——环境负荷，含资源、能源消耗及废弃物排放等；

$\quad\quad P$——人口；

$\quad\quad A$——人均国内生产总值；

$\quad\quad T$——单位国内生产总值的环境负荷。

为了分析中国工业发展及其环境负荷增长的规律，世行资助项目——《促进中国循环经济发展的政策研究》（以下简称"项目"）对 1998—2005 年的工业统计数据进行了收集、观察、比较与拟合，主要包括工业增加值、增长速度、工业用水总量、工业能源消费总量、工业废水中化学需氧量排放量、工业废气中二氧化硫排放量、工业固体废物产生量。通过数据拟合得出，中国工业增加值大体上呈指数上涨趋势。与此同时，资源利用强度和污染排放强度也逐渐得以缓解，呈指数下降趋势。

通过选取合适的参数，项目预测了在现有工业发展模式下的资源消耗和环境负荷。预测结果表明，在现今的发展模式中，工业增加值将会持续上升，2010 年将达到 11 万亿元左右，在 2005 年基础上翻一番，2020 年则将达到 30 万亿元左右，在 2010 年基础上再翻一番。

但是在经济增长的同时，除了工业 COD 排放总量可能得以削减外，资源的消耗和污染物的排放将会不断增加。2010 年，工业用水量增至 1 353 亿立方米，比 2005 年增加 8.9%，工业能源消费总量则增至 191 053 万吨标煤，比 2005 年增加 44.4%，工业 SO_2 排放量增至 2 730 万吨，比 2005 年增加 34.0%，工业固废产生量增至 200 384 万吨，比 2005 年增加 56.4%。

同时，项目根据《"十一五"发展纲要》发展目标，以 2005 年为基准年，设定模型参数，预测了以目标为导向的发展模式的资源消耗和环境压力，并同惯性发展模式的预测结果进行了比较。从惯性预测结果中可以看出，如果不改变目前的发展模式，在未来相当长的时间里，中国重工业化发展趋势十分明显，环境负荷仍未达到顶峰，没有出现拐点的迹象，环境污染物排放将超越环境承载能力。而目标导向的发展模式表明，在不影响经济增长的情况下，采取相应的措施将大大提高中国的工业生态效率，污染物排放总量和资源消耗量将减少或者缓慢增长，这也是中国应该选择的方向。

三、提高重点行业生态效率的政策建议

（一）提高重点行业生态效率的政策障碍分析

中国重点行业发展循环经济、提高生态效率的政策主要有产业政策、技术政策、财政金融政策（包括投资、税收等政策）、环境管理政策等。随着市场经济不断完善，市场配置资源的基础性作用越来越大，但是政府运用行政管理和经济手段等调控不同主体的市场行为仍起着相当大的激励和引导作用。因此，本研究对中国目前相关的产业政策、技术政策和经济激励政策进行了梳理与分析，主要集中于循环经济直接相关的产业结构调整政策、环境标准和准入制度、清洁生产政策、资源开发利用政策、相关的税费等经济激励政策等几个方面，总结出现行政策在提高生态效率方面存在的主要政策障碍。国际经验和以往中国的经验都表明，产业结构调

整是节能降耗和减排的最主要途径。但是中国尚处于工业化中期，通过产业结构调整来实现节能降耗和减排在近期难度很大，因此关键是减少资源消耗和污染排放。

我国最近在产业发展指导中加强了对环境保护的要求等内容。如国家发改委在最近两年相继公布了铝工业、水泥工业、铁合金行业、焦化行业、煤炭行业、电石行业、电力行业、纺织行业、钢铁行业9个行业的结构调整意见，以及《关于制止铜冶炼行业盲目投资的若干意见》《关于炼油、乙烯工业有序健康发展的紧急通知》等，这些意见或通知中都将加强资源和环境保护作为重要标准和依据。尤其是在《中华人民共和国国民经济和社会发展第十一个五年规划纲要》中把环境保护、资源节约和发展循环经济提高到了前所未有的高度，并贯穿到规划纲要的各个方面。温家宝同志在2007年4月27日全国节能减排工作电视电话会议上特别指出，要把节能减排作为当前加强宏观调控的重点，作为调整经济结构、转变增长方式的突破口和重要抓手，作为贯彻科学发展观和构建和谐社会的重要举措，并提出了节能减排总的要求：统一认识，明确任务，加强领导，狠抓落实，以更大的决心、更大的气力、更有力的措施，确保国家"十一五"节能减排目标的实现，促进国民经济又好又快发展。

但是目前相关产业政策还存在一些障碍和问题，主要表现在以下几个方面。

第一，产业指导政策法律约束性不强，缺乏有效的行政管理手段。

中国现有的产业指导政策法律效率较低，约束性不强，监管困难。产业结构调整政策是国家加强资源综合利用，形成低投入、低消耗、低排放和高效率的节约型增长方式的重要手段。2005年，国家发改委相继发布了《产业结构调整指导目录（2005）》和《促进产业结构调整暂行规定》。最近，国家在产业发展指导中加强了对环境保护的要求等内容。但现有的产业指导政策从法律定位来看，法律效力较低，以指导性为主，缺乏具体的实施细则、名录和标准，对那些污染和资源浪费严重的行业约束不足。

第二，经济政策激励性不强。

在市场机制条件下，经济利益是促使企业发展循环经济、提高资源再生使用率的最大驱动力，但是现有的一些资源价格、税费等促进资源高效利用的经济手段并未发挥出应有的效果。

首先，现有税费征收办法不符合目前中国的国情。为了体现资源的稀缺性，中国制定了一系列的资源税费征收办法，包括1994年1月1日起实施的《中华人民共和国资源税暂行条例》和国务院1994年2月颁布的《矿产资源补偿费征收管理规定》。但是由于征收资源税费的比例过低，造成资源开发成本低，直接导致资源价格无法体现其真实价值。

其次，资源的市场价格未完全放开。一方面使资源价格无法有效、真实地反映社会需求，无法通过价格机制按照市场规律来调节资源的生产和消费行为，在一定程度上导致了资源的廉价甚至无偿使用；另一方面导致了资源消耗型产品的大量出口。

再次，各种税收优惠范围较小，起不到激发企业进行资源综合利用的作用。根据财政部和国家税务局1994年发布的《关于企业所得税若干优惠政策的通知》和2001年发布的《关于部分资源综合利用及其他产品增值税政策问题的通知》，增值税优惠只是针对利用城市生活垃圾生产的电力、废渣生产的水泥以及电厂烟气脱硫副产品等很少类的资源综合利用产品，所得税优惠也是针对以在规定范围内的废水、废气、废渣等废弃物为主要原料进行生产的产品，可在五年内减征或者免征所得税，而对企业引进国外综合利用的关键设备，国家税务部门没有给予一定的关税减免优惠扶持政策，这不利于调动企业采用先进技术的积极性。

另外，为促使企业提高资源利用率、减少排污量制定的排污收费制度也没有达到相应的效果。国家对某些重点行业的污染物排放标准一直都未进行修订，同时排污收费标准偏低，造成企业宁愿缴纳排污费，也不愿进行技术优化，提高资源综合利用率的现象。

2003年，中国开始实施《清洁生产促进法》，虽然在实践中取得了一定的成绩，但是由于配套措施不力，总体收效有限。《清洁生产促进法》在实施中存在一些制度性障碍：资源无价或低价，环境成本没有计入生产成本，导致企业没有节约资源、减少排污的经济利益驱动，从事清洁生产或环境保护的企业因为增加了成本反而面临不公平的市场竞争；政府缺少鼓励清洁生产的配套措施，特别是对中小企业没有吸引力，增值税等财税政策不仅没有激励资源节约，反而限制了资源回收利用产业的发展；缺少相关的技术创新，分析方法概念化，清洁生产审计流于形式等。

第三，重点行业生态效率相关标准不全或偏低。

首先，环境排放标准不全。从20世纪80年代开始，中国就陆续针对各种行业的不同污染物制定了排放标准，这对于从末端控制行业污染物排放发挥了一定的作用。但是从现有标准体系看，这存在两方面问题：一是标准还不够全面，有些重点行业还未涉及；二是标准的更新不够及时，从标准的实施时间来看，有些标准过于偏旧，难以促进技术进步和行业结构调整及污染控制水平的提高。

其次，行业准入标准不全。为了促进产业结构升级，规范行业发展，国家发改委2005年制定了《电石行业准入条件》《铁合金行业准入条件》《焦化行业准入条件》，准入条件分别从生产企业布局、工艺与装备、能源消耗和资源综合利用、环境保护、监督与管理五个方面进行了要求。这对于提高这些行业的生态效率发挥了积极的作用。但是现有的准入标准从设计上还不能体现环境友好的理念，主要以安全、无危害为主，建议以后的行业标准制定过程中更多地融入环保和节约资源能源的概念，尤其是在产品标准中。另外，环境准入标准不高。出台的几个行业环境准入标准中只是简单地要求达到污染物排放标准即可。

第四，法律监管不到位，法律授权不足。

从现有法律体制来看，相应的执法部门对生态效率差的企业没有对应的法律授权进行强制处罚。目前，环保部门只有行政处罚权，不具备查封、冻结、扣押、强制划拨等强制手段，在关停企业的时候缺乏断水断电、吊销执照、拆除销毁设备等法律授权。而限期治理、停产治理决定权在当地政府。另外，由于现在对违法排污企业，法律规定罚款最高限额只有 20 万元，不足以震慑环境违法行为。这就造成相应部门在对重污染企业行政管制时无法行使有效的监管手段。

（二）提高重点行业生态效率的重点政策框架

构建重点行业提高生态效率的重点政策框架，要综合考虑政策的作用环节和政策手段类型。政策的作用环节包括减量化、资源化和再利用以及无害化三个环节；政策的手段可以大致分为命令加控制型的直接管制政策、以市场为基础的经济激励手段和自愿协议、宣传教育与公众参与三种类型。还有一类政策（如产业指导政策、生产者责任延伸制度、技术示范与支撑等）则属于全过程管理或宏观政策。

对不同行业，因行业特点和在国民经济中的地位，所采取的政策手段不同，政策重点不同，政策作用的切入点也不尽相同。因此，要根据行业在国民经济中的地位、资源利用和环境排放行为，对行业进行分类，提出适合行业特色的节能减排政策手段。对在国民经济中地位突出、资源能源消耗大和污染贡献也较大的行业（本书称为第一类型行业），如钢铁、煤炭、电力、化工等，需要通过法律、行政、经济等综合手段促进行业结构升级、提高资源效率，充分利用资源价格等机制，促进重点行业开展循环经济，推进清洁生产，降低环境负荷。而那些污染强度大，但在国民经济中地位小的行业（本书称为第二类型行业），如造纸行业等，国家该严格准入标准，限制出口，鼓励通过进口解决国内需求不足。因此，这两类产业政策作用环节和政策手段是不同的。本研究针对这两种不同的行业分析了重点政策因素，根据不同环节的政策因素，区分了重点政策和一般政策。根据以上分析，为完善和制定提高行业生态效率政策，必须遵循循环经济发展的原则，从减量化、再利用 /资源化和无害化三个环节入手。

1. 在减量化环节，关键政策包括大力推动生态设计、重点行业资源消费与污染排放定额管理、重点资源税收价格机制

生态设计政策指的是从事工艺、设备和产品及包装物设计的单位和个人在设计过程中应当按照节能降耗和削减污染物的要求，优先选择采用无毒、无害、易于降解、便于回收和再生利用的材料和设计方案。对电器电子产品、服装、玩具、室内装修材料等与人体健康和安全关系密切的产品不得使用列入有毒有害物质名录的有毒有害原材料，该名录由国务院经济综合宏观调控部门、环境保护等有关部门制定。

重点行业资源消费与污染排放定额管理制度指的是对重点行业的单位产值能耗、水耗、物耗和主要污染物排放实行定额管理，相关部门定期发布重点行业的单位产值能耗、水耗、物耗和主要污染物排放定额指标，以及重点行业主导产品的能耗、水耗、物耗和主要污染物排放定额指标。相关部门对列入名录重点行业的定额指标的实现情况进行监督、检查。在规定期限内未达到要求的，由相关部门责令限期停产整顿；验收不合格的，由政府部门决定限期关闭。对重点行业新建项目实行同样的制度，对其能耗、水耗、物耗和主要污染物排放定额指标进行审查，对未达到规定要求的项目，不得批准或者核准建设。对在国民经济中地位突出，但是资源能源消耗大、污染也较大的行业，如钢铁、电力等，要特别采纳该项政策，以促进产业结构优化升级。

2. 在再利用/资源化环节，关键政策包括重点行业废弃物循环利用定额管理、促进资源综合利用优惠政策、促进生态工业园区建设等

重点行业废弃物循环利用定额管理政策指的是有关部门定期发布重点行业的水的重复利用率，废物再利用率，废物资源化率和余热、余压利用率等定额指标。相关部门对列入名录重点行业或企业定额指标的实现情况进行监督、检查。列入名录的重点企业有责任向所在地相关管理部门报告本企业上一年度废物再利用和资源化定额指标的实现情况。政府部门则应当定期公布重点企业废物再利用和资源化定额指标的实现情况。对在国民经济中地位突出，但是资源能源消耗大、污染也较大的行业，如钢铁、电力等，也要特别注意使该项政策发挥作用。

3. 在无害化环节，关键政策包括环境准入制度、提高污染排放收费标准、产业废物最终妥善处置与环境监管等

环境准入制度主要指的是通过设置准入门槛和标准，限制严重浪费资源和污染环境的产业、技术工艺和产品的市场准入。具体来说，该项制度包括三个方面：一是产业准入，对生产过程管理实行环境准入，对资源消耗大、环境负荷高的重点行业实行环境准入制度，通过建立环境污染强度指标和资源消耗指标限制，通过环境

影响评价和产业指导政策等制度限制这些产业的发展；二是技术工艺准入，建立重点产业工艺技术、规模、主要污染物排放强度等准入标准，限制落后技术工艺进入；三是对产品实施环境准入管理，实行重点耗能、耗水和高污染排放的产品准入制度，对达不到国家最低能效标准、节水标准和环境排放强度标准的产品，禁止在市场上生产和销售。要建立环境准入制度，首先要做的是建立重点行业高物耗、能耗和高污染产业或产品名录。凡是列入该名录清单的工艺、产品等都需要采取行政、经济、技术等综合手段加强管理。针对在国民经济中贡献有限、资源消耗高、污染排放强的行业要特别采取该项政策。

除了上述三个环节的重点政策之外，全过程管理或宏观管理政策也是非常重要的，这类政策包括生产者延伸制度、产业政策、技术示范与支撑、政府绿色采购以及对高能源消耗、高污染排放和资源性产品的进出口退税进行调整的政策等。

以上相关政策要使其发挥最大的政策实施力度和效果，建议尽快制定配套的名录和标准体系等。

第六章　基于循环经济模式下的生态环境设计的现状及原因探究

第一节　基于循环经济模式下的生态环境设计的现状分析

目前，中国的循环经济实践活动主要集中在企业、生态工业园区和社会三个层面，而且处于试点示范阶段。这就意味着，循环经济实践目前还只是少数社会经济主体的行为，也仅限于社会经济活动的某些方面。在试点示范的基础上，中国将面临如何全面推动循环经济实践的问题，即如何运用循环经济原则，全面改造社会经济体系。实质上，这是一个循环经济发展的技术模式和指导实现技术模式的政策方法问题。技术模式和实现方法是多层次的，有企业微观层次、工业园区中观层次、区域和国家的宏观层次。中国目前在企业和工业园区层次上积累了比较好的经验，也有成功的国际经验可供借鉴，其技术模式和方法可以被推广。但在区域和国家层次上，尽管有若干个试点省市，但尚未形成普遍适用的技术模式和政策方法。区域是一个社会经济和资源环境复合体，循环经济发展的区域模式与企业或工业园区开展循环经济活动的模式有质的区别。同时，由于中国与德、日等发达国家在循环经济内涵和实践重点上的差异，在这方面尚无现成的经验可借鉴。从系统的组成要素及其结构关系等性质看，国家模式与区域模式有很大的相似性，所以，研究循环经济发展的区域模式问题，正是中国从国家到地方政府最迫切的需要。

循环经济的区域发展模式包含两个方面：循环经济在协调区域资源环境与经济社会发展关系中的作用、原则和工具；建立符合循环经济原则和目标的生产和消费模式 [简称循环型（可持续）生产和消费模式]。

本节将系统阐述循环经济的区域发展模式及相关政策问题，同时，提出生态工业园区建设的政策性建议。

一、区域协调发展的本质矛盾

区域资源环境与经济社会发展之间的矛盾实质是，具有增长型机制的经济活动对资源环境需求的无限性和具有稳定型机制的生态系统对资源环境供给的有限性之间的矛盾（许涤新，1987）。这里，"需求"和"供给"的东西就是自然生态系统中的经济资源和生态系统对社会经济活动所产生废物的净化能力，即环境容量。经济资源和环境容量都是社会经济活动所需要的有用资源，投入社会经济活动的经济资源和排出的废物都是物质，是人与自然物质交换的总称。自然生态系统供给经济资源和环境容量的能力都是有限的，即是有"容量"的。所以，资源环境问题实质是社会经济系统与自然生态系统之间物质交换关系失衡，"通量"（资源和废物流量）超过了"容量"（资源供给能力和环境净化能力），出现了资源短缺和环境污染。

因此，协调区域资源环境与社会经济发展关系的根本方法必须是：改变社会经济活动过程中物质流动方式和调控物质交换的"通量"（效率），以适应自然生态系统的"容量"，即发展循环经济，改造传统的生产和消费模式，建立循环型的生产和消费模式。

二、协调区域发展的基本原则和政策工具

在区域生态和社会经济复合系统内，发展循环经济的目标和原则是，以区域生态系统的资源供给和环境自净能力（简称资源环境容量）为依据，在区域资源环境对社会经济发展的基本约束下，通过调控物质流动的方式和效率，增加发展的资源环境空间，协调区域资源环境与社会经济发展的矛盾。

世界银行在研究了近150年社会经济系统与生态系统之间的变化关系后，提出了基于数量约束和容量的增长假说。相反，如果不改变区域的物质使用方式，经济发展对资源和能源的需求将以指数形式增长。然而，通过彻底的管理变革，可以获得十倍跃进（Factor10）的环境经济效果，降低资源能源的需求，实现经济增长与资源消耗和污染排放的脱钩。这是发展循环经济对增加区域发展的资源环境空间的理论依据。因此，识别区域生态系统类型及其资源环境容量对区域社会经济发展的基本约束是建立循环型生产和消费模式的前提。部分案例（沈阳市）研究的结果表明，生态功能区划和发展主体功能区划是识别区域生态系统类型及其资源环境容量对区域社会经济发展基本约束的有效政策工具。

（一）生态功能区划

生态功能区划的目的是运用生态规律为确定区域社会经济发展方向、结构布局

和调整、资源开发与保护提供依据，指导区域社会经济因地制宜地走可持续发展之路。生态功能区划的方法是在生态环境现状评价的基础上，通过系统分析区域生态系统空间分布特征，明确区域主要生态环境问题、生态系统服务功能重要性与生态敏感性空间分异规律，划分区域的不同生态功能类型，确定具有重要作用的关键生态功能区与生态高度敏感区。根据《沈阳城市生态体系建设规划》，将全市划分为5个生态功能类型区：中心城区生态功能区，城市近郊生态功能区，中部平原生态功能区，东部丘陵生态功能区，西、北部生态功能区。

（二）发展主体功能规划

生态功能区划的结果是不同的生态功能类型划分，根据中国的国民经济和社会发展"十一五"规划纲要，还需要根据现有开发密度和发展潜力，统筹未来人口分布、经济布局、土地利用和城镇化格局，进一步对不同生态功能类型下的社会经济发展方向、结构布局和调整、资源开发与保护提出明确指导意见，即进行发展的主体功能规划。

根据生态功能区划结果，将沈阳市5类生态功能区，进一步划分为3类发展主体功能区。禁止开发区：沈阳市的禁止开发区主要包括13个各种类型的自然保护区，总面积1 754.62 km²，占全市面积的13.5%。限制开发区：沈阳市的限制开发区主要是沙化敏感区及对生物多样性保护和水源涵养有重要影响的地区，面积2 320.9 km²，占总面积的17.9%。优化和重点开发区：优化和重点开发区主要包括农业资源开发和城市建设开发区，面积8 904.48 km²，占总面积的68.6%。

（三）开发与保护的调控原则

不同主体功能区必须对应与其相适应的社会经济发展内容和结构，实施不同的循环经济调控原则，保障资源环境与社会经济活动相协调。

1.禁止开发区

从生态功能看，禁止开发区是对区域生态环境安全具有决定性意义的生物多样性保护和水源涵养区，同时，往往也是生态敏感性高、系统稳定性差、容易受外来干扰影响的区域。禁止开发区开发与保护的调控原则是严格维持自然生态系统平衡的物质交换关系，不宜发展工农业。所以，禁止开发区是依法实行强制保护的区域，控制人为活动对自然生态的干扰，严禁不符合主体功能定位的开发活动。

从沈阳市工业布局看，康平县煤铝电生产加工工业邻近禁止开发区，位于限制开发区，与该区生态功能定位严重冲突，最好实施搬迁。在不搬迁的情况下，必须按照循环经济理念，实现零排放，确保不对生态环境造成影响，其可行性需要严格的环境影响评价来深入论证。另外，沈阳的某些禁止开发区内分布有畜牧业，应严格禁止。

2.限制开发区

限制开发区指生态敏感性和脆弱性较强，系统稳定性较差，对外来干扰抵抗力弱的区域。同时，该区具有比较重要的自然生态服务功能，对维持禁止开发区的功能有重要作用，与维护区域整体生态功能密切相关。限制开发区开发与保护的调控原则是在维护自然生态系统平衡的循环型物质交换关系的前提下，适度发展，一般不宜发展工业，适度发展生态农业等生态型产业。所以，限制开发区要实行保护优先，适度开发，限制发展新的城镇，严格控制城市建设用地的开发，控制已建成集中居住区的人口规模，严格实行生活污水达标排放，对已破坏的生态环境要有计划地进行修复；调整产业结构，重点发展生态产业，适度开发经济林、花卉基地、生态旅游观光等生态型产业。

3.优化和重点开发区

从生态功能看，优化和重点开发区是指具有一定的生态服务功能，生态环境稳定性较好，能承受一定人类干扰的区域。优化与重点开发区的区别在于，优化开发区是指土地开发密度已经较高、资源环境承载能力开始减弱的区域；重点开发区是指资源环境承载能力较强、经济和人口集聚条件较好的区域。

优化和重点开发区开发与保护调控的原则是全面发展循环经济，改造或建立循环型的物质交换关系，提高生态效率，使社会经济活动的资源需求和废物排放适应区域的资源环境容量。

目前，沈阳市的主要工业和农业开发活动基本都在优化和重点开发区。根据现有产业结构，沈阳市循环经济重点产业是发展生态工业和生态农业。生态工业由8条生态链组成，基本囊括了沈阳市的主要工业行业：化工产业、制药产业、环保产业链，制药产业、化工产业链，轻工产业、化工产业、医药产业、第三产业及禽畜养殖业链，食品饮料业、医药化工、第三产业及禽畜养殖业链，食品饮料业、制药业、环保产业链，装备制造业、汽车制造业、医药化工业链，装备制造业、汽车制造业、冶金产业链，电气产业、冶金产业链。

生态农业可以推广7种模式："四位一体"种养结合模式、生态养殖模式、"种、养、加"共生模式、餐饮废弃物回收—饲料加工模式、污水回灌模式、"规模化畜禽场—厌氧发酵工程—果园—旅游观光"模式、"奶牛粪便—沼气—蛋白质饲料—废料—无土栽培—池塘养鸭、鱼"生态畜牧模式。

若上述生态工业和生态农业模式能得以顺利实施，沈阳市的产业生态效率将会大幅度提高，维持较高水平的资源环境承载能力。

第二节 基于循环经济模式下的生态环境
设计的影响因素探究

在循环经济模式下，生态环境的设计受到了很多因素的影响。

一、资源因素的影响

生态环境的设计，首要目标是对资源实现循环利用。环境也是一种自然资源，我们不能依靠大量消耗资源和浪费资源，来实现经济的发展。生态环境设计中，对资源实现循环利用，也是循环经济模式发展要求对生态环境设计的重要要求之一。通过循环经济，实现对资源的可持续利用和发展，在不影响经济发展质量的同时，节约资源，保护资源，尽可能为子孙后代留下更多的可持续利用和发展的资源。

但是近些年来，由于我们只顾着发展经济，不重视生态资源保护，造成了生态资源的枯竭。因此，在循环经济模式下，我们要将循环经济理论贯彻到生态环境资源保护实践中去，在发展经济的同时，采取相应的措施保护生态环境资源。在生态环境设计的过程中，要把资源保护和生态环境的可持续利用放在第一位，改变以往那种只重视经济发展，忽视生态资源保护的模式和观念。

二、国家政策的影响

进入 21 世纪之后，资源环境和经济社会发展之间的矛盾凸显，成为我国全面建设小康社会和实现可持续发展的一个瓶颈。由此，我国的经济与发展关系进入到了一个重要的战略转型时期。以科学发展观为统领，以建设和谐社会为目标，以建设生态文明和资源节约型、环境友好型社会为路径，以转变经济增长方式，节能减排等重大行动为内容，为保护环境与发展战略转型构建了清晰的路线图。正是在我国经济社会发展的这一新形势下和新阶段中，我国的循环经济发展从 2000 年到 2005年基本完成了从理念到国家决策的第一次飞跃。从 2006 年开始，迅速进入全面试点示范阶段；以《循环经济促进法》为标志，2009 年开始进入整体推进阶段。全面试点示范和整体推进意味着我国循环经济发展的第二次飞跃。我国的经济政策越来越重视循环发展和生态环境的保护。

作为环境保护部的决策咨询机构，环保部环境与经济政策研究中心从 2001 年就开始关注和研究循环经济的相关问题，先后完成了科技部 2003 年度社会公益研究专项资金项目中循环经济研究项目、中德及中日循环经济合作项目、联合国环境署循环经济贵阳项目等重点项目，对我国循环经济的发展和生态环境保护提供多方面支持和关注。

因此，国家政策对循环经济的发展和生态环境的保护都是十分重视的，更是循环经济发展的重要后盾。在循环经济模式下，我国的生态环境设计要以国家政策指导为基准，不断更新和完善生态环境设计的原则和方法，实现生态环境设计的创新与发展。

三、生态环境设计者的观念因素

无论在什么经济模式下，进行生态环境设计，最主要的主观因素都是生态环境设计者的观念。在循环经济模式下，生态环境设计者的观念要及时转变，对循环经济理论进行深刻学习和认识，将循环经济理念运用到生态环境设计中，才能更好地进行生态环境设计。生态环境保护是一个长远的过程，要不断地更新、完善，循环经济理论也在随着时代的发展不断地进行更新和完善，与刚刚提出循环经济理论的时候相对比，循环经济理论如今已经得到了很大程度的完善。生态环境的保护和生态文明的发展又息息相关，我国在很早之前就开始关注生态文明的发展，对环境设计进行生态化。因此，生态环境设计者，要不断了解和学习循环经济理论，及时与生态文明保护者进行交流和沟通，努力更新自己的设计观念，最大限度地保护环境和节约资源，实现资源最大限度的循环利用和保护。

四、生态文明与环境司法因素影响

（一）生态文明建设是我国新时期经济社会发展的战略抉择

建设生态文明，是中国共产党从我国基本国情及经济社会发展现状出发做出的重大战略抉择，也是中国共产党为我国新时期经济社会发展确定的发展目标。

2007 年，中国共产党"十七大报告"首次提出"建设生态文明"。报告指出："建设生态文明，基本形成节约能源资源和保护生态环境的产业结构、增长方式、消费模式。循环经济形成较大规模，可再生能源比重显著上升。主要污染物排放得到有效控制，生态环境质量明显改善。生态文明观在全社会牢固树立。" 2012 年，中国共产党"十八大报告"再提生态文明建设，并强调："建设生态文明，是关系人民福祉、关乎民族未来的长远大计。面对资源约束趋紧、环境污染严重、生态系统退化的严重形势，必须树立尊重自然、顺应自然、保护自然的生态文明理念，把生态文明建设放在突出地位，融入经济建设、政治建设、文化建设、社会建设的全过程，努力建设美丽中国，实现中华民族永续发展。"2013年11月，中国共产党十八届三中全会《中共中央关于全面深化改革若干重大问题的决定》对生态文明建设提出明确要求："建设生态文明，必须建立系统完整的生态文明制度体系，实现最严格的源头保护制度、损害赔偿制度、责任追究制度，完善环境治理和生态修复制度，用制度保护生态环境。"

中国共产党何以反复提出建设生态文明问题？为何执政党提出要将生态文明建设放在突出位置，融入经济建设、政治建设、文化建设和社会建设的各方面和全过程？答案只有一个——生态文明建设是保障我国经济社会持续健康发展的唯一出路。它是中国共产党在领导我国经济社会发展长期实践中所做的经验总结，是对我国经济社会发展前景经过深思熟虑后做出的战略性选择。只有坚持生态文明建设才能保障中华民族的伟大复兴和永续发展。

迄今，人类文明的发展大致经历了三个阶段。一为原始文明，即采集—狩猎文明。此阶段，人类完全靠自然"恩赐"得以生存和发展。人类几乎没有改造或控制自然的能力，人类敬畏自然。二为农业文明。此阶段，人与自然的关系发生了些许变化。因新劳动工具的出现，人类不再完全依赖自然之"恩赐"生存，而是通过农耕或畜牧，使自身的物质生活需要基本得到满足，生存条件亦得改善。人类开始具有改造或控制自然的能力。人类对自然不再似从前那般敬畏，人与自然出现裂痕。三为工业文明。此阶段，工业革命使人类的科学技术突飞猛进。人类征服、控制和改造自然的能力迅速增强，社会生产力飞速发展。人类开发、利用、改造自然获得巨大成就，远远超出过去一切世代的总和。同时，人类对自然界的控制和改造也可谓登峰造极。人们肆无忌惮地掠夺自然资源，对自然界造成了极大的伤害。人与自然的关系发生了根本性改变，二者变成了征服与被征服、掠夺与被掠夺的关系。自然界开始报复人类，生态危机出现。人类文明发展面临转折，生态文明应运而生。

生态文明，是指人类在自身的生存和发展过程中，既遵循经济、社会发展规律，又尊重自然规律；既不断利用客观物质世界以满足自己日益增长的物质、文化需要，又努力采取措施克服或避免自身活动对自然界造成的不良影响，保护生态环境，保障可更新自然资源之再生条件所取得的各种成果的总和。生态文明是人类对工业文明发展做深刻反思的结果，是对工业文明的矫正和超越，旨在克服工业文明的弊端，传承工业文明之正能量。

生态文明相对于工业文明，最显著的特征在于强调人与自然的和谐。它要求人类的经济、社会活动顺应自然、呵护自然；人与自然、人类社会与自然界相互依存、共处共融；人类在利用自然时应遵循自然规律，对自身发展需求做适当的限制，不得随心所欲。

生态文明的核心是要求人类正确认识和处理人与自然、人类社会与自然界的关系。人类不得将自然界作为自己的征服对象和经济活动的原料库或垃圾场，而是应当把自然界当作人类共生共融的朋友，为自然界自身的存在和发展保留必要的条件。人类经济社会的发展应当坚持科学发展，科学发展就是尊重自然规律、尊重经济规律和社会发展规律。努力克服工业文明的弊端，正确处理经济社会发展与保护自然环境、合理开发利用自然资源的关系。反对掠夺式地开发利用自然资源，拒绝将自然界作为消纳人类活动所生污染物质的场所，实现人类经济社会发展与生态环境保护的协调。

生态文明建设是与经济建设、政治建设、文化建设和社会建设融为一体的治国理念和治国方略。中国共产党之所以做出建设生态文明的战略选择，是由我国的基本国情和经济社会发展的现状所决定的。我国是一个拥有 13 亿人口的大国。养活 13 亿人口的大任迫使我国近几十年来以超常的速度发展经济，同时也为这种发展付出了惨重的代价。环境污染、资源枯竭，加上我国自然资源禀赋不佳，发展的不可持续性显而易见。面对发展危机，中国共产党明确提出彻底改变以往经济发展的方式，走生态文明之路，以保障经济社会的可持续发展。

（二）环境保护是生态文明建设的关键所在

生态文明建设作为我国经济社会发展的国家战略，是一项复杂的系统工程，涉及经济社会发展的方方面面。不过，生态文明建设的主阵地却十分明确，即环境保护。环境保护作为生态文明建设的主阵地是由生态文明建设的基本目的和要求所决定的。

党的十七大和十八大明确指出："建设生态文明，基本形成节约能源资源和保护生态环境的产业结构、增长方式、消费模式。循环经济形成较大规模，可再生能源比重显著上升。主要污染物排放得到有效控制，生态环境质量明显改善。生态文明观念在全社会牢固树立。""坚持节约资源和保护环境的基本国策，坚持节约优先、保护优先、自然恢复为主的方针，着力推进绿色发展、循环发展、低碳发展，形成节约资源和保护环境的空间格局、产业结构、生产方式、生活方式，从源头上扭转生态环境恶化趋势，为人民创造良好的生产生活环境，为全球生态安全做出贡献。""坚持生产发展、生活富裕、生态良好的文明发展道路，建设资源节约型、环境友好型社会，实现速度和结构质量效益相统一、经济发展与人口资源环境相协调，使人民在良好的生态环境中生产生活，实现经济社会的永续发展。"

生态文明建设的实质旨在唤醒和增强人们的环境保护意识，树立生态文明观，改变对自然或自然环境的非理性认识，树立尊重自然、顺应自然、保护自然、与自然和谐共处的观念。人类不能凌驾于大自然之上，不能把大自然作为掠夺的对象，不能无限制地、疯狂地向大自然索取。应当建立"保护生态环境就是保护生产力，改善生态环境就是发展生产力"和"生态兴则文明兴，生态衰则文明衰"的现代理念。人类当善待自然，摆脱人类中心主义的桎梏，清醒认识保护自然、保护自然环境、防治环境污染和生态破坏对经济社会发展的极端重要性和紧迫性，把环境保护放在生态文明建设的优先地位和突出位置。

生态文明建设的要义在于保护环境，解决影响经济社会可持续发展的环境问题。通过生态文明建设，彻底改变传统经济增长方式，使生态经济、循环经济成为经济发展的基本方式。实现清洁生产全面实现，环境问题基本解决，自然环境质量明显改善或提高，生态安全得到根本保障，资源节约型、环境友好型社会基本建成的目标。

一个国家经济社会的持续发展，通常需仰仗两个基本支撑：一是良好自然环境的支撑；二是丰富自然资源的支撑。离开这两个基本支撑，发展的可持续性将受到极大影响。生态文明建设，即为解决两个支撑问题，而两个支撑构成了环境保护工作的全部。

（三）环境司法改革是生态文明建设的推动力

环境问题的解决，取决于三个方面的努力：一是转变观念，即树立生态文明观；二是充分利用现代环境保护科学技术手段；三是实行环境法治，用法律规范人的环境行为，解决环境纠纷，实现环境正义。

《中共中央关于全面深化改革若干重大问题的决定》要求："建设生态文明，必须建立系统完整的生态文明制度体系……用制度保护生态环境。"中共中央总书记习近平指出，建设生态文明必须依靠制度，依靠法制。只有实行最严格的制度、最严密的法治，方可为生态文明建设提供可靠保障。

环境法治作为解决环境问题的重要手段，主要包括三个方面的内容：一是建设完善的环境法律体系，使环境保护活动有法可依，有规可循，这是环境法治的前提；二是严格执行环境法律的规定，这是环境法治实现关键；三是严格追究环境违法、犯罪行为人的法律责任，这是环境法治基本保证。

环境法治三方面的内容，可以归结为两个层面的问题。建设完善的环境法律体系，当属环境立法层面的问题；而严格执行环境法律的规定和严格追究环境违法、犯罪行为人的责任，则属于环境法律执行层面的问题，其中既有环境行政执法的问题，又有环境司法的问题。

从环境立法层面来看，从 1979 年《中华人民共和国环境保护法（试行）》制定至今，我国已制定逾 30 部环境保护、污染防治及自然资源保护方面的法律，另有数以百计的环境行政法规和部门规章，更有不断增加的地方性环境法规。立法数量之多、立法速度之快，令其他领域的立法望尘莫及。然而，令人不解的是，我国的环境问题并未随着环境立法数量的增加而出现明显好转，环境污染和生态破坏仍不断加剧，环境形势依然十分严峻。

一般而言，立法愈多，说明法律对社会关系的调整范围愈广，法律关系愈清楚，问题愈容易得到解决。但是，环境保护领域并未出现令人期待的结果。究其原因主要在两个方面：首先，立法本身存在症结，对所调整的社会关系尚未调整到位，抑或立法调整尚未找到影响问题解决的症结，所创设的法律制度、法律规范不当，难以适合被调整社会关系之实际需要，法律规范与被调整的社会关系之间未找到对应点；其次，法律在实施过程中出现了问题，通常表现为行政执法或司法的问题。

就环境保护领域而言，法律调整未呈现令人期待的结果，有立法本身的原因。毕竟，我国的环境立法只有短短三十余年历史，经验匮乏，问题在所难免。但更为重要的原因是法律实施过程中存在问题，尤其是环境司法方面的问题。

进行环境司法改革，以改变司法在环境保护领域不能很好作为的状况，充分发挥环境司法在环境法治建设、推动和保障生态文明建设方面不可或缺的作用。环境司法改革是我国司法改革的重要组成部分，所涉方面众多，如环境司法理念、环境司法理论、环境司法体制、环境司法制度、环境司法运行和环境司法文化等。其中有些问题属于整个司法改革的共性问题，可置于整个司法改革全局中考虑和解决。有些问题则属环境司法改革的个性问题，应当作为我国司法改革的特殊性问题加以考察和解决。

总体而言，我国的环境司法改革应当重点解决如下三个方面的问题。

1. 树立现代环境司法理念

任何改革总是先从理念或观念入手。"理念"一词，从词源考，系一旧哲学名词。柏拉图哲学中的"观念"，通常被译作"理念"。康德、黑格尔等人哲学中的"观念"，有时被译作"理念"。所以，我国多有学者将理念与观念等观或混用。

理念最基本的含义为对事物的看法或思想。说到环境司法理念，意即对环境司法活动的性质、原理、原则、内在规律、作用、功能、价值观、发展变化等的看法、理解或认识，用于指导或引导环境司法活动，是环境司法理论、环境司法原则、环境司法制度、环境司法运作、环境司法文化形成和发展的基础。一定的环境司法理念，决定一定的环境司法活动和与环境司法活动密切相关的环境司法理论、原则、制度、运作和文化。前者为后者之主导，后者为前者之反映或体现。理念呈动态发展，一个时期有一个时期的理念。

现代环境司法理念要义有以下两点：

其一，法院不得拒绝环境案件的受理。司法乃定分止争、解决利益冲突的最后防线。我国现处于环境问题高发期，环境污染、生态破坏案件时有发生，且受害人多为居民及村民个人。较之环境污染的致害人，受害人往往处于弱势地位，其自行与致害人协商解决污染纠纷通常无果，寻求环境行政救济，双方又难以达成一致，故寻求环境司法救济者日益增多。然而，实践中，时有法院不予受理环境案件。个中原因或理由形形色色：有的因为受到行政的干预；有的惧怕得罪企业，影响地方经济发展；有的则以无相关立案根据为由将案件拒之门外，致使受害人诉讼无门。笔者曾经接触到某个地方法院关于环境案件受理的内部规定，该"规定"之核心内容即不得轻易受理环境案件，以免招致"麻烦"，这样的规定可谓荒唐至极。

法院不受理环境案件的直接后果，是迫使受害人寻求自力救济。而自力救济往往又因方法不当致使受害人本身违法，并常常引致群体性环境事件发生。这样一来，既增加了社会的不稳定因素，又增加了最终解决问题的成本。

法院不得拒绝案件受理，是西方国家司法理念的重要内容。据此理念，法院或法官不得借任何理由拒绝案件受理。此理念明确体现了司法为民的精神和司法作为最后防线的功能。我国的环境司法当秉承这一理念，充分发挥司法在环境保护中不可替代的作用，向环境污染受害者提供积极的司法救济，使其利益得到有效保护，减少群体性环境事件的发生。

法院不得拒绝环境案件的受理，也是我国"司法为民"思想的要求。法律起源于纠纷，司法起源于解决纠纷。现代社会，法院是纠纷解决的专门机构，基本职责乃定分止争，化解矛盾。法院拒绝环境案件的受理，有背司法的初衷，也不符合我国司法的基本要求。我国司法的基本要求是：司法服务于经济社会发展、"两型社会"建设、生态文明建设及社会稳定，简言之，司法当服务于国家或社会发展之大局。服务大局即社会主义司法理念的基本要求，法院和法官应当从大局出发，以强烈的社会责任感解决社会高度关注、人民群众反映强烈的环境纠纷。环境纠纷当事人提起诉讼的，法院当以认真负责的态度，仔细了解案情，及时受理案件，以保护受害人的合法环境权益。尤其是那些社会影响大、关注度高的环境案件，更应及时受理，不得拒之门外。即便个别环境案件，从现行法律有关规定考量，似乎"受理无据"，但法院亦应秉承司法实用主义之理念，主动填补法律规定的"漏洞"，不可假法律无规定为由，一推了之，而应以提出司法建议等方式，为纠纷当事人找到合理解决的办法。

法院不得拒绝环境案件的受理，在环境问题日益严重的今天尤为重要，因为这直接影响到生态文明建设的大局。

其二，保护社会环境公共利益。社会环境公共利益，亦称环境公益，是指公众基于自然环境或对自然环境享有的利益，属于社会公共利益的一种。庞德认为，社会公共利益主要包含下列内容：追求公共安全的利益；追求制度安全的利益；追求社会资源保护的社会利益，意即追求社会资源正当使用和永续使用的利益；追求社会进步的社会利益和追求个人生活的社会利益。我国有学者主张，社会公共利益的具体内容为：社会经济秩序、社会经济安全、以国家名义体现的经济利益、生态环境的保护和自然资源的可持续利用、经济增长与经济效率以及弱势群体的保护。显然，社会环境公共利益即为一种社会公共利益。

社会环境公共利益，具体表现为适合人们生产和生活活动的良好自然环境，如清洁空气、洁净卫生的水、清洁土壤等。

社会环境公共利益在社会公共利益中占有特殊地位。因为它关系人类维系生存和发展的根本利益，是人类生存和发展不可或缺的物质基础或基本条件，不仅与当代人的根本利益，而且与后代人的根本利益密切相关，其重要性明显大于其他社会公共利益。

从保护角度看，对社会环境公共利益的保护应当优先于对其他社会公共利益的保护。现实生活中，对自然环境本身造成污染或破坏，即对社会环境公共利益的损害，时有发生，却未得应有之保护，尤其得不到有效的司法救济，以致在社会环境公共利益问题上每每上演"公地的悲剧"。

自然环境本身就是一种公共物品，与其他公共物品，如公共安全、国防、教育一样，由所有社会成员共同享有，且不具排他和竞争的性质，任何人皆可使用或利用。不过，正因自然环境的公共物品性质，导致"公地悲剧"不断发生。因为"最多的人共用的东西得到的照料最少，每个人只想得到自己的利益，几乎不考虑公共利益。"理论上每个社会成员皆可能无意或有意地更多占有公共资源，或者过度地利用自然环境的自然净化能力排放污染物质，或者过度地开发利用自然资源以满足自己的需要，从而导致其他社会成员的环境公共利益受损。

我国长期以来存在社会环境公共利益受到损害而得不到相应司法救济的情况。社会环境公共利益保护成了司法的"死角"或"盲点"。究其原因，法院通常归结为立法上的"漏洞"，终致司法无能为力。诚然，法院的"说辞"不无道理，但"在权力分工较为合理的法治国家，司法的职能在于解决纠纷，其法律程序就应当保证每个争议都有一个适当的渠道诉诸法院"。然而实际上，现行法律程序的安排确实存在瑕疵。不过，是否因为该瑕疵的存在，司法即可心安理得，问心无愧呢？显然不能。因为我国正处于环境问题的高发期，环境污染或破坏此起彼伏。有些环境污染或生态环境破坏，一旦形成即不可逆转。久而久之，势必对我国经济社会可持续发展能力构成极大的威胁。环境司法不能也不应袖手旁观，坐视不理，否则有违"有损害就有救济"的司法原理。此外，社会公共利益的保护主要应当靠司法来实现，保护社会环境公共利益，应为环境司法的应有之义和现代环境司法的重要内容。

2. 实行环境司法专门化

所谓环境司法专门化，其基本含义是指国家或地方设立专门的审判机关（环境法院），或者现有法院在其内部设立专门的审判机构或组织（环境法庭）对环境案件进行专门审理。就此意义而言，环境司法专门化可称作环境案件审理专门化。

我国早在 20 世纪 80 年代就开始了环境司法专门化的探索。1988 年，武汉市硚口区人民法院根据该院环境案件逐年增多，且案件审理复杂、特殊等情况，向最高人民法院提出了设立专门环境法庭的建议。但未得到最高人民法院的支持，主要理由是研究不够，条件尚不成熟。此后 20 年间国内再无此类改革建议提出，而国外同时期专门的环境法院或环境法庭却如同雨后春笋，层出不穷。

据统计，从 2007 年 11 月 20 日清镇市人民法院环境法庭成立至 2013 年 7 月，我国已有 18 个省、直辖市在地方三级法院中分别设立了 134 个环境法庭。鉴于环境司法专门化在地方法院的迅速发展，2010 年，最高人民法院在《关于为加快经济发展方式转变提供司法保障和服务的若干意见》中首次明确表示"在环境保护纠纷案件数量较多的法院可以设立环保法庭，实行环境保护案件专业化审判，提高环境保护司法水平"。同时，《国家环境保护"十二五"规划》（2011 年 12 月 15 日，国发〔2011〕42 号）亦"鼓励设立环境保护法庭"。

环境司法专门化改革，在我国只有六七年的历史，但发展迅速。从 2007 年贵州省清镇市第一个环境法庭的诞生到现今 130 多个环境法庭的相继成立，充分显示了这一新生事物的强大生命力及其存在的合理性。之所以合理，是因为它反映了社会的客观需求。有消息称，我国最高人民法院正在对环境司法专门化做认真考察和研究，已于 2014 年在最高人民法院中增设环境资源保护法庭。

其实，环境司法专门化并非一种全新的司法现象。司法专门化现象早已有之。例如，国外几十年前就有了专门的商事法院、税务法院、劳动法院和保险法院等。我国也曾设有专门的水上运输法院、森林法院、铁路法院等，现在还设有专门的铁路法院和海事法院。据传，我国有些地方正在着手研究成立专门的知识产权法院，这些专门法院的设立，均为司法专门化的产物。环境司法专门化只不过是司法专门化又一新的发展。

目前，我国的环境司法专门化呈现六个方面的特点：第一，地方性，我国现有的 130 多个环境法庭全部设于地方法院，最高人民法院暂未设立；第二，区域性，现有的 130 多个环境法庭仅设于部分省或直辖市；第三，现有的环境法庭多设于基层法院；第四，发展不平衡，一头大一头小，所谓"一头大"是指环境法院多设于基层法院，所谓"一头小"，是指地方高级人民法院中设有专门环境法庭的情况比较少，目前仅海南省高级人民法院和福建省高级人民法院中设有专门的环境法庭；第五，环境法庭的名称不一致，有的称作"环境保护审判庭"（北京、贵州、海南），有的称作"生态资源审判庭"（福建），有的称作"环境资源保护审判庭"（云南），还有的称作"生态环境保护法庭"（河南）；第六，绝大部分环境法庭审理环境案件采用"三审合一"的审判方式，即环境民事案件、环境行政案件和环境刑事案件均由环境法庭集中统一审理。

我国近几十年来创造了令世界瞩目的经济增长奇迹，同时也付出了沉重的环境代价。这个代价，其实就是社会环境公共利益的代价。根据我国现行宪法及有关法律的规定，我国一切自然资源或环境要素属国家所有。然而，现实生活中，属国家所有的自然资源、环境要素并未得到有效保护，"公地悲剧"时有发生，社会环境公共利益不断受到损害。因此，在我国建立环境公益诉讼制度，加大司法保护社会环境公共利益的力度，乃众望所归，势在必行。新《民事诉讼法》第 55 条和新《环境保护法》第 58 条的规定，客观反映了社会环境公共利益保护的现实需求。

当然，新环保法构建的环境公益诉讼制度，离人们期待或理想的环境公益诉讼制度还有一定的距离。这个距离主要表现在提起环境公益诉讼的原告资格问题上。按新《环境保护法》第 58 条第 1 款的规定，目前只有符合法律规定条件的环保社会组织可以提起环境公益诉讼，其他社会组织、国家机关和公民个人均无权提起。这与国外关于环境公益诉讼主体资格的规定相去甚远，考察国外的环境公益诉讼制度，任何个人、团体、检察总长和政府均有权针对环境公益损害向法院提起诉讼。而我国却将有权提起环境公益诉讼的原告资格仅赋予符合法定条件的环保社会组织，这不能不让人感到遗憾。

社会公共利益的保护，从理论上来说，当属公权力机关的责任。但正是由于公权力机关维护社会公共利益能力的不足，才导致出现了公益诉讼的问题。公益诉讼是相对于私益诉讼而言的。私益诉讼是基于私人或个人利益受到损害，由直接利害关系人向法院提起的诉讼。其特点是，诉讼由特定之主体，即与案件有直接利害关系的主体提起。公益诉讼则是基于社会公共利益受到损害，针对侵害社会公共利益的行为向法院提起的诉讼。其与私益诉讼最大的不同之处在于，除法律有特别规定的情形之外，任何人均可提起。且公益诉讼可以对任何领域里发生的损害公共利益的行为提起，如经济领域、教育领域、消费领域、环保领域等。

由公益诉讼的特点所决定，理论上任何人，其中包括任何个人、团体、企事业单位或政府均可提起公益诉讼。新修订的环保法对有权提起环境公益诉讼的原告范围做了较为严格的限制，可能是出于对我国具体国情的考虑。虽有遗憾，但瑕不掩瑜。毕竟环境公益诉讼制度在我国已经建立，无论从哪个角度来看，都是一件有益于环境司法和生态文明建设的事情。

循环经济模式下，生态文明与环境司法改革对生态环境设计的意义重大。进行生态文明建设与环境司法改革，为生态环境设计提供法律制度和法律手段上的保障，有利于循环经济模式下生态环境设计的改革与发展。

第七章　基于循环经济模式下的生态环境设计发展的策略与思考

第一节　基于循环经济模式下的生态环境设计发展趋势研究

西方很多国家，自然环境和城市是相互依赖、浑然一体的。城市建设并没有破坏自然的景观，而是尽量和自然相融为一体。展望未来，要想可持续发展，创造美好的未来就必须把生态设计重视起来，既要使人们感觉到舒适，又不能破坏周边的生态。首先，人们要在思想上紧绷"人是自然的一部分"这根弦，进行人性化设计，切忌不计后果，不去考虑生态环境，而只注重"人"本身，做出不合理、不现实、不为我们生态环境和动植物朋友考虑的举动。其次，还要在保证人们设计的使用功能和生态环境不被破坏的前提下，去合理综合考虑周边环境和人所需要的条件，做出合理的设计。我们可以从以下几个方面考虑。

第一，注重节约能源。

要因地制宜地运用和购买材料，以降低成本，达到最佳的设计效果。可以充分利用废弃物来进行创新和使用，这也是循环经济的重要要求，讲求对资源的循环利用和节约保护。若能对资源实现循环利用，在节约能源的同时，也更加注重了环境保护，就会做到循环经济下的生态环境设计的双赢。

第二，注重环境保护。

在设计中，我们要尽可能地不破坏自然环境。根据现有的地理环境和设施条件把对大气、水质污染等其他影响自然的不利因素减到最小，同时保护城市中为数不多的生态湿地环境，而不是在城市中重复地建设需要高维护费用的人工经营类景观，重复低效以及失去原有功能的景观建设，没有存在的意义。

环境设计是一项系统工程，它是人类生存方式的协调设计，也是社会和人类行为的设计和引导，环境设计对人的生活联系和影响最直接、最普遍、最紧密。因此，环境设计的生态观念，必须建立在对现代人多方位分析的基础上，引导现代城市建设的新方向，促进人的全面发展。对生态设计观念和人性化设计可持续发展观的理解和认识，是人性化设计能更好地为人类服务的前提。这样，可持续性的循环发展观得到了实现，人们的物质和精神也充分得到了满足。

人类在自然界建造自己生活的同时，不能以牺牲自身生存环境为代价。为了人类自身，为了后代的生存，必须认识到"只有一个地球"。人类必须爱护地球这个共同的家园，共同关心和解决全球性的环境问题，开创一条人类通向未来的发展之路，所以设计既要满足人们的需求，还要对生态环境重视起来。要本着可持续发展的角度去做出合理的设计，盲目的设计只能给自己的家园带来不可磨灭的灾难性后果。生态环境是否能得到很好的保护，必须考虑其本质——"以人为本"的生态化设计。

一、基于循环经济模式下的生态环境设计发展趋势

生态环境的恶化已威胁到人类的生存和发展，人类不得不反思自身的发展模式，重新营造一个健康、安全、高效、舒适、持续发展的人居环境。环境设计作为城市建设的一种手段，毋庸置疑地成了人类生存环境系统中的一个组成部分。人是环境的主角，未来的环境设计必是以人为主的设计，以人和自然协调发展为根本的多元化设计，融合技术与艺术的结晶。尊重自然，保护自然，有节制地开发和利用自然资源，维护人与自然的和谐关系已经成为人类的共识。

二、基于循环经济模式下的国内环境设计发展展望

回溯以往，设计的目的都是为了满足人类的基本需求和享受，人们肆无忌惮地向大自然索取，使自然环境在很大程度上遭到了破坏，建成的环境也大都缺乏人性化，使人们越来越远离自然。这就是人类为求得自身发展而付出的沉重代价，但在问题逐渐暴露以及人类自我反省的延伸下，人们已经认识到设计已不单单是解决人自身的问题，还必须顾及自然环境，使人类的设计不但能促进自身的发展，而且也能推动自然环境的改善和提高。

然而，设计应该是艺术、科学与生活的整体性结合，是功能、形式与技术的总体性协调，通过物质条件的塑造与精神品质的追求，以创造人性化的生活环境为最高理想与最终目标。环境设计的实质目标，不只是以服务于个别对象或发挥设计的功能为满足，其积极的意义在于掌握时代的特征、地域的特点和技术的可行，在深入了解历史财富、地方资源和环境特征后，塑造出一个合乎潮流又具有高层文化品

质、生态科技含量的生活环境。

人与自然是一个有机体，是一个整体。人不仅仅拥有社会属性，同时也拥有想亲近大自然的自然属性。良好的生活环境是人们所必需的，生态性环境艺术所提倡的符合人类可持续发展的需要也是人们所必需的。然而生态性环境设计是一个极其复杂的过程，蕴含了很多概念，例如城市的生态设计、建筑的生态设计、园林广场的生态设计、景观艺术的生态设计、室内的生态设计等。生态性环境设计是一个大的范畴，涉及自然生态和人文社会的方方面面。随着人类不断地进步，对生态性环境艺术的要求也就越来越高，而且随着科学技术的不断进步，给生态性环境设计所提供的技术支持也就更多了。所以，从目前的整个形式来看，生态性环境设计具有很好的发展前景。因此，当前我们应该脚踏实地，为我国环境设计做出更大的贡献。未来的生态性环境设计可能考虑的要素还更多，关注的人也更多，生态环境的知识可能会得到普及。整个人类的生态意识将会得到普遍提高，我国也会真正进入一个生态文明时期。这就需要我们现在不断努力，正确吸收外来文化，注重本土化特色，努力克服生态性环境设计中的种种困难。

三、循环经济模式下的生态产业链发展趋势

当前的全球经济模式忽视了基本的生态准则，扭曲的经济发展系统正朝着与自然环境支撑系统背道而驰的方向演化。人类社会为谋求可持续发展的需求，正在促进全球经济模式由物质单向流动的线形经济向生态型循环经济重组与转型。循环经济是运用生态学规律来指导人类社会的经济活动，生态产业链的构建是循环经济的重要组成部分。近几年，我国非常重视循环经济的建设，各地都开始探索建设生态工业产业链的方法。

所谓产业链的柔性其实就是产业链长期运作的潜力，特别是适应外界变化的恢复力，也可以称之为弹性。生态工业中生态产业链设计的出发点是模仿自然生态系统中的生物链构成，人们最初会满足于精心构建的生态产业链，却忽视了其柔性或者弹性。事实上，自然界长期进化形成的生态链适应外界变化的恢复能力是非常强大的，而很多人工组织某些产业链的时间尚短，缺少适应过程，忽略了它的柔性。

自然界中很多物种的消亡就是因为自身的生态链非常脆弱，也就是自身的适应能力非常差，比如，熊猫。推广到生态产业链，如果链中的某个环节特别脆弱或适应能力差，就有可能使生态链断掉。甚至由于某种暂时的变化导致物种的消亡——某个企业的消亡。所以，在构建生态产业链时要特别注意网络的适应性和遭遇风险的恢复能力建设。

一个健康运作的生态产业链应该是柔性的，每一条链的柔性反映其抵御各种风险，包括经营管理风险、维护风险的能力。这种能力的强弱决定了这条产业链能否长期健康地运作下去。

四、循环经济下的生态设计发展趋势

1989 年世界银行提出人类发展最低安全标准，即社会使用可再生资源的速度，不得超过可再生资源的更新速度；社会使用不可再生资源的速度，不得超过作为其替代品的可持续利用的可再生产资源的开发速度；社会排放污染物的速度不得超过环境对污染物的吸收能力。这些都说明必须通过大力推进循环经济的发展，才可以避免走"先污染后治理"的老路，实现经济社会的可持续发展。20 世纪 90 年代以来，国内外越来越有共识地认识到，当代环境问题日益严重的根本原因在于工业化运动以来以高开采、低利用、高排放（所谓两高一低）为特征的线性经济模式，人们迫切需要对难以为继的传统发展模式反思后的创新。循环经济的概念是 20 世纪 90 年代后期在工业化国家出现的，它是相对于传统经济而言的一种新的经济形态，代表了一个发展趋势。什么是循环经济，迄今并没有一个公认的定义，其基本含义是指：通过废弃物或废旧物资的循环再生利用发展经济，其目标是使生产和消费过程中投入的自然资源最少，向环境中排放的废弃物最少，对环境的危害或破坏最小，即实现低投入、高效率和低排放的经济发展。

循环经济要求遵循生态学规律开展社会和经济活动，优化社会行为和提高经济系统效率，使社会进步、经济增长与环境保护及改善相协调。循环经济的建立依赖于一组以"减量化、再使用、再循环"为内容的行为原则，即"3R 原则"，每项原则对成功都是必不可少的。减量化（Reduce）原则属输入端方法，旨在减少进入生产和消费流程的物质量；再利用或反复再利用原则（Reusing）属过程性方法，目的是延长产品和服务的时间强度；资源化或再生利用原则（Recycling）是输出端方法，通过把废弃物再次变成资源以减少最终处理量。循环经济的理论基础是产业生态学，又称为工业生态学，是以生态学的理论观点研究工业活动与生态环境的相互关系。产业生态学是一种关于工业体系的所有组成部分及其同生物圈关系问题的全面的、一体化的分析视角，是探索实现工业生态化的途径。

循环经济推动的主要载体和形式。首先，是生态经济效益的理念和实践，要求组织企业生产层次上物料和能源的循环，预防污染或达到污染排放的最小。其次，是工业生态系统理念和实践。要求在企业与企业之间形成副产物和废弃物的输出输入关系，其实质是组织企业共生层次上的物质和能量代谢的循环；特别是在工业园层面上，推行生态工业园区建设。生态工业园区（Eco-Industrial Parks，EIPs）已经成为循环经济一个重要的发展形态。生态工业园区正在成为许多国家工业园改造的方向，同时也正在成为我国第三代工业园区的主要形态。生态工业园区是依据循环经济理念和产业生态学原理而设计建立的一种新型工业组织形态。加拿大、美国等工业园区环境管理先进的国家，从 20 世纪 90 年代开始规划建设生态工业示范园区，出现了一些极具特色的生态工业园区，如丹麦卡伦堡工业园是世界上最早也是现在国际上最成功的生态工业园区。我国自 1999 年开始启动生态工业示范区建设试点工作，2001 年 8 月，国家环保总局批准建设贵港国家生态工业（制糖）园区。2001 年 11 月，广东省南海区开始建设我国第一个区域性的、根据循环经济和生态工业要求规划建设的生态工业园区。在循环经济主要的形式如产业链的构建、生态工业园的建设等方面，生态设计正在起到巨大的推动作用。在指导实践方面正在成为发展方向之一，我国陆钟武应用物质流分析研究钢铁工业废钢资源等问题；清华大学的陈定江、李有润等应用混合整数非线性规划（MINLF）来构建生态工业区的模型；质量交换、投入产出分析、夹点分析等作为生态设计的有力工具正在成为进一步有意识地推动循环经济发展的强大技术保障。

1969 年，麦克哈格发表《设计结合自然》（Design with Nature）一书中已经蕴涵了生态设计在生态城市建设中地位的论述。该书强调了人类对大自然的责任，要求每个生态系统去找其最适合自己的环境，然后改变自己和改变环境去增加适合程度，把自然价值观带到城市设计上。麦克哈格认为，大多数的规划技术是用来征服自然的，然而，自然是各种因素平衡的结果。因此，自然环境的破坏将对生态系统造成干扰。他认为设计应该与自然相结合而不是与自然相对抗。

随着经济高速发展和环境问题的矛盾日益突出，"生态城市"的概念在联合国教科文组织（UNESCO）发起的"人与生物圈（MBA）"计划研究过程中提出来。生态城市作为城市建设的一种理想模式，强调城市建设和发展要充分融合社会、文化、生态和经济等因素，通过物质、能量、信息的高效利用，实现城市生态的良性循环和人居环境的持续改善，自然、经济、社会三者之间既相互制约，又互为补充，达到人与人、人与自然、自然与自然的充分和谐。

金鉴明指出生态城市的内涵，是资源利用率大幅度提高。在具体的载体上，联合国对生态城市的若干标准中，把城市规划放在首位。只有具备一个科学合理的城市规划，才能在城市化进程中重视城市建设中的生态保护问题。同时生态城市应该是一座绿色的园林城市，生态城市的建筑风格应该和周围的自然环境相协调等。

生态设计在生态城市建设的各个领域都在发挥巨大的作用。在城市景观建设中，有些非生态的设计引导着不可持续景观的创造，满足于其给人类带来的短暂的享受。而景观的生态设计是人类生态系统的设计（Design for human ecosystem, Lyle, 1985），是一种最大限度借助于自然力的最少设计，是一种基于自然系统自我有机更新能力的再生设计（Regenerative design, Lyle, 1994）。人们在初步认识到景观的生态设计可以为生态城市的建设赋予更深刻的内容后，进行了广泛地探索和实践。

成都府南河绿带上的活水公园，是世界上第一座高扬水保护旗帜的主题公园，1998年获国际水岸中心"优秀水岸奖最高奖"以及国际环境设计协会和美国《地域》杂志联合评定的与英国泰晤士河治理项目并列的"环境设计奖"。上海苏州河上占地8.6公顷的最大公共绿地——梦清园等，充分体现了生态设计的思想和该领域特有的方法。

随着时间推移，人们对建筑的生态化已经从一种单纯的理念在生态设计的有力推动变为实际。在经历了将自身局限于对节能和生态设施的表现上，而不是将它们结合为建筑自身构成元素的阶段之后，正在逐步发展成为一种真正主流思想。甚至可以说，正是生态设计催生了生态建筑。德国法兰克福的考莫兹银行总部大厦、马来西亚的米那亚大厦、德国的国会大厦等实践都很好体现了生态建筑的思想，而这种实践是在生态设计理念和方法的指导下完成的。

第二节　基于循环经济模式下的生态环境设计发展策略与思考

一、正确吸收外来生态性环境艺术设计精髓

西方有一位哲学家曾经这么评述过中国的问题，中国人的很多东西有上千年的历史，如果这些东西被全世界所采用，那么地球上将会充满欢乐，如果我们轻视东方智慧，那么我们自己的文明永远达不到真正意义上的文明。我国是一个拥有13亿人口的大国，本身拥有如此多美好东西的我们，为什么却喜欢崇尚"拿来主义"呢？为什么就看不到自己本身的光辉呢？这是一个误区。对于外来生态性环境艺术的设计精髓，我们应该正确吸收，而不能简单"拿来"。面临生态破坏给予我们的警示，不要慌张，应该理性分析问题，用正确的态度对待外来文化。因为，这种嫁接的东西不一定能够在我国的土壤上发生作用，有可能会给我们带来损失，外来的不意味着先进。

当然，对于一些好的东西我们应该借鉴。目前，我国的很多大工程是外国人设

计的，我们自己好的环境艺术设计师比较紧缺。所以，大家希望能够诞生本土的优秀设计师，而不是在生态性环境艺术设计中照搬他人模式，这样更利于我国环境艺术设计的可持续发展。我们应该立足我国的实际情况，运用目前的高新技术，创作出属于我们自己的生态性环境艺术设计作品。中国设计师应该在正确吸收外来优秀经验的同时，不断创新，不断继承本国优秀传统，设计出独具中国特色的作品。

我们可以在借鉴国外经验的同时充分运用本国的古典美学，我国古典美学内容丰富而且源远流长，是我国的瑰宝。我国古典美学对我国环境艺术设计有很大影响。例如，我国古代的城市布局"二龙戏珠""将军大座"等。还有类似"杂树参天，楼阁石疑云霞出而没，繁花覆地，亭台突池沼而参差"的艺术场景设计。这些精华对我国现代的生态性环境艺术设计有很大帮助。所以，面对中西两种文化，我们应该在正确吸收外来文化的同时，注重对本国文化内涵的挖掘，以期达到国际化与民族特色相结合的目的。

二、有效防止生态性环境艺术设计中本土生态文化的缺失

由于中国近年来发展的速度很快，所以逐渐成为全球的焦点。加上我国本身巨大的市场，所以，外商为了迅速打开中国市场，不惜利用文化因素，向我国倾销外来文化，磨灭我国公民的本土意识。目前，我国公民对本土的意识很薄弱，受多方面影响，有些人以为外来的就是好的。所以，唤醒我国公民的本土意识很重要，这样能够有效降低生态性环境艺术设计中本土生态文化缺失情况的发生率。

在经济全球化的带动下，我国生态性环境艺术设计处在一种盲目状态，出现了一些不伦不类、盲目跟风的环境艺术作品，使得本土化环境艺术元素流失严重。在这个文化多元化的空间里，若要体现我国独有的特色，需要我国所有环境艺术设计师的共同努力。生态性环境艺术设计作为我国环境艺术设计的一个重要部分，是我们所迫切需要进行改善的。如果一种设计作品不具有本土特色，那么，我们可以称其为不生态的。因为本土生态文化能够反映出当地的风俗习惯，一件环境艺术作品如果没有考虑到这一点，就不能算是成功的作品。

对于生态本土化的问题，不同民族不同地区对这个问题的回答不同。但是，在现代环境艺术设计中融入本土特色是很有必要的。例如，北方以大气为主要气质，人们的性格、风俗都比较粗犷，所以我们可以在北方的环境艺术设计中贯穿这种艺术情绪。南方人比较婉约，喜欢"小桥流水人家"式样的环境设计，我们就可以根据其本土特征进行设计。又如，我国很多地方习惯用木头和柱子做房子，这种行为依然可以延续下来。在设计的过程中，应当深入了解当地的风俗民情，将其融入设

计中去，为我国本土化艺术的发展增光添彩。

三、对传统生态建筑采取再建造和改造的态度

目前，中国很多地方在乱拆传统建筑物，很多建筑物是很有历史价值的。生态性环境艺术设计不应该抛弃传统，对于传统建筑物应该采取再建造和改造的态度。例如，北京城内的一些复古建筑，使人依然能感觉到我国古代文化的魅力。其实传统建筑对于现代环境艺术设计的参考性是非常大的，我们不应该直接把这些东西丢掉、拆掉，而应该进行一些恢复和再造行为。我们也可以把里面的一些精华部分抽出应用在现代生态性环境艺术设计当中，通过加入现代因素，进行提高、升华，并加以寓意以及命名，在实践过程中将传统建筑元素发扬光大。

无论我们站在什么角度来看传统建筑的再利用，都不可否认传统建筑中所蕴含的传统文化。所以，我们一定要尊重、保护古建筑，我们要想办法将其保存下来，并将其融入整个城市当中。提倡在继承和发展传统建筑精华的同时，产生新的启迪，进行创新。这种实例有很多，例如，我国吴良镛教授在进行北京菊儿胡同旧区改造工程的设计中，既继承了民族传统城市空间艺术和建筑艺术的精华，又创造了现代新四合院这一崭新的城市空间艺术与建筑理念，而且在保留了北京古城传统院落体系的基础上，成功地处理了居住的私密性与邻里关系。这是对传统环境艺术设计的完美继承与发展，成为旧城改造的典范。

又如，贝聿铭先生对苏州博物馆新馆的设计，新博物馆屋顶设计的灵感来源于苏州传统的坡顶景观——飞檐翘角与细致入微的建筑细部。然而，新的屋顶已被科技重新诠释，并演变成一种奇妙的几何效果。玻璃屋顶与石屋顶相互映衬，使自然光进入活动区域和博物馆的展区，为参观者提供导向。金属遮阳片和怀旧的木做构架在玻璃屋顶之下被广泛使用，以便控制和过滤进入展区的太阳光线。贝聿铭先生此次设计苏州博物馆新馆所承受的舆论压力远比巴黎罗浮宫拿破仑广场的透明金字塔设计小得多，未出现像当年巴黎街头的一片责难声。诚然，因为新馆选址问题的异议多少转移了人们的视线，但苏州老百姓93%的投票支持率多少也反映了大众对此设计的文化认同。两院院士吴良镛和周干峙对设计方案亦表示了赞赏。他们认为，新馆设计方案与原有拙政园的建筑环境既浑然一体，又有其本身的独立性，以中轴线及园林、庭园空间将两者结合起来，无论空间布局和城市肌理都恰到好处。全国著名文博专家罗哲文老先生认为新馆设计是谨慎的，建筑与周边环境融为一体，符合历史建筑的环境要求。

四、尽量避免在生态性环境艺术设计中消费主义的过分操纵

消费主义一般在西方发达国家比较盛行，最典型的代表就是美国，超前消费，偏离实际需要，无休止的追逐理想消费，这是一种被享乐主义曲解了的消费观念，是不科学的。过度的消费会对环境造成巨大压力，从而破坏生态环境，引起人与自然的不和谐，不符合可持续发展的长远战略思想。

从设计的目的来看，就是为了满足人们的需要，而生态性环境艺术设计的目的就是在满足人们的正常消费的同时，把给自然造成的压力降到最小。这种只顾满足人们欲望的消费行为，是不合理的，不生态的。尤其是这种行为反映在环境艺术设计方面时，更加危险。因为，环境不等同于其他的物品，一旦被破坏，就没有后悔的机会了。所以，我们应当通过生态性环境艺术设计正确引导人们的合理需要。在设计的过程中，一定要远离"消费主义"色彩，尽量使得设计作品生态、实用。我们生活的空间中，有着重要的生存法则，就像消费的协调性一样，要保持好这个"度"的理解，不能没有止境的进行索取。在设计过程中，要尽量体现这种适当消费的观念，告诉人们消费不是欲望出发的设计，而是需求控制的设计。所以，我们希望看到的就是避开消费主义，进行"以人为本""以自然为本""以绿色为本"的可持续生态性环境艺术设计。

五、建立兼顾公平与效率的成本与价格机制

根据以上分析，目前需要通过征收资源税、废弃物排放税（费）、对循环经济项目给予财政补贴或税收优惠等，重新构建中国经济的成本与价格形成机制，建立有利于循环经济发展的利益驱动机制，调整和平衡各相关主体的利益格局。

1.提高初始资源价格，增加循环经济比较利益

资源消费减量化是循环经济的基础，但目前中国初始资源使用权价格较低，对资源消耗没有形成足够的成本压力，企业节约资源和循环利用资源与废弃物的动力相对不足。

初始资源市场价格过低的原因主要有以下五个方面。

第一，基础矿产资源产权不清，管理混乱，大量矿产资源在没有进行资源详探的情况下乱开采，造成资源开采无序化，资源开采成本和回采率都很低。

第二，资源勘探费用没有得到合理补偿，国家花费大量资金勘探的资源被人以各种途径私挖乱采，造成矿产资源开采成本过低，回采率不高。

第三，国家没有对国有矿产资源征收足够的资源税和资源使用费，造成少数

人低成本甚至无偿使用国有矿产资源，人为降低了资源使用成本。例如，资源使用费不是根据储量征收，而是根据开采量征收很低的使用费（煤炭的资源税只有每吨3～5元，占市场价格的比重不足3%），致使大量开矿者只开采容易开采的富矿部分，一些煤矿回采率甚至只有10%～20%，大量资源被抛弃。

第四，地下水和河流水取水费过低。例如，黄河上游的一些支流取水费不足1角，即使是严重缺水的北京郊区的一些单位自备井取水费也不足1元。

第五，资源开采企业以矿工恶劣的劳动条件和极低的工资待遇为代价换取资源产品的低成本和销售暴利。

过低的初始资源价格，使得节约资源的投入产出效益不高，使得循环利用资源和废弃物不具备技术经济比较优势，形成了所谓的"循环不经济"现象，严重阻碍了循环经济发展的市场效益。例如，循环利用废水的成本为每吨2～3元，凡是取用新鲜水的价格低于这个价格的地区都没有循环利用废水的经济效益。因此，国家应该下决心通过理清矿产资源产权、对资源使用进行严格合理的税收规制、制定严格的维护矿工生命财产安全和合理工资福利待遇的法律法规等途径，提高初始资源使用和开采成本，使初始资源的价格真正反映其价值。

六、提高废弃物排放成本，增强循环利用废弃物的成本优势

中国环境污染的一个重要原因是，过去没有把环境作为经济要素进行合理定价有偿使用。因此，在我们的市场价格形成机制中，没有充分考虑环境成本要素，至少是废弃物排放的环境成本过低。这使得中国产品的低价格建立在日益严重的环境污染代价之上。使得以保护环境为目标而循环利用废弃物不具有经济上的比较优势。以保护环境为目的，从末端控制废弃物排放，提高废弃物排放成本，使排放污染的外部成本内部化，排放废弃物成为企业成本的一个组成部分，成为价格形成的一个要素。从而，把循环利用废弃物转变为企业降低环境使用成本的一个经济途径，可以提高循环利用废弃物的比较经济效益，激励企业发展循环经济。例如，实施大宗产品的生产者环境责任延伸制度，其生产的产品在经过消费报废以后由生产者负责回收和循环利用，将会迫使企业增加生态设计和环保投入，以最容易回收处理和循环利用的方式设计和生产产品，从源头预防污染的产生。

因此，建议进一步强化废弃物排放收费制度，逐步将中国的废弃物排放费提高到处理废弃物的成本以上，使废弃物再生利用和无害化处理企业成为盈利企业。对每种废弃物排放费用标准依据再生利用和安全处理的成本进行动态核定，强制征收。

七、降低废弃物再生利用成本，提高再生资源的比较利益

把废弃物变成再生资源往往需要复杂的技术处理过程，需要较高的成本投入。很多企业处理和再生利用废弃物是因为废弃物排放会污染环境不得已而为之。对于这些企业来说，通过对废弃物进行资源化处理，减少了废弃物的排放，为社会带来了环境效益，具有较高的正外部性，但很可能只具有很低的回报，甚至是负的经济效益。从这个角度看，循环利用废弃物是一种公共资源（生态与环境容量）的保护行为，政府应该通过外部效益内部化的方式对企业发展循环经济给予一定补偿和支持。例如，对从事废弃物再生资源化的活动给予减免税优惠；对资源节约使用和废弃物循环利用技术的研究与开发给予财政上的支持；提供优惠融资条件和土地优惠利用等，以降低废弃物再生资源化的成本，提高再生资源的价格比较优势。

为了保证循环经济投入，国家财政应该建立循环经济与环境保护专用账户，将废弃物排放费、资源使用费等纳入专用账户，必要时还可以通过发行环境债券等方式筹资，用于循环经济基础设施建设、循环经济技术研究与开发、有毒有害废弃物的循环利用与无害化处理、重要污染物回收处理补贴等。

八、降低循环经济的交易成本和市场开发成本，提高循环经济效益

由于循环利用资源和废弃物具有正的环境外部性效益，为了使这种外部效益最大化，国际通行的做法是，政府使这种外部性效益内部化。其措施主要有以下五个方面。

第一，政府通过绿色采购、同等条件下市场准入优先等政策，在政府采购中优先选择循环经济产品，降低循环经济产品的市场准入门槛，使其比较容易进入市场，并保证具有稳定的市场份额，降低企业循环利用资源和废弃物的市场交易成本。

第二，政府采取免费认证和赋予标识的方法，为循环经济产品进行公益宣传，提高循环经济产品的社会公信力，降低企业的市场开发费用，节省消费者的市场搜索成本。

第三，政府免费为循环利用资源和废弃物提供信息咨询、技术培训、管理咨询、服务指导等方面的支持，降低企业发展循环经济的技术和市场信息搜索成本。

第四，政府免费为企业提供国际合作指导，引导企业广泛利用国际技术经济来源。

第五，政府投资建设循环经济基础设施和网络体系，为循环经济发展提供基础条件。

综上所述，通过提高原始矿产资源使用费、资源税和维护矿工利益的途径提高

初始资源价格；通过增加环境使用成本提高废弃物排放价格和生产者环境责任制的延伸等，将会使得中国初始资源和对环境污染较为严重产品的市场价格有所上升。通过对循环利用资源和废弃物的政策优惠途径降低循环经济税负成本和经营成本，通过政府的无偿服务和管理指导咨询降低循环经济的市场进入成本和交易成本，将会使得循环经济产品价格下降。从这两个方向重新构建中国的市场价格形成机制，将会使得利用初始资源和生产过程污染排放较为严重的产品变得相对昂贵，循环经济产品变得相对便宜。这样一种价格体系将会积极促进资源节约使用和废弃物循环利用与环境保护。

九、提高重点行业生态效率的政策建议

钢铁、有色金属、煤炭、电力、化工、建材、轻工 7 个工业行业是中国的高资源能源消耗和高污染排放行业（其主要产品的单位能耗平均比世界先进水平高出了 40% 以上），占全部工业能耗的 70% 以上，是中国工业废水、废气和固体废物的主要排放者，排放污染物总量占全部工业行业污染物排放总量的 70% ~ 80%。而且，预测结果表明，若不改变发展模式，这些行业对环境的压力高峰并未到来。因此，这 7 大行业应该成为中国循环经济发展的重点工业行业，促进其生态化转型，提高生态效率。

（一）建立健全提高重点行业生态效率的政策体系

中国可以沿两条技术路线来建立和完善提高重点行业生态效率的政策体系。

一是分别以减量化、再利用的资源化和无害化作为关键政策的直接目的。在减量化环节，关键政策包括生态设计制度、资源消耗与污染排放定额管理制度和提高重点资源税收与价格等。在再利用和资源化环节，关键政策包括废弃物循环利用定额管理制度、税收优惠政策和发展废弃物资源化工业园区政策等。在无害化环节，关键政策包括产业、技术和产品的环境准入制度，提高污染排放收费标准，产业废物最终妥善处置与环境监管等。

二是针对生产和消费活动全过程的管理政策，包括生产者责任延伸制度、产业政策、技术示范与支撑、政府绿色采购、高资源能源消耗和高污染排放产品的进出口退税政策等。

（二）提高造纸工业生态效率的政策

中国需要采取综合措施，解决制约造纸行业生态效率的原料结构、企业规模、技术和成本等因素。

第一，依靠国际和国内两个市场，替代造纸行业的草类纤维原料，解决草类纤维原料造纸污染重、废物循环利用难的问题。

第二，山东、河南是中国造纸工业的集中地区，面临草类纤维原料比重大和中小企业多的双重挑战。应将该地区的中小型造纸企业列为国家重点污染控制对象，实行兼并、重组和联合等方式，加大结构调整力度，提升循环经济发展和污染控制的技术经济基础。

第三，严格执行建设项目环境影响评价制度和"三同时"环境管理制度，不再批准以非木纤维尤其是以麦草或稻草为纤维化学制浆的新建造纸项目。对新建以木纤维原料烧碱法化学制浆的造纸企业，要配套先进的碱回收装置，提高碱回收率。

第四，修订造纸企业现行污染物（COD）排放标准，提高造纸企业准入条件。

第五，山东等地的案例研究表明，若按照略高于深度废水处理成本的原则，将造纸企业的废水排污费提高到 1.5 元 / 吨、新鲜水水费提高到 1 元 / 吨，则当地的许多造纸企业就可以实现废水零排放。

（三）提高水泥工业生态效率的政策

有两类政策对促进中国提高水泥工业生态效率有重要作用。

一是从水泥使用环节入手，提高水泥熟料、水泥及混凝土标号，提高建筑物耐久性，减少水泥绝对用量；提高水泥散装率，节约包装材料。

二是水泥工业再循环利用的重点是水泥生产过程中对各类废弃物的协同处置，国家应高度重视，大力推动。

为此，中国应该尽快制定《水泥工业协同处置废弃物指南》《水泥生产协同处置废弃物标准》和《利用废物水泥标准》，指导水泥工业科学、合理、安全和有效地利用各类废弃物，避免因处置废弃物造成二次污染，确保水泥使用安全性。建立和完善水泥工业协同处置废弃物的经济激励政策。对利用和处置生活垃圾和危险废弃物的水泥企业，进行财政补贴，并给予较现有废弃物利用更优惠的税收减免政策；对水泥企业可利用废弃物的预处理过程也给予资金与税收方面的支持。建立国家级的技术研发中心，专门从事水泥工业利用和处置废弃物的技术研发工作；开办水泥生产协同处置生活垃圾和危险废弃物试点。

（四）促进废弃物循环利用和无害化处置的政策建议

在生产特别是消费废弃物领域，中国同时面临提高循环利用程度和防治二次污染两个问题，在诸如电子废弃物等方面，以纯市场机制为基础的民间自组织的循环利用行业较发达，但二次污染问题非常严重。因此，提高循环利用程度和防治二次污染是中国制定相关政策的基本目标。

1.建立健全废弃物循环利用和无害化政策体系

中国的废弃物循环利用和无害化政策体系主要应包括以下四个方面。

第一，废弃物循环利用产业体系和管理体制。强化政府调控，以现有民营专业企业为主体，改制现有国有回收企业，将"拾荒大军"组织化，建立专业循环利用和安全处置的市场运营主体，发展废弃物循环利用和安全处置产业。发改委负责产业管理，环保部门负责环境污染防治。

第二，废弃物回收、循环利用和无害化处置专项法和行业标准。在固废法和《循环经济促进法》的基础上，制定若干针对电子废弃物、废橡胶、废旧船只、废汽车、废钢铁、废旧有色金属、废塑料、废纸等废弃物的回收、循环利用和无害化处置专项法和行业标准。

第三，责任机制和经济激励。在废弃物的回收、循环利用和安全处置三个重要环节中，要明确政府、生产商、进口商、销售商、消费者等的责任，并建立相应的押金、税收、收费、补贴等经济激励政策。

第四，进口废弃物环境管理。中国已经成为全球废弃物的进口大国，必须在三个环节实行严格的环境监管，防止不符合环保控制标准的废弃物进口，由具备污染防治能力的企业循环利用进口废弃物，防止倒卖进口废弃物；实行从审批、利用到最后安全处置的监督检查。

2.促进生活垃圾处理处置走上跨越式发展

借鉴德、日等国的教训，在生活垃圾处理处置方面，中国未必要走从填埋、焚烧到循环利用的老路，可以以法律规定的形式（如欧盟垃圾处理相关指令），要求首先对垃圾进行物质（再生资源）和能量（热）回收利用，最后对不能被循环利用的部分进行填埋处置。至少，中国目前可以在东部沿海发达城市开展这方面的试点工作。

3.构建电子废弃物循环利用和无害化处置政策体系

中国可以从以下八个方面建立和完善电子废弃物循环利用和无害化政策体系。

第一，构建电子废弃物循环利用和无害化处置法律法规。中国应适时制定《电子废弃物循环利用和无害化处置法》，在该法之下，制定和完善有关实施条例、管理办法、技术政策和标准。

第二，建立高效的管理体制。为解决中国电子废弃物循环利用中突出的环境污染问题，建立以环境保护部和国家发改委为主导、信息产业部和商务部等相关部门密切配合的管理体制。

第三，根据国情，建立电子产品生产者责任延伸制度。中国电子产品生产者责任延伸制度可以包括四个方面的内容：从产品生产到消费过程中的一般性环保责任；收集与处置低市场价值电子废弃物的责任；缴纳或征收电子废弃物处置费用的责任；信息披露责任。

　　第四，征收电子废弃物处置费或电子产品消费税。CGE模拟结果表明，向生产者或消费者开征电子废弃物处置费或电子产品消费税，其政策效果接近，对宏观经济影响较小，但对通信设备、计算机及其他电子设备制造业的出口影响严重。

　　中国可以根据税费改革进程，适时开征处置费或消费税，对相关出口型企业可以采取出口退税的办法消除征费或征税的影响。对处置费或消费税收入，可以通过建立专项资金的办法，统一管理，用于电子废弃物无害化处置及研发。

　　第五，对从事电子废弃物无害化处置企业给予财政补贴和技术扶持。电子废弃物的无害化处置具有公共物品属性，政府应承担一定的责任，对从事电子废弃物无害化处置的企业给予必要的补贴和技术扶持。

　　第六，制定促进电子产品生态设计和绿色消费的政策。中国应引入电子产品生态设计制度，一方面使电子产品模块化，元器件易拆解，以提高再使用率，另一方面使产品生产避免或减少有毒有害物质的使用，减轻末端处置压力。此外，建立电子产品环境标志制度和政府绿色采购制度等，鼓励环境友好型电子产品的生产和消费。

　　第七，改造现有回收体系，实现效率与环境安全的双重目标。通过补贴和税收优惠等经济激励措施，使专业化回收和循环利用企业较个体收购者在回收电子废弃物时更具有市场竞争力；通过经济激励和管制等手段，引导回收和循环利用产业向规模化和集约化方向发展。

　　第八，建立电子废弃物循环利用产业园区，实行圈区管理和资质认定管理。针对电子废弃物循环利用产业布局分散、以小型企业为主的现状，中国可在电子废弃物循环利用活动集中的地区建立电子废弃物循环利用工业园区，实行圈区管理，并对循环利用企业实行资质认定管理，淘汰家庭作坊式企业，以及落后的循环利用工艺和技术，促进产业升级。

十、促进中国循环经济发展的重点经济政策识别

　　根据第一章对中国循环经济的内涵特征分析，发展循环经济具有双重目标：一是提高资源利用效率，建设资源节约型社会；二是保护生态环境，建设环境友好型社会。从经济角度来看，发展循环经济必须遵循市场规律，最终有利于经济可持续发展，否则它只能停留在试点的层次上。循环经济不仅是废弃物的简单循环利用，它涉及生产与消费的各个领域，涉及资源开采、生产利用、流通、消费与废弃物处理处置各个环节。因此，循环经济政策的作用环节就应从生产与消费两大领域入手。从政策手段来看，中国循环经济发展政策呈现出方针性政策和工具性政策相结合的特点。

方针性政策是中央政府的纲领性和目标性政策，为发展循环经济提供了思想基础和目标方向。这类政策包括指导性政策文件，如国家社会经济发展规划、国务院关于促进循环经济发展的意见等。

工具性政策则是针对循环经济各相关主体的强制性或引导性政策。它是直接管制政策、经济激励政策和自愿性政策的组合。

方针性政策需要借助工具性政策才能影响市场主体的行为。从行政行为上看，方针性政策反映的是政府的意向和期望。工具性政策则是一系列具体的、直接影响市场经济主体行为的、可操作的政策规定。

方针性政策属于战略性、倡导性和宣示性的政策，目的在于提升循环经济的战略地位，提高各级政府以及企业、公众对循环经济的认识，目前在中国已基本实现了阶段性的政策目标。而随着循环经济发展到大规模实践阶段，方针性政策的最终目标能否实现，循环经济能否作为一种普遍的经济发展模式得以实施，关键还要看能否制定、实施恰当的工具性政策。

对于工具性政策，世界银行推荐的政策矩阵将政策手段分为直接管制或命令控制型政策、基于市场的经济激励政策和公众参与、信息公开等自愿型政策。循环经济的实践主体主要是政府、企业和公众，循环经济活动主要涉及三个环节：入端、中间过程和输出端。因此有的研究将政策作用的主体、政策手段的选择与循环经济的主要环节结合起来，提出了发展循环经济的政策体系，并提出发展循环经济可以有3套机制和3种政策工具进行选择，即现代政府——国家行政体制、企业——市场机制、非政府组织与公众——社会机制，相应的政策工具包括规制性政策、市场性政策以及参与性政策。行政机制体现着政府自上而下的努力，社会机制可以促进非政府组织自下而上的努力，市场机制则可以激励营利性组织横向的努力。

在工具性政策中又可以按照它们的作用方式分为传统的"命令—控制"型政策工具和基于市场的政策工具。"命令—控制"型政策工具表现为一系列禁止性规定，包括各种行政法规、环境标准、技术标准等。它们是环境保护、节约资源的重要政策工具，对于循环经济的发展而言是基础政策。只有严厉"堵住"那些不利于环境保护和资源节约的行为，才更有利于把它们疏导到符合循环经济发展目标的方向上来。在这个意义上，传统的"命令—控制"型政策工具可以说是循环经济发展的基础，或者说是循环经济发展的前提，和基于市场的政策工具具有同等重要的意义，这也是发达国家循环经济发展的一条基本经验。

利用市场机制的循环经济政策，实际是"胡萝卜"加"大棒"的政策组合。

目标是通过疏堵结合的方式实现环境保护和节约资源的目标。就循环经济自身的发展而言，最为关键的还是基于市场的政策工具，因为需要依靠它们建立起符合循环经济自身需要的市场机制。只有这样，循环经济才能在市场经济体制下正常运转。因为循环经济发展必须同时关注生产与消费两个领域，因此欧洲国家总结的促进可持续生产与消费的政策矩阵同样值得参考。该政策矩阵以政策作用的效果将政策手段分为"硬政策"和"软政策"。从政策工具的类型分又可以分为奖励/处罚型政策、激励型政策和自愿支持型政策。政策手段主要包括法律约束与法律责任、基于市场的经济激励、自愿与合作手段、研究与宣传教育等。以该政策手段分类为基础，可以把发展循环经济的政策形成以下政策工具包。

　　无论是借鉴世界银行的政策矩阵还是欧洲国家的可持续生产与消费政策工具包，主要政策类型和手段基本上是一样的，关键在于构建中国循环经济发展政策体系，需要综合考虑中国目前的发展阶段、政策现状、政策目标等，梳理和完善现有政策，补充缺位政策，形成有利于循环经济发展的制度环境。

　　从循环经济的环节和政策作用的切入点划分，可以大致将现有循环经济政策分为源头管理政策、过程管理政策和末端（产品）管理政策。源头管理政策包括：循环经济综合性产业政策、循环经济技术开发政策；过程管理政策包括：清洁生产政策、促进废弃物资源化和再利用优惠政策；末端（产品）管理政策包括：资源税与资源价格政策、循环经济相关资源进出口政策、循环经济绿色产品与生态建设政策等。为促进循环经济发展，需要从循环经济发展的各个环节入手，找到政策干预的切入点。发展循环经济主要有六个环节：资源开采、运输、生产、流通分配、消费、废弃物处理处置。根据联合国环境规划署可持续生产与消费中心对可持续生产与消费政策的评估，目前的政策干预，主要集中在生产环节，而对资源开采阶段、消费阶段和废弃物处理处置阶段的干预有限。根据其评价，目前80%的政策努力应对的只有20%的社会与环境风险，导致了政策作用环节的错位。可见，在自然资源开采、消费和废弃物处理处置环节存在很多的政策实施空间和机遇。在中国，类似的情况同样存在。因此，在继续关注生产环节的同时，未来特别需要在自然资源开采、消费和废弃物处理处置环节加强政策干预的力度，采用生命周期管理的思路制定相关政策，找准政策切入点。根据中国发展循环经济的目标、优先领域和作用机制以及存在的问题，目前应该针对价值链所有环节实施循环经济发展政策，即在自然资源开采、运输、生产利用、消费（产品端）以及废弃物合理处理处置的各个环节推进循环经济发展。关键政策应是构建市场经济机制下的经济激励政策，促进循环经济发展的综合经济政策可以概括为三类：一是在自然资源开采环节，制定合理的资源税政策；二是在消费和末端废弃物处理处置环节，制定合理的废弃物排放税（费）

政策；三是对资源消耗和污染排放强度大的产业实行以各种形式补贴为基本内容的扶持奖励政策。

政策的作用就是调节循环经济发展各相关主体的利益关系，通过政策干预，建立有利于循环经济发展的利益驱动机制。

在市场经济下，价格把分散的市场主体的贡献与其利益联系在了一起，从而解决生产什么、生产多少、如何生产以及为谁生产的问题。这里的核心机制是在经济活动的贡献与活动主体的利益之间建立起对应关系。然后，在利益的引导下，人们会分散地、自发地调整自身的经济活动，使经济活动的产出与人们的需要相一致。这种利益调节的表现方式就是价格的波动。从供给方面来看，一种产品的价格高了，意味着能够获得较大的利益，人们会多生产它们；相反，则意味着获得较少的利益，人们会少生产它们。从需求方面来看，一种产品的价格提高了，意味着要付出较大的代价，人们对它的需求会减少；相反，则意味着付出较少的代价，人们对它的需求会有所增加。现代经济学已通过严格的数学形式证明，这种经济组织方式可以使经济活动获得最优的效果。理性经济人的特征是，当一种生产要素的价格上升时，为了不使利润下降，生产者就会进行创新，节约这种要素，或者寻找价格低的替代品。因此，促进循环经济发展的关键就是如何采取合理的价格形成机制，使其包括资源耗竭成本和环境损害成本，这将会使对原始资源的消耗和排放废弃物变得昂贵，使循环利用废弃物的循环经济模式变得有利可图。把循环经济模式变成生产者和其他相关经济主体的首选，这应该是循环经济关键政策的一个基本特征。

这里我们可以结合循环经济物质流和价值流的各个环节、循环经济各主体间的相互关系来分析如何采用合理的政策手段，建立一个有利于循环经济发展的价格形成机制和利益驱动机制。

第一，按照市场经济机制，物质和价值从自然资源开采向生产者、消费者流动，但是因外部性存在，废弃物通过生产者、销售者、消费者和废弃物末端处理处置后仍向环境排放。废弃物中存在一定的隐含价值流，但是如果没有适当的政策干预，因废弃物中的价值有高有低，高价值可利用废旧资源仍然可以通过循环流回生产—消费系统，而低价值废旧资源因不经济性很难通过市场机制流回生产—消费系统。这就需要相关的经济政策直接或间接提高其隐含价值，使从事循环活动的主体有利可图，达到经济可行和技术可行的目标，这就是一个重要的政策调整和干预点。提高废旧资源回收利用的效益，有利于形成循环经济发展的利益机制。

第二，消费者的合理选择也需要通过政府的政策导向，通过对资源性产品征收消费税、政府绿色采购等方式，使消费者选择有利于资源循环利用的可持续消费方式。

　　第三，难以进行循环的最终废弃物需要以环境安全的方式处理处置，避免造成环境污染。因外部性存在，最终废弃物的处理处置需要政府采取征收环境污染物排放税（或排污收费）等方式进行政策干预，促进企业积极循环利用废弃物，对最终废弃物妥善安全处置，形成有利于循环经济发展的经济驱动导向。

参 考 文 献

[1] 林纯正. 智能城市与生态设计 [M]. 北京：中国建筑工业出版社，2013.

[2] 郑华，高吉喜等. 区域生态环境质量评价与生态功能区划 [M]. 北京：中国环境科学出版社，2009.

[3] 温娟等. 小城镇生态环境设计 [M]. 北京：化学工业出版社，2012.

[4] 张立新，张丽霞. 生态化虚拟环境的设计与开放 [M]. 北京：科学出版社，2011.

[5] 孙景亮. 城市河湖生态治理与环境设计 [M]. 北京：中国水利水电出版社，2016.

[6] 陈根. 生态设计及经典案例点评 [M]. 北京：化学工业出版社，2015.

[7] 郑芷青，邱霓. 城市生态人居环境绿化研究：以广州为例 [M]. 北京：科学出版社，2012.

[8] 任勇，周国梅等. 中国循环经济发展的模式与政策 [M]. 北京：中国环境科学出版社，2009.

[9] 法国亦西文化著，徐颖译. 新生态景观主义：法国滤园环境科技设计作品专辑 [M]. 沈阳：辽宁科学技术出版社，2015.